TOULOUSE ET VINCENNES.

TOULOUSE et VINCENNES,

OU

LE DERNIER MONTMORENCY ET LE DERNIER CONDÉ,

ÉTUDE D'HISTOIRE ET DE POLITIQUE,

PAR LE VICOMTE DE SAINT-CRICQ,

Auteur des *Deux Léonidas* et de l'*Essai sur la peine de mort*,

MEMBRE CORRESPONDANT DE L'ACADÉMIE DE SAINT-QUENTIN; ANCIEN OFFICIER D'ORDONNANCE DE SON EXCELLENCE LE MARÉCHAL-DUC DE REGGIO ET CAPITAINE DE SON ÉTAT-MAJOR DANS LA GARDE PARISIENNE.

Sic volo, sic jubeo... sit pro ratione voluntas!
(JUV.)

Nous laisserons de nous une illustre mémoire,
Et qui meurt innocent meurt toujours avec gloire
(RAYN. *Les Templiers.*)

TOULOUSE,
IMPRIMERIE DE VEUVE DIEULAFOY,
Rue des Chapeliers, 13.

1844.

A

MON ANCIEN GÉNÉRAL.

—

J'ai voulu, j'ai dû dédier à mon père mon premier ouvrage. Le second appartient de droit à l'illustre, à l'irréprochable guerrier, que j'ai eu l'honneur de servir, et dont le nom seul accuse....... cet autre maréchal que je voudrais défendre : à Bayard-Oudinot que, grâce à un prince si bon juge en courage, la France vient de placer une dernière fois à la tête de la grande armée et près du grand Empereur... comme le drapeau de l'honneur sur les reliques de la gloire !!!

SAINT-CRICQ.

PRÉFACE.

« Guerre aux châteaux ! Paix aux chaumières ! » criait naguère du haut de l'Echafaud révolutionnaire l'assemblée omnipotente qui, mettant aux fers la nation avec son Roi, tenait deux fois son pouvoir de la faiblesse. « Guerre aux châteaux ! Paix aux chaumières ! » criait aussi jadis du haut du trône le ministre que son génie avait fait Roi et sa volonté conserva maître. (1)

(1) Louis XIII l'accepta-t-il pour le sien par faiblesse ou par abnégation? Dans le premier cas digne de respect, dans l'autre... de mépris. Un jour où selon la coutume passée règle l'esprit faible avait plié devant l'esprit fort, ce *dernier* se rangea pour laisser passer le *supérieur* dont au conseil il déclinait fort respectueusement la supériorité. « N'êtes-vous pas le maître ici, lui dit le prince en le poussant avec humeur ; passez, passez le premier. » — « Je ne le puis, répondit *l'humble sujet* en prenant un flambeau des mains d'un page, qu'en remplissant auprès de V. M. les fonctions du dernier de ses serviteurs. » Cette particularité est faite pour frapper... parce-qu'elle est un trait de caractère. Il y faut voir dans une flatterie de bon goût l'adresse du courtisan qui sert le ministre... En sauvant le fond par la forme. Un flambeau dans la main de Richelieu, n'est-ce-pas son image? Dans l'autre... le glaive de l'état dont le *chef* n'était que le manche. Le règne de Louis XIII, c'est le règne de Richelieu. Il est des noms qui sont la destinée d'une époque comme des noms qui semblent l'arrêt d'une destinée.
Le premier ministre légua au roi le palais-cardinal qu'il aurait pu de son vivant baptiser du nom prophétique... qu'il porta après sa mort. La statue de la place royale *(a)* élevée par le *sujet* à son *maître* n'est qu'une flatterie : *(b)* Le don seul ou plutôt le legs (le roi donne et ne reçoit point) fut, ou du moins put-être de la reconnaissance. Celle de Louis XIII pour les services de Riche-

(a) L'ancienne.

(b) J'aime mieux celle que les états de Languedoc firent élever au fils avec cette inscription :

Ludovico magno
Post mortem.

Double mensonge ! la république, adoptant la théorie mais développant la pratique, chasse le paysan de sa chaumière comme le seigneur de son château et les rois de leurs palais : décimant avec brutalité tous les rangs, elle jeta sans distinction tous les ordres aux pieds de la liberté fondée par elle sur le cadavre de la monarchie — comme Richelieu, convention en rôle rouge et *terreur* aristocrate, n'avait pas craint de donner la triple tête de la France pour base à la jeune monarchie fondée par lui sur le cadavre de la vieille Féodalité. Néanmoins justice à rendre par ce qu'il est un fait à constater ; si la Rochelle d'abord, Lyon plus tard, ne furent pour le double despote qu'une question purement gouvernementale, tous deux bravèrent et n'abaissèrent que l'étranger. Le Ministre de Louis XIII châtia la maison d'Autriche avec les *armes* vivantes de cette maison de Montmorency qu'il devait abattre à son tour.. et la tête de Louis XVI, gant jeté par la république à la royauté, rebondissant comme un boulet rouge de l'échafaud parisien sur tous les trônes de l'Europe... les incendie tour-à-tour et mit en feu tous les empires ; dur mais funeste châtiment de ces rois qui trahirent la royauté ; impolitiques et coupables déserteurs de la cause dont Dieu les avait faits l'appui ! mais laissons la convention pour Richelieu. Il faut, sous peine d'injustice et d'erreur, faire la part des hommes et des temps.

Richelieu moins taillé en ministre du Roi très chrétien qu'en grand-visir ou sultan pour ne pas dire le sultan même, se trouva exactement dans la position non pas seulement critique mais décisive du dernier chef des croyants. Les grands-seigneurs furent les janis-

lieu est aussi concise qu'expressive. — Voilà un grand politique de moins ! — Le vice-roi à qui il fallut un palais... vivant, et un temple... mort — désigna dans son orgueil pour sa tombe la Sorbonne qui lui devait sa magnifique reconstruction. Pierre-le-Grand la visitant en 1717 s'élance transporté vers le Richelieu de marbre, si juste image de l'autre... et embrassant sa statue : « Grand homme, si tu avais vécu sous mon règne, je t'aurais cédé la moitié de mon empire pour apprendre de toi à gouverner l'autre. » Mais la lui eût-on laissée ? . . . .
L'on sourit, parce qu'on la sent à force de la comprendre, à cette sympathie du génie... à cette noble et toute-puissante domination d'un grand homme sur un grand homme !

saires de Mahmoud — Richelieu. alignement:.. ou feu! pas de milieu — et l'on m'accordera, je pense, que le président du conseil de Louis XIII n'avait rien de ceux du juste-milieu. La ligne adoptée par de tels hommes, fût-elle courbe, est toujours la ligne droite : (1) ne dévier ni s'arrêter est leur devise : dût-il ricocher sur eux, droit au but,.. comme un boulet de canon. Ne craignez pas de les voir épier l'instant favorable à la ruse pour frapper l'adversaire sans défiance qui se découvre : ils ignorent ou dédaignent le coup fourré — et ne portent que le coup droit! Capituler avec leur conscience... toujours : avec leur intérêt... jamais. Mais celui du ministre n'était-il pas celui du roi et dès-lors du royaume? Cette purgation qui donna la mort aux membres et à la tête la santé... (purgation dont son génie calcula et son pouvoir administra la dose!) n'est-elle pas l'émétique puissant qui, et en sens contraire et dans le cours de la même année, sauva deux fois la France? (2) Mazarin ne versa pas de sang : soit, mais saigne-t-on un cadavre? Richelieu ne pouvait lier le mort au vivant... et le corps antique mais vivace dont la Fronde fut la dernière convulsion... n'eût feint d'embrasser, que pour mieux l'éteindre, la royauté mourante. Haïssons, flétrissons le meurtrier juridique de Marillac, de Chalais, de Cinq-Mars et de Thou .. Mais sans le louer, osons excuser, admirer même l'inflexible proscripteur de Montmorency; l'assassin de Paris, de Lyon et de Nantes n'est à Toulouse, dans la plus exacte et la plus energique acception du mot, que l'exécuteur des hautes œuvres!

— Analysez ce système invariable parce qu'il fut conséquent; la raison n'y découvre pas un seul des mal entendus qui la blessent depuis un demi-siècle. Au lieu d'une assemblée prétendue libre tuant le prince qui ressuscita la liberté — (3) La noblesse qui avait spontanément et solen-

(1) *Brevis*, soit, mais *recta ?.....*

(3) La mort de notre sangsue tonsurée ou de Terray-Cardinal (Mazarin) et le rétablissement de Louis XIV.

(3) Et la contradiction (non le mal entendu...) du fière de ce même prince dépouillant son pays de sa plus belle conquête presque le même jour où il ajoute à son royaume le nouvel état qui seul en est un?... Pour nous les ordonnances sont un fruit d'Alger et ont été signées sur sa brèche détruite en même temps que par la plume de Polignac sur le trône qu'à leur tour elles allaient détruire. La spoliation est la conséquence de la conquête.. L'attaque de la victoire. —

nellement brûlé comme un encens patriotique sur l'autel représentatif de la patrie les privilèges dont l'abdication était d'autant plus édifiante et méritoire que leur antiquité en était la consécration et la jouissance un droit; (1) le clergé qui s'était avec tant de docilité et trop d'abnégation peut-être rallié à l'ordre nouveau ; vous retrouverez dans Cromwel-cardinal le tyran-protecteur qui, s'il n'abolit les plus hautes dignités que pour confisquer tous les pouvoirs et commettre l'impardonnable crime présent en même temps qne l'incalculable faute future d'attirer le mépris des peuples sur ce qui devrait commander le respect des rois (en humiliant comme Louis XIV cette magistrature qu'il eut anéantie comme Louis XV mais n'eût pas relevée comme Louis XVI !) — sait du moins conserver à ces lois dont les organes sont le jouet de son orgueil comme l'instrument de son ambition... toute la puissance du principe-roi et de source divine qui doit en tout temps dominer autant qu'il honore le code des nations (2). ne pourrait-on pas dire (si l'on ne craignait de blasphémer !) que chez un tel homme le génie fut la vertu ? (3). J'ai fait de Richelieu-ministre Cromwel protecteur ; pape, c'eût été Sylla-Sixte-Quint (4). Le prêtre

(1) Et quel fut, par le nom qu'il portait, le grand-sacrificateur de l'auto-da-fé national de l'aristocratie? Un Montmorency !!! Le pilier se fit marteau....

(2) Cromwell fit trancher la tête au frère de l'ambassadeur de Portugal pour avoir tué un anglais. — (Voy. les quatre Stuars, page 218.) — Sous le régent, et malgré toute sa cour, finit sur la roue un des plus grands noms des Pays-Bas... et peu s'en faut, sous son pupille Louis XV devenu majeur... qu'un prince du sang royal ne vît par l'impunité des représailles se tourner en châtiment exemplaire la scandaleuse impunité de ses crimes. Le comte de Charolois s'amusait à la chasse aux hommes : Plusieurs gibiers de cette espèce nouvelle étant tombés sous ses coups, il eut recours à l'indulgence royale qui ne lui manqua point. Enfin, à une nouvelle récidive ou (style de cour), à un nouvel *enfantillage*, Louis lui adressa au milieu de toute sa cour ces paroles vraiment royales : — Mon cousin, voici votre grâce ; mais je tiens toute prête celle de l'homme qui vous tuera !!! (Voyez Versailles et les provinces, tom. 1er.)

(3) La force, vrai sens de virtus. (vir.)

(4) Comme lui cruel et fourbe... avant d'oser être franc. Destiné d'abord à l'épée (comme Eugène et Duguay-Trouin) qu'il était plus digne de porter que la crosse... Richelieu promu à l'évêché de Luçon peu de temps après,

roi de France comme le prêtre roi de Rome, à l'ombre du crime de lèze-autocratie ; n'eût pas plus hésité que le Sylla tonsuré à échanger contre la pourpre dictatoriale, terrible symbole de l'inflexibilité, le rôle évangélique... Symbole de mansuétude et d'innocence Sixte ou Richelieu (1), pontifes fort peu évangéliques mais différents de nos hommes d'état qui ne sont jamais plus masqués qu'à visage découvert.... et ne rampent sur les degrés que pour parvenir au faîte, préfèrent à la ligne tracée par le prince des apôtres celle du prince de Machiavel (2). La marche du dictateur-cardinal est exactement en France celle du Bourreau-Gentilhomme du Tibre. Il ne décapite aussi que pour en devenir la tête... L'indomptable et rétive aristocratie. Le Robespierre Romain abattit des moissons au lieu d'épis... et multiplia sans raison comme sans pudeur les pavots de Tarquin, il sacrifia plus encore à la vengeance qu'à l'ambition. Richelieu modéré dans ses excès ne satisfait la première que dans l'intérêt et pour ainsi dire par les ordres de la seconde ; il voulait des créatures, pas de rivaux ; aux

au refus d'un de ses frères qui se fit chartreux, soutint ses thèses en Camail et en Rochet. Puis se rendit à Rome pour solliciter ses bulles. Il y fut sacré à vingt-deux ans et quelques mois, après avoir fait accroire qu'il en avait près de vingt-quatre au pape Paul V à qui il demanda l'absolution de ce mensonge. «Ce jeune évêque a de l'esprit, dit le pontife, mais ce sera un jour un grand fourbe.» De retour en France il y prêcha avec un si grand succès qu'il y acquit la réputation du premier prédicateur de l'époque : mais préférant les honneurs et surtout les avantages du fauteuil à ceux de la chaire, il mit, pour ne plus vider les arçons, le pied à l'étrier par la protection de ce tout-puissant maréchal d'Ancre qui devait se voir arracher de sa tombe et littéralement manger par la même populace qui dans une autre ville et un tout autre sens... *but* Montmorency, Richelieu, pour le supplanter, capta-t-il les bonnes grâces du favori de Louis XIII comme celle du vicaire de Jésus-Christ? c'est dans son caractère. Mais s'il réussit à cacher son âge, bien lui prit surtout de dissimuler... son génie! Voy. sa vie par Auberi, Siri, Nani et autres historiens du temps, tant français qu'étrangers, et l'histoire de France par le chanoine Legendre, tom. 8, pag. 331 et suivantes.

(1) Les individus pour l'espèce, la graine pour la plante. Il eût été curieux de voir simultanément membres du sacré collége et courant bien entendu) le même lièvre, les cardinaux Duplessis et Peretti....; c'est Saint-Georges et Sainte-Foix faisant un assaut, Talleyrand et Metternich *jouant* un premier ministre... qui l'eût emporté?

(2) Dans la partie machiavélique et purement absolutiste. «Quant un ennemi peut nuire à nos projets, il faut l'égorger.» Machiavel, tome 1er.

premiers des cordons, aux autres la corde !!! Richelieu permettait qu'on usât... non qu'on abusât de lui. Le *Quousque tandem* du Consul-Sauveur n'allait pas au ministre-tyran.... car la patience c'est-à-dire la résignation, vertu passive et éminemment chrétienne, n'est pas la vertu des despotes et n'était pas surtout celle de Richelieu. *Le Vixère* seul eût été jeté, le glaive fumant à la main, par Cicéron-Sylla du haut de son palais au parti toujours renaissant et toujours abattu de Catilina. Les chevaliers chrétiens contraints à construire des machines de siége, rapporte ou plutôt chante Le Tasse (1), se rendent dans une forêt pour s'en procurer les matériaux; ils se mettent à l'œuvre... mais à chaque coup de hache l'écorce jetait du sang... car ces arbres renfermaient autant d'Armides dont les plaintes (fort naturelles d'ailleurs) amolissaient le cœur des forts peu galants paladins. Supposez ces héros vaincus par des femmes ! Jérusalem subira le joug du Croissant... Eh bien ! c'est le spécifique-Richelieu : à une crise dangereuse... une rigueur préservatrice. Les intérêts s'incarnent si profondément dans les situations, l'abus dont on fait un Droit réunit si étroitement les doctrines..... qu'on ne peut trancher une question sans blesser un homme : regardez au cœur de la vieille Lutèce ces ignobles masures qui offusquent nos regards, ces irrégulières constructions qui étouffent et dégradent la cité : que de familles ignorantes du luxe, (ignoti nulla cupido !) rampent et peut-être attachées à leur misère..... se sont arrangées et se plaisent dans ces tristes asiles moins ténébreux et moins immondes pourtant que ce monde étincelant et parfumé ! peu importe... car il faut que la rue coquette, ironique et impitoyable innovation, se perce et s'ouvre au cœur même qu'elle doit inévitablement briser dans son jet ! Cette ligne d'architecture — c'est la ligne de gouvernement, la cité parisienne(2)—c'est le capitole toulousain représentant du Louvre comme Montmorency des manoirs. Pour conserver l'un, il fallait abattre l'autre !!! (3).

(1) *Jérus. déliv.* — Episode d'Ismen le magicien.

(2) Le véritable Paris, non Lutèce.

(3) Mais un membre pareil n'était-il pas la tête? C'est ce que nous examinerons plus tard.

Le temps, changeant les intérêts, a déplacé la question. Au duel entre la royauté et l'aristocratie succéda le duel plus inégal.., partant plus funeste entre l'aristocratie et la nation — elle y succomba comme dans le premier; aujourd'hui entre la nation et la couronne — qui l'emportera? Aucun.......... sous peine de mort pour tous deux. Leurs déplorables luttes, leurs triomphes alternatifs n'ont déjà coûté que trop de pleurs et de sang à la patrie! Quel a été le fruit de la souveraineté populaire et non nationale? digne de *l'instrument!!!* Celui de la souveraineté tyrannique et non royale? Le conflit de l'armée et des citoyens, la destruction commune de deux corps faits pour se soutenir... en se fondant. La royauté, réduisant la *Charte* (1) à sa matérielle et plus simple expression, prend-elle pour la bourre de ses canons liberticides le contrat sacré qu'elle a juré? la nation lui renvoie en autant de balles mortelles chacune des lignes qu'elle interprète non seulement comme un outrage mais comme un défi... Condamnant au même sort la contre-charte dont elle fait ses cartouches. L'énergique publiciste qui prend la rue pour tribune et les pavés pour arguments — taille sa plume en poignard— et ne connaissant de théorie... que la pratique, met la politique en action. Le fier Masaniello, traduisant l'oppression par la résistance, relève toujours le gant qu'on lui jette — et acceptant le duel dont l'inégalité lui garantit l'issue — répond au défi par la guerre. Plus sage que son père dont le fouet sanglant fustigeait les rois... sur le dos des peuples, le fils se borne à défendre l'héritage devenu sa propre conquête... en vengeant sa dignité. Comme aux jours de la ligue, sa large et forte main soufflète avec ses écussons brisés le pouvoir insolent qui, par la violation de ses droits, légitime l'usurpation du seul souverain dont la souveraineté n'ait pas à craindre de prescription : (il n'y en a que contre les innombrables et immémoriales usurpations de l'autre!) Bon *prince* qui se console de ne régner qu'un jour et donne avec résignation l'abdication qu'il consent à ne pas considérer comme une déchéance... Par la conscience de sa force plus encore que de ses droits et la certitude de n'avoir à consulter que son *bon plaisir*.... pour se donner sa *restauration*.

(1) *Chartam*...

Pourquoi la Charte tua-t-elle la royauté?

Parce que la royauté tua la Charte!

Ce code politique, cet évangile de la liberté n'est pas plus que toute chose humaine *assuré* contre l'incendie... mais renaîtra toujours de ses cendres parce que la nation a foi en lui et cette foi robuste (au besoin active) qui n'entend pas d'hérésie! seule croyance orthodoxe, invariable aujourd'hui et qui confond toutes les sectes — seule capable de s'élever jusqu'au fanatisme et d'engendrer des martyrs! en déchirant le contrat synallagmatique que Rousseau proclamerait le vrai *contrat social*, comment put-*on* oublier que, sacré de droit comme celui qui l'avait juré, il était de plus que lui... durable de fait comme le pouvoir dont la souveraineté de fait est une calamité mais la souveraineté de droit un dogme? Qu'est-ce que le roi? le premier mandataire et le premier représentant du peuple supérieur aux rois puisqu'il les fait ou les défait... et reste quand ils s'en vont... ne reconnaissant leurs prérogatives qu'à la condition de respecter ses droits (1); et ne consentant à se rappeler les unes que s'ils se souviennent des autres. A nul des deux le droit exclusif, l'absurde et outrageant privilège de délivrer des certificats de patriotisme — mais au second surtout l'obligation de donner au premier des leçons de *droit* national et non de parjure et d'oppression..., s'il ne veut qu'annulant le sacre de Rheims par celui de Paris, le seul souverain de droit divin ne se sacre avec le sang de l'autre sur l'autel brisé qui lui sert d'autel et n'efface de son propre sang tout décret nul... sans son contre-seing! redoutable créancier qui réclame à main armée l'échéance de la lettre de change contractée envers lui, et en cas de non-payement, tire sans pitié sur le débiteur sans foi qui le premier ose *tirer* sur lui... oubliant qu'une parole royale est un engagement, et liant son auteur, implique l'acquittement et exclut l'insolvabilité. Jurisconsulte n'opposant à l'illégalité que le droit-canon, juge dont les arrêts sont sans appel comme les *réquisitoires* sans réplique... tenant ses assises sur la place pu-

(1) Qui s'opposa en 1359 à la ratification du traité dont la négociation avait pour but la délivrance du roi Jean — en 1526 à celle du traité de Madrid qui détachait la Bourgogne de la France? En premier lieu les états de Paris; en second lieu ceux de Bourgogne. Courageuse leçon d'indépendance populaire, gage de la nationalité permanente.... quand elle a voix délibérative!

blique, et si on l'y *trouble*, dans le palais des rois!!! Le vrai, le seul palais qui se puisse aujourd'hui passer de paratonnerre, (parce que la charte est la seule reine) c'est le temple représentatif.

La vraie, l'indestructible *Bastille*, c'est la poitrine de cette garde nationale — En 92, la révolution; en 1830, l'ordre sous les armes — Digne de son nom....., c'est-à-dire l'imposante personnification d'un grand peuple comme une autre garde fut celle d'un grand homme : *relevant* l'autre quand elle tombe... pour la remplacer au poste d'honneur et se faire rempart de la Bastille qui meurt... en attendant le jour où la royauté morte, pour vivre et non *durer*... la prendra pour base! parce que semblable à ce feu qui sommeille mais ne saurait mourir... elle s'était effacée (ou laissé effacer) sans s'anéantir... comme toute institution douée de l'élément vital. Corps immense dont la *capitale* est la tête et nos provinces les bras — Mais dont l'une ne pourrait se séparer des autres sans le danger de les voir à l'instant se *lever* contre elle... car Paris n'est réellement et ne peut demeurer capitale, en un mot, la ville *forte* de la France qu'en fortifiant chaque année l'institution-mère par des lois générales ou partielles mais organiques et fortes comme elle, capables de la garantir des envahissements du pouvoir comme des tentatives de l'étranger qui dès aujourd'hui peut impunément garder les clefs de 1815... dont 1830 a changé les serrures!!! (1) La garde nationale est la clef de voûte avec laquelle Paris est sûr de ne point livrer les autres... tant qu'il s'appuiera sur cette charte vivante, pendant et support de la charte écrite dont, par un imprescriptible et magnifique privilège, elle est tout à la fois l'âme et le corps! aussi le licenciement de l'armée civique de la Seine, aussi anti-national que celui de l'armée de la Loire, ne fut-il pas seulement une mesure inconstitutionnelle... mais un acte impolitique. En punissant comme séditieux le cri constitutionnel qu'avait d'ailleurs couvert l'autre en le dominant, on força Paris et par lui la France à désapprendre celui de la monarchie (vive le Roi!) pour ne plus retenir que celui de la liberté (vive la charte!) désormais le seul sauveur... puisque l'ancien n'eût rappelé que l'oppression

(1) Le nord, en nous quittant, emporta en croupe la civilisation et peut-être avec elle la liberté... mais le succès de la philantropie ne peut être une compensation pour le patriotisme!!!

présente et passée. En récompensant par l'insulte le dévouement, en frappant le tout pour la partie, on délia de leurs serments les citoyens qui daignaient se faire soldats (en attendant l'heure qui en ferait des héros en sonnant l'esclavage!) et ne devaient pas croire qu'une manifestation fût une menace, l'antipathie de la sédition, un lèze-cabinet. Le crime de lèze-majesté! cet inconcevable anachronisme qui confond avec la garde constitutionnelle mais quasi révolutionnaire de 1790 la garde vraiment civique et conservatrice de 1827 ne sépare-t-il pas le roi des deux chambres en affectant de ne les plus voir entre le peuple et lui? Révolution de château, (là seulement s'en fit une!) elle prépara celle du forum par la provocation que méprisa la nation, parce qu'à la première récidive... elle était sûre de la revanche. Elle produisit chez nous l'irritation du jour et l'inquiétude du lendemain, à l'étranger la déconsidération et peut-être la joie de nos dangers dont cette mesure d'intimidation qui n'intimida personne (la faiblesse provocatrice prend le mépris pour la peur...) put lui donner l'idée, tranchons le mot, l'espérance! Entre l'ordonnance qui licencie la constitution et celle qui la supprime, l'unique différence du sens au mot, de l'esprit à la lettre, de la faute au crime... mais aussi de la cause à l'effet. (Et quel effet... une révolution!) Progrès de l'arbitraire d'une part, de la liberté de l'autre, voilà tout. La garde citoyenne se reconstituant de son propre *mouvement* et de sa pleine autorité... licencia à son tour qui l'avait licenciée... et cassant le roi dont les ministres s'étaient faits insolemment solidaires, démontra par le dernier combat la folie de la première attaque. Repoussant moins la force par la force qu'opposant la force à l'impuissance, c'était prouver sans réplique qu'elle seule pouvait frapper comme seule elle avait pu soutenir (même après sa chûte!) par cette liberté dont ils n'avaient étouffé que la voix... les chefs à condition qui s'étaient crus ses maîtres. Le 29 juillet, comme le 29 avril, fut le duel de don Quichotte et du Lion : la seule différence c'est qu'il se retourna la seconde fois pour exterminer le téméraire provocateur auquel il n'avait pas même, la première, daigné montrer les dents et s'était contenté de tourner... le *dos*. Force d'inertie qui équivaut à la force active et la centuple en lui donnant le temps et les moyens de se développer. Généreuse comme la force, la nation épargna ce pouvoir oppresseur comme la faiblesse dont l'irresponsabilité pouvait à bon droit n'être pour elle que ce que le devoir avait été pour lui... une fiction!!! Se *bornant* à prononcer sans *circonstances atténuantes* (1) (vu le cas de récidive...) l'arrêt de

(1) Etait-ce donc une circonstance atténuante, ou plutôt n'était-ce pas la circonstance de toutes la plus aggravante que cette foi ardente qui inspira si fatalement le manque de foi qu'elle devait exclure..., en commandant avec le respect de ses devoirs la religion du serment? aux yeux seuls d'Escobard ressuscité en cardinal c'est-à-dire de celui qui en fut l'instigateur... Le grand attentat put passer pour un péché véniel (il n'en était alors de mortel que la charte!), et trouver une absolution facile... Si l'on daigna la solliciter. L'assassinat d'un peuple! Peccadille.....

Vous lui fîtes, seigneur,
En le tuant beaucoup d'honneur.

C'est d'ailleurs, pour les exploiteurs de la piété un jeu immémorial que de *fortifier* une conviction sur la ruine de toutes les autres, et en levant tous les scrupules, de cuirasser contre toutes les syndérèses.... admissibles seulement en matière religieuse. Leurs *principes* n'admettent de foi que la foi... et confisquent comme un double et *sacré* monopole..., la conscience et la faveur royale : et pourtant, par une inexplicable ou plutôt trop explicable anomalie, aussi traitables dans le ciel qu'ils ouvrent à bon marché qu'intraitables sur la terre qu'ils s'adjugent d'en haut et sur laquelle ils prétendent régner à tout prix...., en attendant le royaume dont le maître serait peut-être moins maniable, passant au royal pénitent dans leur excessive mais exclusive indulgence vingt maîtresses... mais non l'épouse légitime (la liberté!) — Le choix de tout un clergé (parce qu'il est le leur...) non celui d'un ministre, — car les ministres du roi n'exerçant qu'ici-bas..... pourraient gêner ceux de Dieu!

Le ciel nous préserve donc d'une chambre plus libérale que la charte, d'un ministère plus royaliste que le roi, d'un roi plus religieux que le pape! Rappelant ici que, sans se faire l'assesseur de Luther et l'avocat du protestantisme mais seulement celui de la raison, un assez bon catholique (non suspect, je pense!) *(a)* se permit d'éclairer, parce qu'il se sentait éclairé lui-même sur les suites de sa conduite, le prince dont un mot sera pour nous un double caractère. L'ambassadeur d'Espagne lui donnant aussi de prudents conseils : — Est-ce que votre maître, répondit Loyola couronné, ne consulte pas son confesseur? — « Si fait, répliqua l'espagnol, et c'est pour cela que nos affaires vont si mal! » Chez le Charles X de la Tamise ou de la Seine, le chrétien domina le roi et tua le citoyen. Toutes les qualités privées....., mais tous les défauts qui feraient de trop bons papes et de fort mauvais rois! incapables de considérer Dieu dans l'homme c'est-à-dire dans ses œuvres autrement que de profil..... et, telle que les temps l'ont dû faire comprendre, d'exercer l'autorité. Le premier faisait chaque jour le voyage de Rome, — le nôtre revenait tous les matins de Coblentz. L'on voit qu'aucun des deux ne pouvait être à Londres ou à Paris..... c'est-à-dire à sa *place!*

(a) Innocent XI. Voy. l'histoire de Humes, les 4 Stuarts par Chateaubriand, les Stuarts par Gitnet.

mort rendu contre lui-même par le roi régicide autant que liberticide dont la pensée criminelle mais fatale à lui seul n'avait heureusement avorté que par des circonstances certes bien indépendantes de sa volonté, — sauvant encore dans ses ministres le roi qui pensa la perdre (1)... car le suicide monarchique n'était-il pas l'assassinat populaire, et vû l'incontestable suprématie de l'offensée sur l'agresseur, un véritable parricide? Utile attentat, malheur heureux, qui fit jaillir l'indépendance de l'oppression ... délivra et préserva tout ensemble de la déception : or, on ne peut combattre la seconde.... parce que la première seule vous trouve sur la défensive. C'est la surprise au lieu de l'attaque.

Le 29 avril est dans les deux camps le coup de cloche qui annonce le tocsin.... mais pour la dynastie félone et prévaricatrice le coup de grâce futur... ou le commencement de la fin. Ne daignant pas même faire usage du plat... (parce qu'elle se réservait le tranchant !) La liberté en uniforme et en dépit de la consigne, tonnant sous les armes... déclarait au pouvoir qui, en s'imposant, devenait la tyrannie... qu'elle formait la *chaîne* pour sa sûreté et non la haie pour son sacrifice !!! elle déclarait à la royauté dont le cri *d'à bas les ministres* était l'arrêt involontaire et indirect mais la prophétique déchéance... qu'elle déshériterait la légitimité de ses prétentions, si la nation se voyait par elle déshéritée de ses droits... spolier de ses conquêtes : le dernier cri de

(1) Affectant de considérer les dépositaires du pouvoir comme les seuls éditeurs responsables de l'*œuvre* dont ils n'étaient que les solidaires... et séparant les *sous-chefs* du chef de l'état, premier signataire, inspirateur et en conséquence premier fauteur de la *charte* anti-constitutionnelle.

Les chroniques de l'Inquisition *(a)* rapportent que Philippe III ayant été jugé digne de mort par le saint tribunal, les régicides en surplis daignèrent commuer la peine capitale en une palette de sang que le royal patient se laissa courageusement tirer par la main du bourreau, ici, c'est la nation que l'on condamne, c'est son sang qui coule !....

La résignation du patient n'explique-t-elle pas l'audace des juges..... La condamnation même *l'innocence ?* ce n'était pas le prince qu'il fallait saigner.... mais les juges qu'il fallait pendre !!! Malheur aux rois comme aux particuliers qui abandonnent aux prêtres, bons à consulter à l'église où Dieu les confina et d'où ils ne devraient jamais sortir... le gouvernement de leurs affaires! Dans leur intérêt et surtout dans le nôtre, ne leur laissons *diriger*... que nos consciences.

(a) T. 2. Paris, 1700. — Voy. aussi sur l'Inquisition l'hist. de Ch.-Quint par Robertson, celle d'Espagne par M. Romeuw.

fidélité qui allait faire place à un plus éloquent, à un éternel silence lui disait assez haut pour être entendu... qu'elle n'accepterait plus désormais pour chef qu'un roi fier c'est-à-dire digne d'être son premier grenadier et prêt à se dévouer avec elle pour ses droits.... comme le premier grenadier de France pour sa gloire.. ; un Latour-d'Auvergne civique unissant la sagesse de Wasinghton au patriotisme de Lafayette ! Le 29 avril, en rompant le faisceau...... fournit à son frère puîné les baguettes dont celui-ci fit les verges qui fouettèrent le pouvoir dont la démence voulait courber le peuple-roi sous les fourches ministérielles........ échasses vermoulues qui se briseraient encore dans leurs mains..., s'ils voulaient s'en faire un bâton pour nous !!! Le 29 juillet n'est donc que la conséquence forcée du 29 avril dont il fut les représailles ; l'un n'est qu'une révolution au petit-pied, un avertissement aux rois qu'ils n'ont plus d'hommages à recevoir qu'à condition de leçons : (et ce ne sont plus eux qui les donnent !) l'autre, la révolution armée de pied-en-cap, le châtiment après la leçon. Elle affranchit, par un rigoureux, irrécusable talion, d'une obéissance qui deviendrait le servage... Les représentants de ces autres, de ces premiers représentants dont ils ne sont que les mandataires.... et leur impose le noble devoir et la nécessité salutaire de compléter par une double conséquence un double principe, c'est-à-dire la constitution qui régit et l'institution qui protège. 1814 n'avait assigné au soldat-citoyen qu'un poste d'apparât, un service de parade : 1830, un poste d'honneur, un service de sûreté, d'ordre et de salut; sentinelle vigilante placée devant le double palais dont le dépôt doit être également sacré pour elle... à lui l'impérieux devoir, le suprême honneur (sous peine de félonie...), de jeter le cri d'alarme, révélateur de l'infraction qui compromet la dignité, et par elle la sûreté du pays..., et si ce cri n'était pas entendu.., de faire feu sur qui l'oserait étouffer ! ! ! Sous l'empire de la charte, le lèze-nation ne se peut séparer..... doit l'emporter peut-être sur le lèze-majesté. Voilà l'unique *conservateur*..., non de ses places ou de sa fortune, intérêts liés pourtant à celui qui les rend secondaires; mais de cette royauté qu'a gardée sa sagesse en chassant le roi qu'épargna sa générosité, de cette royauté qui par ses mains s'est enfin *restaurée* à chaux et à ciment.... et dont il n'a pas plus à se reprocher d'avoir exploité l'avènement que l'interrègne,

Considérez à nu ce paysan, ce bourgeois même... Rien : garde national... tout! Du citadin vous faites le citoyen. C'est le zéro changé en chiffre, et qui se multipliant, devient l'immensité. Appelée par l'essence de son institution à précéder l'autre de fait comme elle la précède de droit..., l'armée-citoyenne est, par son nom seul, plus qu'un des corps. C'est un des pouvoirs de l'état; chambre-armée, fille de Lafayette comme sa sœur cadette de Louis XVIII, cette double mère de la patrie immortalisera ses pères! seule bayonnette intelligente dont l'intelligence ne soit pas un danger mais une sauvegarde!! La garde nationale qu'un seul gouvernement, parce qu'il fut sage pour être fort, prit au sérieux comme trente années de dévoûment sont là pour prouver qu'elle s'y prit toujours elle-même... est ce faisceau sacré auquel on ne peut toucher sans le diviser en fractions, et ses fractions en partis. Or les opinions faisant les partis comme les intérêts les révolutions, il est d'un gouvernement sage de concilier les unes en satisfaisant les autres..., et de faire la part au lion de peur qu'il se la fasse lui-même, et comme ses devanciers, s'attache moins à changer les propriétés... que les propriétaires. C'est ce qu'on a déjà fait, ce qu'on fera mieux encore quand il en sera temps. Pour nous qui, voyant dans le légitime exercice de la presse et le noble emploi de la raison moins un droit à exercer qu'un devoir à remplir, une cause à servir et non à exploiter, examinons consciencieusement la question brûlante qui dévore ce pays.... Nos efforts ne tendent qu'à faire sortir de l'union trop rare de la philosophie à la politique le bien-être général. A ceux qui prétendent avoir droit à tous les bénéfices parce qu'ils ont part à toutes les charges, et se croyant aptes à partager les fatigues, surtout les honneurs de la tribune — veulent participer dès aujourd'hui aux luttes parlementaires parce qu'ils participeraient demain comme hier aux luttes civiles..... à toutes ces présomptions aveugles, à toutes ces médiocrités colériques et agitatrices, ayons le courage de dire : Attendez! car votre *montagne* accoucherait d'une souris. Quand la régularisation progressive et la concentration salutaire d'un système éminemment patriotique, réunissant le double avantage de la permanence pendant la paix et de la mobilisation pendant la guerre, aura de la nation fait l'armée comme la liberté en a déjà fait le pouvoir;—quand le peuple sera assez grand et assez fort pour se diriger, et en la dominant, absorber et tuer la populace ; — quand la société se sera faite sans secousses et sans efforts, par l'ordre naturel des choses ; — alors ouvrez à tous.... car chacun aura droit de réclamer de par la civilisation la place qui lui appartient de par la justice ! Ouvrez au souverain son palais si vous ne voulez lui donner l'envie et lui fournir les moyens de reprendre l'autre et de compléter l'œuvre en joignant cette fois le 3 prairial au 29 juillet, et parodiant à son profit le despotisme brutal qui mérita de voir coller à sa porte cet insultant écriteau de Cromwel qu'il voulait mettre à la nation (1). Le bulletin émancipateur qui serait à présent le testament gouvernemental, sera tout au contraire un brevet de longévité. sous un gouvernement vraiment libre, dans un pays complétement éclairé, pas de maison de Socrate, — mais le Panthéon politique ouvert à la nation comme l'église à l'humanité : comme dans l'autre aussi elle saura bien marquer ses places..... élire son grand-prêtre et ses desservants.

Levant alors l'absurde et odieux ostracisme qui ne pèserait plus que sur la misère.... Permettez à cette nation dont la raison et l'équité qui s'opposent à en limiter les fractions, interdiront la représentation exclusive..... de se représenter elle-même dans le sanctuaire où elle pourrait réclamer ses *entrées*, après les avoir payées si cher.... car portes ouvertes ou brisées — pas de milieu. Qu'une rationnalité généreuse fixe pour conditions de l'éligibilité celles de l'élection. Proclamez comme seuls droits les seuls titres à la représentation nationale (2) ; en un mot, tous les vastes savoirs, tous les nobles caractères, toutes les

(1) Chambre à louer.

(2) Chez nous comme à l'étranger où, à peu d'exceptions près, la ravale et, en la prostituant, l'annule la faveur ministérielle avec autant d'impudeur d'une part que de honte pour l'autre...... car en tout et vis-à-vis de tous la première condition du respect des *autres* est le respect de nous-mêmes ! Que de fois cependant le nº 1 de l'Europe a été représenté par... O ! (un nom au lieu d'un homme !) Je désigne par cet emblême mais négatif d'un sens trop significatif puisqu'il est si facile d'en personnaliser la généralité.... ces négations sociales qui *comptent* par leur nullité même et cette morgue insultante, sa compagne inséparable ! *espèce* de bipèdes oubliée ou dédaignée par Buffon ne pouvant porter haut... que la tête, tour-à-tour concave ou convexe, mais jamais *droite*, généralement *marquée* d'une *croix* comme l'humble quadrupède à la famille duquel on pourrait l'affilier s'il ne se distinguait d'elle par l'utilité : C'est la livrée omnicolore, mobilier inamovible des ministères dont elle semble l'enseigne vivante... écumoir doré de la marmite gou-

hautes intelligences : n'excluez que la bassesse ou l'incapacité. Ne sera-ce pas faire de l'urne électorale le creuset moral et intellectuel, un véritable vase *d'élection*. Sûre alors de voir sortir de cette noble boîte de Pandore non un génie malfaisant mais le génie national, comme ce Dieu fantastique délivré de sa prison par le pêcheur idolâtre... mais sans crainte de l'y faire rentrer comme lui... Placez-la avec confiance autant qu'avec orgueil sur la tribune qui deviendra l'autel consacré du temple que vous consoliderez en l'élargissant pour abriter non les tristes produits du privilége, et par cette unique *raison* les supports du monopole... Mais tout un peuple heureux et fier (après en avoir été trop longtemps jaloux mais sagement sevré......), de concourir avec son chef à l'œuvre divine ! vous bénissant en se félicitant lui-même de son triomphe autant qu'il eût souffert et se fût indigné (pour ne pas dire *révolté*), de voir *poser* encore et reluire avec ostentation sur cet autel auguste des éteignoirs.... pour des flambeaux—et dogmatiser (déraisonner) comme des livres... des *esprits* trop souvent incapables d'épeler et partant indignes d'interpréter l'évangile dépositaire de la liberté, révélateur de la civilisation. L'œuvre divine, c'est le double développement de la civilisation et de la liberté qu'elle épure et fortifie par le double concours du principe

vernementale... qu'elle ait pour couvercle l'aigle, le coq ou la fleur de lys. Mendiants galonnés qui courtiseraient feu le Cholera s'il ressuscitait pour distribuer des rubans ou des portefeuilles.... apprentis ministres ou ambassadeurs entendant aussi bien leurs affaires qu'ils entendent mal les nôtres auxquelles ils ne préludent qu'en daignant faire des dettes.... (pour prouver qu'ils savent faire quelque chose.) ces êtres incapables (par conséquent indignes) de briller sur la scène où ils ne parviennent qu'aux dépens de l'homme qui s'efface par cela seul qu'il se sent fait pour y paraître..... ne peuvent revendiquer d'autres droits à la préférence que les titres d'exclusion... car en tout temps et surtout dans le nôtre ces *titres* ne doivent avoir de valeur que celle qu'on leur donne, non celle qu'ils nous prêtent. Talent, courage, surtout indépendance. — Voilà la condition *sine quâ non*, voilà la base de la noblesse : s'appuyer sur elle ou en être écrasé.... pas de milieu ! Sous l'empire de l'égalité (la vraie) qui défend autant qu'elle devrait empêcher d'en faire le domaine exclusif de la bassesse et de l'incapacité...... c'est aux esprits et plus encore aux ames d'élite qu'appartient la représentation comme le gouvernement des intelligences : gouvernement auquel on ne peut les empêcher d'aspirer et qui leur restera toujours à défaut de celui dont il les dédommage amplement et suffit seul pour les consoler ! *noble* privilége accepté ou plutôt octroyé par la liberté qui attaque et cassera tous les autres... seule supériorité qui naisse de l'égalité même !!!

en action c'est-à-dire du pouvoir royal et populaire dont l'union préservatrice et puissante résume la souveraineté de la nation et forme sa constitution primitive.

Mais concours aussi fécond et puissant, circonscrit et exercé dans des bornes légitimes c'est-à-dire naturelles que la scission est impuissante et fatale... Si les partis usurpant la représentation des principes qu'ils altèrent pour les exploiter... Attribuent à l'un deux un pouvoir absolu, et sous prétexte de le corroborer, l'annule en l'isolant. La liberté sans indépendance ne peut pas plus être la liberté que la royauté sans pouvoir.... La royauté : ombre et fiction... voilà tout. La pondération seule en peut faire un corps, une vérité. Mais ne forçons, pour le mieux éviter, dans ses dernières conséquences, que le principe vicieux — Car la vertu même, poussée à l'excès, ne produit...... que le vice. Exagérée, l'énergie se change en cruauté, la puissance en oppression, la liberté en licence et par elle en anarchie. Ainsi à un funeste antagonisme une salutaire émulation, à la scission l'alliance heureuse des pouvoirs par les principes et non l'inceste heureusement stérile des factions... à un duel affligeant enfin une édifiante dualité. *In medio stat virtus :* ajoutons *potestas*. L'équilibre, c'est le pouvoir.... car l'absolutisme est la tyrannie..... quelles que soient les mains qui l'exercent. L'opposition qui n'est pas violemment systématique mais mesurée et courageuse c'est-à-dire la seule indépendante... ne représente-t-elle point ce système de contrepoids qui balance les pouvoirs et, en la contrariant et l'entravant même.., régularise et assure leur marche? la balance substituée à la bascule, voilà tout. Maintenant voulez-vous rendre impossible toute oscillation entre les plateaux? tout conflit entre le trône et la tribune, ce trône de la nation? Assurez de tous les bras du briarée national sur le corps du bucéphale politique la seule tête capable d'en régler les mouvements, d'en prévenir les écarts. Elevez au-dessus des deux pouvoirs, comme l'égide de Pallas mais aussi l'épée de Damoclès... la seule omnipotence reconnue par la liberté, la seule puissance absolue avouée par la raison :

LA LOI !!!

La loi, voilà la *légitimité* inprescriptible et l'indétronable souveraine du peuple-roi enchâssé dans un homme ! voilà le Gessler devant lequel se découvrira toujours sans contrainte et avec respect le fier Guillaume-Tell, voilà la couronne devant laquelle s'abaisseront les cheveux blancs du Cincinnatus de l'Amérique et du Wasinghton français.

Lex fit consensu populi et constitutione regis (1).

Cet axiôme est un principe, ce principe une constitution, et devrait être le premier article de la charte qu'il vieillit de mille ans... car le monopole est d'hier, la liberté de tous les siècles (2). C'est l'ame du gouvernement, et pour nous le mot de l'énigme.

(1) *Franc*, notre premier nom, est l'origine de franchises, c'est-à-dire le synonyme de libre.. .

(2) Une remarque bien féconde en réflexions de tout genre.... c'est que le monopole est né sur la terre classique de l'émancipation.

L'Angleterre vit la première un conquérant-despote remplacer dans la dernière partie du onzième siècle, par une féodalité universelle, les bases libérales de sa constitution. Selon Montesquieu, les bois de la Germanie auraient, avant les cités, été le siège du gouvernement représentatif que l'auteur d'un voyage assez intéressant pour former un chapitre supplémentaire de Malte-Brun *(a)*, dit avoir trouvé en vigueur chez les sauvages habitants du sud de l'Afrique. A la responsabilité ministérielle près, c'est le gouvernement démocrato-monarchique dont, grâce à 1830, nous jouissons enfin pour toujours ! Le débonnaire monarque de Beshuana se laisse patiemment et librement interpeller dans les assemblées publiques...., à ce point que dans une séance orageuse un Gracchus-Othello reprocha à sa majesté colorée d'avoir nommé des sénateurs en jupons et premier ministre... sa majesté *très-fidèle*, je me plais du moins à le croire..., et plus volontiers en Nigritie qu'en Portugal. Je ne conseille pas à ce mal-appris parlementaire de porter jamais aux pieds de la trinité saint-simonienne de la monarchie *(b)*, le tribut barbare de son irrévérence pour la royauté et surtout pour le sexe qui l'embellit et la ferait chérir.... de Brutus lui-même ou de la république en personne. Au reste, bien-heureux pays où la tolérance des opinions et la liberté de discussion sont si profondément enracinées que la majorité et l'opposition se séparent dans la meilleure intelligence...., où même loin de se séparer, (Rome, Paris et Londres, ô *Pudor*!) Robert-Peel et Palmerston *(c)* Thiers et Guizot arpenteraient fraternellement l'arène parlementaire !!!

Babarus his ego sum quia non intelligor illis....

Ce royal Boyer (qui n'aura pas le sort de l'autre!) n'est-il pas en effet le sage prince que nous aurions insolemment traité de sauvage à l'époque même de notre incivilisation, parce que, suivant le mot de Montaigne, il ne porte ni haut-de-chausses ni barbes de bouc. — Epigramme redevenue de circonstance aujourd'hui que la *parure* distinctive du bouc est le *propre* de cette *jeune France* qui, n'en pouvant montrer d'autre, se glorifie de celle-là.....

(a) Voy. le voyage de Moffat.

(b) Siégeant sur le triple trône d'Angleterre, de Portugal et d'Espagne. En ce dernier pays une reine majeure (de convention), mais non la *femme libre....*

(c) L'insolent mais ridicule et pour cela seul.... impuni provocateur de la France qui dut mépriser ses mépris !!! (traité de Constantinople et discours au parlement.)

A l'abri de ce rempart qui vaut cent barrières et peut tenir lieu de tout parce qu'il renferme tout.... (1) ne craignez ni les bastilles ni les minorités. Croire que les bastilles, comme leur homonyme mais non leur mère, peuvent écraser un jour le sol de la liberté qui ne tremblerait sous leur poids que pour se couvrir de leurs ruines...... C'est faire insulte au prince qui les conçut, aux chambres qui les votèrent, à l'armée qui les élève..... et les abattrait le jour où l'on tenterait de convertir entre ses mains les instruments de défense en instruments de destruction ou seulement de tyrannie. Nos soldats sont-ils donc des machines, et à défaut de l'intelligence (qui serait un malheur sous l'uniforme), le cœur n'est-il pas là pour sentir le péril, et, intestin ou étranger, comprimer l'ennemi?

Quant aux minorités..... mot vide de sens sous la Charte. Comme sa sœur en Constitution, la France ne marcherait pas moins droit parce qu'elle tiendrait les lisières de l'enfant comme le sceptre de l'homme, et guiderait la marche de celui qui, par la main des autres, la pourrait faire trébucher. Peu importe donc que, réduite à une représentation matérielle, la couronne soit le bourlet..... dès que le peuple la porte avec celui sur la tête duquel il l'assure. Plus de minorité maintenant que le pupille est majeur. L'enfant grandissant comme le géant qui l'éleva jusqu'à lui...... se fait homme en lui comme il le deviendra par lui, en se pénétrant du principe qui s'appuiera de sa force après avoir

(1) Sous l'ancien régime l'absolutisme rencontrait à chaque pas une entrave..... dans les privilèges de la cité, les prérogatives de la corporation et avant tout, dans le grand corps judiciaire qui s'était fait politique.... enfin dans la double puissance (le clergé et la noblesse) qui, en l'absence des états généraux, s'interposait comme une barrière et une balance entre l'autorité souveraine et la nation qui devait l'être.... mais ne l'était encore. Les états eurent leur monarchie comme le parlement la sienne dans toute sa plénitude sous la tutelle du pupille qui, pour les rendre *sages*, devait *fouetter* ses tuteurs!...

Gardons-nous d'oublier les nobles remontrances faites par le parlement de Paris à Louis XI au sujet de la pragmatique-sanction, — à Henri III contre la bulle scandaleuse de Sixte-Quint. Quant aux états, leurs décrets liaient si faiblement le pouvoir royal qu'en 1562 la déclaration de Chartres révoqua l'art. 1er du décret d'Orléans qui rétablissait cette même pragmatique dont il vient d'être question.

Voyez hist. des privil. prov., tom. 1er et 11; hist. parlement., 18me, 16me et commencement du 17me siècle; voyage de Charles IX à Chartres, dans Vély et Mézerai.

protégé sa faiblesse. Double royauté ne faisant qu'un pouvoir; type fraternel et inaltérable de l'unité constitutionnelle, qui rappelle l'édifiant mais, hélas! l'unique exemple de l'unité monarchique. La France, tenant les rênes après les lisières, montrerait une seconde fois, aux nations émerveillées et jalouses Louis et Carloman après Blanche et Saint-Louis (1). Manteau d'or pur et massif, manteau vraiment royal, trop court en apparence, plus large en réalité que celui dont l'épaisseur ténébreuse ne servait qu'à cacher toutes nos plaies et la scandaleuse élasticité à couvrir les guenilles..... de cour. La nation ne verra plus sous les pans de celui-là s'abriter ces valets-rois qui, sous le nom de maires, tuèrent une race en asservissant la royauté par la dictature, ces vassaux-suzerains qui détrônèrent l'autre..... ni cette tourbe éhontée qui, par des éclats scandaleux réveillant un peuple accroupi dans ses maux comme la royauté dans sa honte, lui mit aux mains la cognée vengeresse qui devait abattre l'arbre de la monarchie pourri par la cour; bois de lit fangeux (2) dont la République fit une guillotine.

Ainsi triple envahissement de l'administration, de l'aristocratie et de la liberté elle-même neutralisé sans retour par l'omnipotence du peuple-roi. Epaules populaires ou têtes royales, désormais assurées contre le sceptre ou la hâche. Le fouet n'est plus qu'en Barbarie un intrument gouvernemental et *civilisateur*..... et le canon qui fait sauter un trône, avertit mais ne tue plus les rois!

Ultima ratio..... populi!!! (3)

Quant à ce vers-maxime:

Quicquid delirant reges plectuntur achivi.

Quantité à part, doublement faux, — soit qu'on interprète le sens par la lettre, ou que, retournant la pensée, l'on remplace *reges* par *achivi*.

Ce système n'est pas spéculatif...... mais rationnel; il est pour nous le fruit laborieux des plus pénibles veilles, des plus graves et des plus consciencieuses méditations. C'est dans le sein des nuits que nous l'avons silencieusement

(1) Ordre renversé avec intention.

(2) Non celui de Louis XVI!!!

(3) *Ratio-monimentum!.....*

conçu, lentement élaboré. Forcément recueilli parce qu'on ne peut se distraire..... rentrant, s'enfonçant, s'absorbant en lui-même parce que rien ne l'en saurait faire sortir..... le penseur qui s'interroge est sûr de se répondre : L'homme se trouve dès qu'il se cherche, se pénètre dès qu'il se sonde. Abîme d'où l'on s'élève à mesure qu'on y plonge, désert que l'on peuple à mesure qu'on l'étend, et qui produit dès qu'on le défriche..... sombre prison qu'on illumine en attendant la délivrance..... pour entrevoir la patrie et la liberté ! A cette heure inspiratrice et méditative, la réflexion révèle, le jugement est l'intuition, la perception une seconde vue..... la lampe un flambeau éclairant sans risquer d'aveugler. Comme la cécité, son image, la nuit est le jour de la pensée..... Mystérieuse égérie qui ne se montre qu'alors sans voile à ses austères et silencieux adorateurs, choisissant pour secret sanctuaire le plus sombre réduit. C'est alors qu'en voilant à l'œil toutes les limites..... elle ouvre à l'esprit l'immensité. C'est dans ce laboratoire que, cherchant à s'approprier la seule pierre *philosophale* qui se multipliera sous sa main comme le pain sacré..... l'alchimiste moral creuse les choses et les hommes pour connaître et éclairer les uns par l'étude des autres, rectifier les effets par la révélation des causes... et n'arriver par l'étude à la sagesse que pour conduire par la sagesse au bonheur les nations et les individus.

Felix qui potuit rerum cognoscere causas !

Le cabinet, dans le vrai sens du mot, n'est pas seulement le laboratoire où l'on creuse — c'est l'observatoire d'où l'on plane. C'est de là que le puissant astronome, à l'aide de la lunette aux mille verres, parvient, par les investigations mentales, aux plus précieuses découvertes ; puis, après avoir découvert l'Amérique, l'explore et la dépouille..... pour enrichir l'Europe, et par elle le monde. Plus ambitieux qu'Alexandre étouffant dans les limites de l'univers qu'il ne possédait pas et ne put conquérir, plus audacieux que Colomb expirant avant d'en avoir pu faire le tour..... le philosophe, Colomb de la pensée, dédaigneux de ce globe trop étroit pour lui depuis qu'il l'a borné en le reconnaissant..... s'élance vers les sphères où réside mais se cache la Sagesse..... l'interroge, la sonde, cherche à lui dérober ses secrets..... et à recueillir sur les lèvres mêmes du Sphinx qui le créa le mot insaisissable de l'énigme du monde. Auguste privilége de l'homme assez fort pour s'arracher à lui-même, assez haut déjà pour grandir encore et monter jusqu'à Dieu! Loin de nous cette ambition, — car notre impuissance est là pour nous en garantir. Ceux-là seuls d'ailleurs peuvent traduire ce qu'ils peuvent seuls pénétrer..... Et Dieu ne se peut révéler une seconde fois aux hommes que par Dieu lui-même c'est-à-dire le Génie initié par la vertu aux mystères de la Sagesse! Radieux *Lucifer*, vraiment digne de son origine, et seul capable de répandre sur ses destinées la lumière céleste. L'autre, c'est l'incendie. Or, est-ce à nous qui brûlions hier et pouvons brûler demain, à jouer avec le feu?.....

Sans prétendre donc à la seconde vue..... j'éprouve le besoin de développer ici la forme sous laquelle l'imagination, colorant le fruit sévère de la raison, va le rendre transparent à force d'être sensible et le faire toucher du doigt. L'imagination n'est-elle pas la plus puissante en même temps que la plus féconde des facultés humaines, puisqu'elle est mère de l'inspiration qui crée ce que la méditation révèle? C'est la divine Armide qui fait retomber en gerbe lumineuse la rosée toujours prête à jaillir du puits artésien que tout homme porte au fond de lui... comme le sol qui l'a fait naître. Inspiré par elle, le philosophe se faisant poète doit déployer ses longues et larges ailes pour élever avec lui tous ses frères à la région qu'il habite..... et non les couper pour se traîner lâchement dans l'ornière de la routine, ou, ce qui serait plus vil encore, s'atteler servilement au char fangeux des partis! Si ma faiblesse trahit mes efforts..... qu'on daigne pardonner au peintre en faveur du sujet.

J'embrassais d'un coup-d'œil l'horizon politique dont les nuages amoncelés sur tous les points attristaient et bornaient ma vue..... quand se dégageant insensiblement de ses sombres voiles..... il permit enfin à mes yeux de se fixer sur un point lumineux qui concentra mon âme par un tableau fait pour l'étonner d'abord et bientôt la ravir.

Une plaine d'une immense étendue, mais aride et couverte d'épis desséchés..... est tout-à-coup sillonnée dans tous les sens par d'innombrables petits ruisseaux qui, se changeant progressivement en rivières, aboutirent tous ensemble à un fleuve large mais paisible, miroir transparent qui réfléchissait, non les éclairs de l'orage, mais les rayons du jour. Au milieu de ce fleuve bordé par deux rives assez hautes pour l'enchaîner dans son lit et régler son cours en prévenant tout débordement...., s'avançait majestueusement un vaisseau aux formes gigantesques. Un vent calme et favorable enflait ses voiles d'or et d'azur, double et brillant emblême de paix et de prospérité. Son pavillon dont je ne pus, ne voulus point distinguer la couleur..... et qui semblait se perdre dans les nues..... portait, en lettres d'une lumière brillante et douce comme celle de la naissante aurore, ces mots qui devraient être la règle parce qu'ils sont le symbole de la prospérité des nations comme de l'unité divine et humaine :

UNION ET FORCE.

Sur deux trônes d'une égale grandeur, revêtues d'une tunique dont la blancheur rappelait mais eût effacé les lys..... se tenaient deux géantes, dont l'une, qui occupait la droite, portait une couronne d'or ; l'autre, de chêne, la seule aujourd'hui qui préserve de la foudre, et, malgré son apparente fragilité, puisse souder l'autre..... sous peine de la remplacer. La Liberté (on devine la première) par son regard mâle et fier semblait dire à la fille dont elle fit sa sœur : *Dieu me l'a donnée ; gare à qui la touche !* La première ne m'offrait plus les traits de cette mégère à l'œil livide et sanglant, au front éhonté, qui remplaça par une tête de roi la couronne dont elle prétendait alléger le drapeau national pour en doubler le poids dans la balance européenne ; — ni cette messaline de la gloire dont le manteau de *pourpre* fut pour la France qu'elle embrâsa de son insatiable ardeur..... la robe de Nessus ; — mais la royale Samaritaine qui jeta deux fois sur nos plaies le manteau déchiré par nos mains..... et dont la tête coupée, aux jours de crise, repousse toujours par un prodige heureux sur le corps chancelant qu'elle peut seule préserver d'une chute ! Entre leurs trônes communs s'élevait un autel dont elles entretenaient d'une main le feu sacré..... tandis que de l'autre elles dirigeaient, avec un aviron, le vaisseau triomphal. De temps en temps leurs regards s'élevaient de concert vers le ciel.... comme pour y chercher le pilote capable d'assurer contre la tempête qu'il peut seul enchaîner puisqu'il la déchaîne à volonté..... le vaisseau qui, par lui, pouvait prendre et mettre en action cette devise :

Vires acquirit eundo!

Ce symbole vivant dont l'ineffable douceur relevait, en le tempérant, l'éclat majestueux et presque divin, semblait refléter sur son front tout un glorieux passé..... s'illuminer d'un radieux avenir!!! Une main invisible, comme celle qui traçait sur les murs de Ninive l'arrêt d'un empire..... y semblait tracer, en caractères plus éclatants que le soleil, seul visible mais bien pâle reflet de l'âme immortelle qui échauffe, et sans le brûler, éclaire le monde qu'elle fit éclore..... l'arrêt irrévocable des destins de l'humanité, — arrêt dont la magie électrisa le peuple immense, qui, par ses transports, le salua du double rivage qu'il couvrait comme un sable vivant :

A la gloire naguère, à la liberté maintenant de faire le tour du monde!!!

Je suivais avec un respect mêlé d'admiration la marche du vaisseau. .. quand je le vis s'arrêter devant un second fleuve qui me parut la limite du premier ....

C'était le Rhin!!!

Après avoir pleuré avec moi sur les épis desséchés, représentation trop fidèle du double chancre de la misère et des factions qui nous presse, nous circonvient et nous dévore.... quel Français n'a reconnu et salué du cœur, comme mes spectateurs fantastiques, dans la double et unique personnification du peuple-roi la sainte image de la patrie, dans la Galère-*capitale* (1), l'arche d'alliance du monde politique, comme la Syrène (2) fut celle du monde civilisé? La vision de mon esprit n'est que le rêve de mon cœur. Puisse-t-il être enfin une réalité!.....

Comme Cynégire au bateau persan, accrochons-nous à l'ancre du vaisseau français; c'est celle du salut universel. Sa marche est sûre, — car sa ligne est droite. Phaétons présomptueux qui ne saisiriez le timon que pour placer le char sur la pente, ce n'est plus vous qui suspendriez et

(1) Les armes de Paris sont un vaisseau.

(2) Vaisseau-amiral de Rigny, à Navarin.

moins encore dirigeriez l'élan : c'est *lui* qui vous entraînerait. Vous n'imiteriez l'audace que pour subir l'inévitable sort du modèle dont la folie emblématique doit conduire à la sagesse. (Les fous ne devraient-ils pas faire les sages, comme les méchants les bons?) Ne sachant que tourner contre l'état lui-même la pointe du glaive que vous prétendez ceindre, vous verriez bientôt le Géronte populaire dont vous ne vous faites les valets que pour devenir ses maîtres c'est-à-dire les souverains du *souverain*..... Ressaisir la garde et tourner la pointe contre les imprudents qui l'aiguisent..... et faire bonne et prompte justice de ces Eustaches moins la corde, de ces Scévolas moins le bûcher, de ces Curtus moins le gouffre..... qui n'entreverraient le Capitole qu'en heurtant pour s'y précipiter (mais seuls cette fois!) la roche tarpéienne. Sondant l'homme à travers le démocrate — je ne vois en vous que des lacenaires *augmentés* mais non *corrigés* qui argumentent et systématiseraient l'anarchie comme l'autre l'assassinat; — *Travaillant* sur une plus grande échelle pour *exécuter* en grand ce qu'il tentait en petit! Ne visant d'ailleurs comme lui qu'au *portefeuille*, et ne voyant dans l'exercice de la liberté que vous entendez comme il entendait l'honneur... qu'un moyen de satisfaire une ambition insensée comme lui la débauche et la cupidité : mais heureusement, comme le hideux complice (1) que vous désavouez après l'avoir fait à votre image — chargeant jusqu'à la gueule l'arme qui n'atteindra jamais nos têtes..... car elle éclate dès à présent entre vos mains. Vous visez *haut* mais de trop bas...... et tirerez (involontairement!) mais toujours en l'air. Nos coups seuls porteront, nos coups seuls feront balles..... parce que nous avons sondé la cuirasse et trouvé le défaut dont vous faites un ressort. Le talon d'Achille, à notre époque, c'est le *cœur* que gagne tous les jours le mal de la tête..... Cloaque vivant où la bassesse a pénétré si avant et s'incruste si fort qu'elle menace d'y passer à l'état de métal et d'y braver toutes les attaques. *Patriotes* rouges ou blancs ne voient dans la question générale qu'une question individuelle, dans un principe de vie ou de mort qu'un élément de ruine c'est-à-dire de fortune,

(1) Darmès !!!

dans un gouvernement à détruire ou à installer qu'une place à prendre. — Le *sens* de république ? — chance d'un consulat. — De restauration ? — celle d'un ministère. Par l'une ou l'autre tout au moins proconsul ou tribun, préfet ou sous-préfet. Le crime du pouvoir, c'est le pouvoir lui-même. Tout acte n'émanant pas de la source qui l'épure, c'est-à-dire de la *raison* Laffitte — Polignac et Ce, est d'avance déclaré nul, de toute nullité.

Tout scrutin faux, s'il n'en sort votre bulletin ; tout candidat marqué du cachet infâmant, s'il ne porte pas le vôtre ; tout fonctionnaire à la chaîne. ... s'il ne sort de vos rangs ; toute place occupée par un non-républicain ou non-légitimiste, est la proie d'un paria..... et comme telle souillée ; c'est un vol aux frères ou *amis*. La révolte seule est *légitime*, puisqu'elle est la fidélité ! Pas de transaction avec l'usurpation et la tyrannie ! c'est un crime..... ou tout au moins un délit. Conduits par vous ? au port ! Sans vous ?..... à l'abîme !!! Seuls, vous êtes les interprêtes de la Charte et les néophytes du temple dont vous vous prétendez les prêtres exclusifs et, bien entendu, inamovibles Seuls, vous vous instituez légataires universels du mort que vous avez tué..... et les agents du vif qui n'existe que *de par vous*..... tandis que vous, au contraire, n'existez que de par lui. Il va tomber depuis treize ans..... s'il ne prend pour supports ceux qui seraient sa ruine ! il ne touchera le port que conduit par ceux qui courent à l'écueil..... ne marchera droit qu'appuyé sur ceux qui vont de travers. . . . .

. . . .

Ah ! loin de nous l'époque plus honteuse encore où la société crut n'avoir plus qu'à tendre le col pour recevoir le dernier coup des défenseurs naturels qui se faisaient ses bourreaux. La France ne céderait pas plus gratis sa tête que ses libertés..... et ne se laisserait pas plus prendre l'une que confisquer les autres !!! elle sait, elle sent aujourd'hui que laisser prendre les rênes à Tullie..... ce serait se rendre complice de son parricide, l'accepter..... que de n'en pas répudier l'indéclinable responsabilité. Ni bourreaux..... ni *patients !* Le *tu quoque* n'est plus de saison et ne serait qu'un ridicule, un stupide, un odieux anachronisme. Se *lève* imprudemment, confiant dans une audace dont sa perte serait le résultat et l'unique *salaire*, le Brutus Bicolore — et César lui arrachant (mais pour ne plus le laisser tomber) le poignard à manche brut ou doré, l'en frappera comme la meute bourbeuse lancée contre lui. César — c'est ce peuple dont, à force de l'attaquer, vous avez depuis treize années ébranlé la tête..... mais n'avez encore pu corrompre le cœur, dans ce noble pays, la partie toujours saine. Il sait, et nous ne craindrions pas de le lui révéler s'il pouvait l'ignorer, il sait que l'arbre sacré n'a pas produit tous ses fruits — mais qu'au temps seul, père du progrès comme il le fut de la liberté, appartient de les mûrir..... et de les faire éclore. (1) Il ne laissera pas y porter la main ceux qui, au risque de le déraciner, le secoueraient chaque jour dans l'espoir d'en faire tomber des fruits non moins amers que les premiers, comme eux mortels pour les téméraires qui veulent hâter leur saison. En l'illuminant, 93 a fait 1830 par 89 réhabilité..... Dès qu'il fut compris : l'épouvantail a sauvé de l'ornière, le fantôme a fait le corps. Mais de l'abîme ne jaillit pas deux fois la lumière..... et l'on ne fait pas impunément l'épreuve du feu. De la fatale boîte ne sort qu'une fois..... le bien par le mal.

Mettons-nous donc à couvert de l'écume vaniteuse qui abonde à la surface et nous déborderait si nous ne la rejetions dans la fange d'où elle émerge.... : voulant la fin sans en avoir les moyens, ou par des moyens qui ne furent et ne seront jamais les nôtres ! car nous répudions avec la même énergie l'humiliation de l'immonde oreiller où croupit et s'énerva pendant un demi-siècle la monarchie .... et l'humiliation plus grande encore de subir le joug de ces sauvages civilisés mais dégradés de la noblesse des bois, qui se feraient nos maîtres, à l'instant où nous les ferions nos égaux... et nous auraient à peine coudoyés qu'ils s'adjugeraient de fait, si non de droit (pour eux l'*inconnu*) le haut du pavé. Pupille insensée s'érigeant en tuteur, nous imposant comme des chaînes les lisières que nous aurions brisées... Cette exécrable engeance ne rachète point par une qualité ses milliers de vices, et ne sait qu'outrager ses supérieurs naturels par l'orgueil des haillons auquel je préfère encore l'orgueil et du moins l'éclat du manteau royal !

(1) *Expecto solem...(Deum!)* pourrait-être la devise de la civilisation Animons-nous la devise ? elle sera le cri d'impatience et de colère de la pomme verte qui, pour tenter l'homme et le perdre une seconde fois, voudra *rougir* à tout prix..... Mais le fruit humain doit mieux raisonner et savoir attendre.

La fortune! (acquise ou extorquée, honorable ou honteuse...) voilà la féodalité que bat en brêche et veut *ruiner*, pour se l'approprier à tout prix, (1) le Richelieu improvisé qui, au génie près, exerce ses pouvoirs comme le monarchique, conquérant-cumulard s'installant de son infaillible autorité président du conseil ou roi sans ministres..... et s'appliquant avec une stupide insolence le *supra negotia*. Le premier démonta d'une main habile, avant de les faire tomber une à une, toutes les pièces de la vieille armée féodale; l'autre ne toucherait au balancier que pour briser la pendule... en croyant la remonter. Mécanicien brutal et maladroit, ignorant et repoussant instinctivement toutes les règles, il ne peut que dépasser toutes les bornes et n'en met pas plus à sa tyrannie qu'à sa vengeance (2). De toutes les réactions la plus funeste est celle des masses, puisqu'elle est le fruit informe et vénéneux du désordre des intelligences et de la corruption des cœurs (3). Malheureusement aux masses (parce qu'elles seules ont intérêt au désordre) semble exclusivement de par les faits dévolue l'énergie! leur récente modération ne serait qu'un argument spécieux et non sans réplique..... Car on marche droit dès qu'on vous dirige. Loin de nous réconcilier avec elles.. . 1830 forçant rois et peuples à un triste retour sur eux-mêmes, en les identifiant de force avec les besoins qu'ils auraient dû confondre après les avoir compris..... doit leur apprendre comment se font, d'où partent et où mènent les révolutions. 1830 est l'exception qui ne change pas mais confirme la règle (4).

La dague au poing, poursuivons sur tous les terrains, forçons dans ses derniers retranchements le double anti-

(1) Ote-toi de là que je m'y mette.... Voilà le mot d'ordre universel des révolutions.

(2) De l'eau sur le feu! Non-sens. De toutes les bêtes enragées la plus hydrophobe... c'est la populace!!!

(3) La révolution espagnole appelée d'abord à développer la nôtre, n'aurait pu que la détourner de ses voies naturelles..... J'entends des voies parlementaires dans lesquelles la première, après s'être faite par des mouvements tout militaires c'est-à-dire violents, paraît vouloir entrer. Qu'elle se garde d'en sortir... car dans ce pays *froid* les dissensions ne tardent pas à tourner en émotions, les émotions en émeutes... les émeutes en révolutions. En Angleterre seulement l'on ne verra toujours du choc des opinions naître.... que la lumière!

(4) Développons.... *n'encanaillons* pas la liberté!

principe — mais après avoir, par une dialectique serrée, pressante et sans réplique, logicien aussi impitoyable qu'irrésistible..... acculé aux dernières limites de la raison le double et éternel ennemi social, après l'avoir tué par une argumentation anti-paradoxale, stratégique et victorieuse des sophismes..... n'abusons pas de la victoire..... et qu'on reconnaisse encore dans l'apôtre de la philantropie et par conséquent de l'émancipation le champion de la sagesse. Ne précipitons rien si nous ne voulons, en les précipitant, perdre les hommes avec les choses. Ne ravalons pas la philantropie en la considérant comme un capital à exploiter, parce qu'il rapporte la popularité et par elle la fortune. (Le bien qu'on fait..... voilà le seul *bien* sur la terre!) Amassons pour les autres sans exiger de *reconnaissance*. Semons sans *intérêt*, mais avec mesure, et contemporains de deux révolutions, ne demandons pas au printemps les fruits de l'automne... si nous ne voulons compromettre la récolte. N'arrachons pas à Bélisaire son bâton pour l'en frapper; loin de là, soyons son guide..... mais ne l'acceptons pas pour le nôtre. Quand le présent brûle et tremble plus que jamais sous nos pas..... quel homme sage, quel franc patriote..... sonderait d'un cœur ferme et d'un œil tranquille les profondeurs de l'avenir? Efforçons-nous, avant tout, d'assurer le premier contre les éventualités du second...., et qui oserait, qui pourrait les calculer avec précision? Affermissons d'abord, nous exploiterons après : *incedo per ignes*.. (1) Mais j'ai pris pour guides ma conscience et ma raison; toutes deux me crient à la fois : entre le faux et le vrai c'est-à-dire le bien et le mal... plus qu'une barrière — un abîme : Or on ne s'unit pas à l'abîme..... on s'y engloutit!

J'entends bourdonner à mes oreilles un nom qui l'eût chatouillée naguère..... mais la blesse aujourd'hui. Papillon brillant dont la couleur me séduit..... mais que je chasse comme une guêpe importune. Je ne ressemble pas à ces faux amis, crocodiles monarchiques, s'efforçant par de flatteuses images d'attirer la royale proie sur les bords de la Seine..... comme ceux du Nil empruntent, pour les attirer dans l'abîme vivant..... les doux accents des enfants de l'Egypte.

(1) Sur un double volcan : le foyer de Goritz et le brasier parisien qui, au risque de se consumer l'un par l'autre, s'attisent tous les deux!...

Mais le temps s'écoule..... chaque jour est une année de moins ! Non..... car loin de perdre, il gagne à attendre. Que d'espérances attachées à ce berceau ! Oui, mais des conditions et non des droits..... ou du moins les seconds nuls sans les premiers. Ecouter ou méconnaître les premières pour ne s'occuper que des seconds—ce serait s'élever sur une base ruineuse et plus prompte encore à s'ébranler sous un pied d'argile, ne remonter que pour redescendre—se *restaurer* mais non se rétablir. Revenir à nous (et il ne saurait faire autrement par des raisons indépendantes de sa volonté mais inhérentes à sa position) revenir à nous avec ses rancunes, ses préventions et ses prétentions augmentées et enrichies de toutes les utopies étrangères (1).... Ce serait se sacrer pour un jour avec le sceau fatal de la destruction et ne faire qu'un voyage *d'agrément* de Londres à Paris.... Veritable ombre d'une royauté passée, dont l'apparition ne serait malheureusement stérile que pour lui ! Attaqué du virus-Charles X ou anti-constitutionnel qui minerait le trône parce qu'il infecta le berceau et dont il ne put se purger à la source doublement épuratrice d'une éducation libérale et d'une instruction humanitaire..... Le Joas hermaphrodite ne reparaîtrait aux lieux qui l'ont vu naître mais loin desquels le condamne à mourir un arrêt injuste dans son principe (2), mais motivé, commandé même par les circonstances, et de plus en plus confirmé par les conséquences dont il était la source..... que pour subir l'une des deux chances irrévocablement attachées à la position politique dont il est, et par lui la France deviendrait la victime : sous la charte, le sort de Charles X — sous la république celui de Louis XVI !

L'eau et le feu ne seraient-ils pas en effet d'une fusion plus naturelle et plus facile que la charte et le droit divin ? La France, compâtissante au malheur, permet à la royauté déchue (par sa faute), pour charmer son veuvage... de jouer

(1) En première ligne des états-généraux, non à la façon de Bailly mais de Robespierre ; un concile, non à la façon de Fénélon mais de Lamennais, une garde *nationale* non à la façon de Lafayette mais de Santerre ! Dieu nous garde du pouvoir exclusif.... car cette fois la *Constituante* détrônerait la constitution !...

(2) Injuste parce que nous acceptons comme un droit c'est-à-dire une réalité l'abdication qui, en fait, n'eût été qu'une fiction.... car la couronne sur a tête... mais les mains derrière le rideau.

à la couronne mais non à la liberté... dont se verrait seul privé l'infortuné et (l'avouerai-je) intéressant jouet des partis entre lesquels la position du fils de Louis XIV est exactement celle du fils de David entre les deux larrons. C'est pour ne pas avoir à compléter le parallèle que diffèrent des Nostradamus politiques dont l'almanach royal vient périodiquement démentir les calculs comme la police déjouerait leurs *innocents* complots ..... nous tirons aussi l'horoscope qui, s'il arrive à son adresse, arrachera peut-être à celui qui en est l'objet cet aveu dont rougiraient comme d'une juste censureles flatteurs que les princes prennent pour des amis :

Mieux vaut un sage ennemi !

Je ne suis pourtant que..... l'ami, et s'il le fallait, le défenseur de mon pays ! J'ai chanté la naissance de l'exilé de Goritz, je vais chanter peut-être (en ne voulant que la dire) la mort de la victime de Vincennes..... et pourtant cette même main qui ne trace jamais que les lignes du cœur.... ne balancerait pas plus à tirer le premier coup de fusil à Henri-*Nicolas* qu'à Condé-*Cobourg* s'il *revenait* sous ce drapeau... Désespéré, mais aussi fier alors de devenir son adversaire que de me faire son avocat !!! J'avais à choisir entre le rôle de faux ou de vrai prophète — j'ai opté pour le second ; plaise à Dieu que l'événement ne se charge pas de justifier la prédiction! Chaque fleur a sa saison : celle du lys *pur* est passée..... car il ne pourrait refleurir qu'en se mariant au chêne robuste qui étoufferait le débile rameau. Du reste, loin de l'attaquer, je comprends, je prêcherais même volontiers la croisade mais non la contre-croisade de la légitimité : allez donc.. mais revenez seuls — car il n'y aurait plus pour lui de retour !!! L'hommage au malheur ne sera jamais qu'un hommage même et non une insulte au pouvoir (1); un noble usage et non coupable abus des libertés étrangères..... moins encore, se renfermant dans la pensée qui l'inspire, (ou devrait l'inspirer !) une menace aux libertés nationales. A l'œil soupçonneux et craintif de l'inexorable politique un péché capital : au nôtre, de tous le plus véniel..... mais à condition. Autrement, plus qu'un lèze-pouvoir : un lèze-pays !!!

(1) Dont le tour peut arriver demain. Toulouse royaliste qui a envoyé par députation au prétendu prétendant qu'elle appelle Henri V, n'en est pas à

Le voisinage d'un prince qui, par les prétentions qu'il soutient et les intérêts qu'il résume, devient tout dès l'instant qu'il ne veut plus être rien,.... ne saurait être pour les esprits graves un fait indifférent. Ce fait seul n'est-il pas un événement par cela seul qu'il en renferme tant! Que de faux amis tendent des piéges, des séïdes trament des complots, des dupes entonnent en l'honneur de la royauté d'outre-mer (ou plutôt d'outre-tombe) le *Te Deum* qui finirait par un *De Profundis*: Je n'embouche la trompette que pour les gloires ou les joies de mon pays, et ne sais sonner (de peur du tocsin...) que la cloche qui conjure la foudre et l'avertit

son début. Rimer (*a*) nous apprend que les Etats Toulousains de 1358 délibérèrent de députer au Roi. Edouard III (*b*) délivra un passeport à huit députés de la *Langue d'Oc* pour aller visiter le roi Jean, prisonnier dans son royaume (*c*). Leur suite se composait de vingt-quatre chevaliers. Ces huit députés étaient Bernard de Vignes et Arnaud-Bernard, de Toulouse; Pons Bliger, Docteur-ès-Lois, Etienne Rosier, de Montpellier; Etienne Salvatoris (Sauveur), de Nîmes; Jean Roquier ou du Rocher (Rocherü), du Puy; Marc Montanier, de Montréal; Barthelemy, de Capestang. Jean donna 200 liv. à Bernard de Vignes, somme bien faible pour un roi, bien forte..... pour un prisonnier. Comment le chevaleresque vaincu de Poitiers n'aurait-il pas été vivement sensibilisé par la noble démarche qui était à la fois un hommage à l'infortune, un témoignage d'affection et une assurance de fidélité?.... En 1442, l'arrière-petit-fils du royal captif rendit à la noble *courtisane* du malheur la visite qui devenait une dette de famille! (sans doute oubliée par celui que *oublia* Jeanne!!!) Charles VII tint à Toulouse le plus *bel ost que oncques* l'on vit depuis le commencement de la monarchie. Après l'amant d'Agnès-Sorel un autre prince, amant de toutes les belles, comme S. M. B. (Georges IV), de bachique mémoire, était dégustatrice de tous les vins......, eut la bonne fortune pour sa majesté très-*galante* (et non très-chrétienne), de s'entendre haranguer par la belle Paule, Ninon Toulousaine qui a sur l'autre l'avantage d'avoir été belle non seulement jusques à... mais encore après sa mort. Cette Vénus d'outre-tombe a, dit-on, été retrouvée de nos jours dans un état presque miraculeux de conservation. La chronique ne dit pas mais nous devons supposer que de toutes les fleurs de la harangue la plus suave aux yeux du restaurateur des lettres (qui brisa toutes les presses de son royaume!) fut... *l'orateur*. Aussi faut-il moins louer le royal courtisan des neuf sœurs (qui fut aussi l'amant des onze mille vierges) d'avoir senti les *charmes* de l'éloquence que d'avoir *respecté* ceux.... de la muse! (*d*). — L'année 1443 qui suivit l'apparition de Charles VII se recommande aux mémoires Languedociennes par l'établissement d'un parlement sédentaire à Toulouse

(*a*) Vid. Collect. de Rimer; tom. 6 p. 112

(*b*) 14 décembre 1358.

(*c*) Même démarche faite en 1525 par des gentilshommes bretons auprès de François I.er, prisonnier à Madrid.

(*d*) La belle Paule, si l'on en juge par des poésies qui rappèlent avec avantage celles de Clotilde de Surville, eut été la rivale de Clemence-Isaure dont elle est la contemporaine.... étant née une vingtaine d'années seulement après sa mort. (1518).

du danger ! Non la Pythonisse qui prédit ou prêche la discorde — mais Cassandre ne prédisant que pour la prévenir..... la ruine de Troie !

Que peut-on gagner, ou plutôt n'est-on pas sûr de perdre à un changement? Que deviennent dans un bouleversement l'ordre, la justice, la morale, sa double conséquence et sa double compagne? Magnifiques bienfaits de la civilisation.., mais dont la fixité seule fait la force. La société, débordant comme la mer, devient le jouet de tous les vents..... et les vents amènent les tempêtes. Plaçons donc sur l'édifice social un paratonnerre et non une girouette ! Sages *harpagons*, ne changeons pas plus de manteau royal .... que d'habit. Après bien des mouvements, des chocs et des secousses.... il fallut nous reposer naguère dans le gouvernement que nous avions si violemment et si injustement détruit. Mais, devons-nous, au risque de nous engloutir par elle et avec elle, restaurer aussi follement qu'elle s'est détruite à son tour....... cette légitimité, mère de l'ordre à condition qu'elle n'engendre pas le désordre par la violence? Or, le sol qui s'ébranla de sa chûte..... s'ébranlerait encore de sa restauration. La France qui l'avait si franchement épousée n'a-t-elle pas dû voir ses sages tuteurs, ses dignes *péres*, comme ceux de l'Angleterre, de la Suède et de l'Espagne, prononcer de force et à contre-cœur, quoiqu'en pleine liberté, mais avec connaissance de cause un divorce nécessité par quinze ans d'incompatibilité et la raison majeure des derniers sévices exercés par celle qui se croyait la plus forte?

Nous proposant uniquement d'élever les hommes et les questions (et l'on rétrécit les secondes en les asservissant aux premières), nous n'avons voulu considérer dans la légitimité (principe, à nos yeux, purement conditionnel....) que le côté moral et philosophique c'est-à-dire le seul vraiment national, — non le dynastique c'est-à-dire individuel. La nation ne peut pas plus être une question qu'un parti — car son existence n'en peut jamais être une.. et sa dignité ne peut descendre à l'autre ! En se *levant* naguère, elle se releva... et ne prenant qu'à sa taille mesure du manteau royal... releva à son tour (dans le double sens) la royauté dont, après les avoir mesurées à son aise, elle fixa pour jamais les proportions ! à la liberté-peuple la liberté-roi, la charte couronnée — à un peuple neuf un homme nouveau, non une race usée mais rajeunie... à une génération de géants non une naine... mais une géante comme elle! Coupez, hachez ce bicéphale... les tronçons n'en seront que plus vivaces et tendront toujours à se rejoindre; séparer... c'est réunir. Cette royauté tout à la fois double et unique sauverait la liberté d'elle-même...... comme la liberté doit à son tour veiller sur elle. Bronzée contre la tyrannie par le canon de 92 (1) (dont celui de 1830 dut être l'écho pour son cœur... enchaînée et *assurée* contre elle-même par un passé qui est la caution de l'avenir et nous garantit l'indépendance comme l'*autre* la servitude!(2) — L'écolier passé *maître* et qui mérite d'être le nôtre puisqu'il sut être le sien... le prince dont l'infortune ne reçut au lieu d'hommages que des leçons... (la perte ou le salut des rois!) a conquis par les premières ses droits aux seconds! double avantage qu'on ne lui peut contester sur l'écolier qui se *prétend* le maître... mais ne peut concourir avec le vétéran!!! Qu'est-ce que la légitimité? La légitimation de la fille par le père ou par le peuple... de la royauté née sur la tribune : la sanction du trône par cette tribune, en un mot du membre par la tête, de la partie par le tout, du constitué par le constituant. Qu'est-ce que la république? Le synonyme et le symbole de l'association universelle des intérêts, la compagnie d'assurance mutuelle de la légalité contre l'illégalité, de l'ordre contre le désordre. Eh bien! la royauté actuelle est la double incarnation du double principe.. et la tige nous répond des fruits! République ou légitimité, sens absolu : synonimes, la première d'anarchie, l'autre d'oppression : souveraineté constitutionnelle... de l'ordre, conséquence de l'indépen-

(1) Celui de Jemmapes et de Valmy, non du 10 août!!!

(2) L'ère constitutionnelle du règne absolutiste (grâce pour l'anomalie qui n'est pas un contre-sens!) c'est-à-dire les beaux, les seuls jours du règne de ces Bourbons qui régneraient encore s'ils n'en étaient pas sortis..... c'est la durée du cabinet-citoyen qu'il fallait prendre pour unique *conseil*... au lieu du ministère-courtisan. Choisir le premier, c'était préférer le pays à la cour.... (a) et prendre la voie de salut : l'autre, celle de perdition. Le passage au pouvoir (malheureusement une pure et simple transition...) du ministère-honnête-homme, qui, avant l'heure du danger mais pour la prévenir, tenta de sauver le roi par le pays et la couronne par la charte, est le seul intervalle lucide.... du *Charles VI* constitutionnel!...

(a) Ce cabinet pensa à rétablir la garde civique *licenciée* si brutalement par ses prédécesseurs! mais il ne put triompher de la pensée immuable! c'était à la force seule qu'il était réservé de faire triompher la raison!.....

dance et garantie de la stabilité ! Pour nous, dût le palais de celle-là s'écrouler encore... (ce qu'à Dieu ne plaise !) nous ferions de sa dernière pierre un nouveau pupître en attendant celle qui nous broierait la tête ! Bravant les pierres.... avant de combattre les arguments, (les premières seules ont du poids !!!) Nous étions descendu dans la rue (1) avant de nous renfermer dans le cabinet... nous avons été son soldat avant d'être son avocat... et le double dévoûment du défenseur indépendant et consciencieux (sa plume et sa bayonnette) ne faillirait pas plus à ses derniers qu'à ses premiers périls !... Dans ces temps de réaction nul ne peut répondre de sa tête... chacun de son cœur ! L'opinion de l'homme de bien est la conviction, la conviction une religion... et plutôt le martyre qui l'apostasie ! Laissons les *résurrectionnistes* (2) idéologues qui du lévier faisant la barrière... (la couronne !) tentèrent naguère d'enterrer un vivant pour ressusciter un mort... les *charticides-bastillophiles* qui chaque jour déchirent et réexécu-

(1) Toujours prêt à répondre, qu'il nous appelât le jour ou la nuit, au premier coup de tambour... nous avons pendant un an participé à la répression des coupables et continuelles tentatives dirigées contre l'ordre public, contre l'*ORDRE SOCIAL !!!* après avoir affronté les *bras nus* pendant tout le procès du ministère-parricide *(a)* (c'est-à-dire infâme et non *déplorable !*) *(b)* et défendu avec le cœur du jeune homme et le dévoûment d'un vieux soldat contre deux mille assassins les têtes que comme juges, nous aurions condamnés alors comme nous les condamnerions encore aujourd'hui.... nous avons eu l'honneur et le bonheur plus grand, avec quatre de nos camarades, d'arracher à une mort non pas seulement imminente mais certaine le prêtre que pendant près d'une heure et à diverses reprises alternatives une populace furieuse suspendit sur le parapet *(c)* aux cris répétés avec un redoublement de rage : « *A l'eau ! à l'eau !* » Ce fait qui fut mis à l'ordre du jour et rapporté dans tous ses détails par la plupart des journaux du lendemain (entr'autres le Constitutionnel) se passa le 14 fevrier 1831, jour où fut célébré à Saint-Germain-l'Auxerrois le service anniversaire pour ce duc de Berry qui de son vivant, avait été le bienfaiteur du peuple !... le lendemain (15) nous ne pûmes que contribuer à défendre contre une troupe de bandits en guenilles... les ruines de l'archevêché !!! L'on comprendra sans peine que nous ne séparions point notre briquet de l'épée que nous avons reçue d'OUDINOT, quelqu'indigne que nous en fussions... excepté par le cœur), et, à ce titre, le plus cher souvenir de notre jeunesse et sans doute de toute notre vie...... comme notre plume est peut-être notre seule fortune à venir ! mais plutôt mille fois, si nous la devons reporter encore, plutôt mille fois briser l'une.... que de nous en servir jamais pour effacer une ligne de l'autre !!!.....

a Par ordre de Lafayette, la garde nationale ne quitta point durant cette quinzaine sabre et uniforme.

b Ministère-Villele.

c Entre la colonnade du Louvre et le Pont neuf

(2) Allusion à la société anglaise qui fait le commerce des cadavres !!!

tent la charte en effigie et relèvent la bastille... (en peinture !) jouer à la Louis XIV ou à la poupée royale : de par la charte (qui est aujourd'hui le roi !) *défendu* désormais de déconstitutionnaliser c'est-à-dire déshériter la France de son avenir ! à *eux* le passé c'est leur héritage : à nous l'avenir... c'est notre conquête. Le nombre en fît-il le parti faible, le notre serait toujours le parti fort ! mais pour nous est le droit... il restera le fait.

La Providence nous infligeât-elle un mauvais roi, gardons-le de peur d'un pire..... Et soyons plus sages que les sujets de la fable, si nous ne voulons finir comme eux. La nation et le gouvernement ne se peuvent scinder en droit mais ne doivent point en fait être jugés ensemble, car ils ne sont pas solidaires — Et 1830 nous a prouvé qu'elle avait raison de se considérer comme de se proclamer irresponsable. Les méfaits de l'un ne doivent donc point retomber sur l'autre ; et sa patience, tant qu'elle ne compromet pas son honneur, ne prouve que sa modération et sa sagesse. Que la moralité si chèrement acquise du passé soit donc pour nous l'enseignement du présent et surtout la sauvegarde de l'avenir !

Je paraîtrai, car j'ai dû me montrer offensif sinon hostile..... Mais, il est des cas où l'on ne peut se défendre sans attaquer, comme ces assiégés contraints par leur *position* de faire des sorties pour déconcerter les assaillants. Cependant ma polémique toute conciliatrice dans son apparente hostilité ne s'attache qu'aux intérêts et non aux personnes. Les vicissitudes de mon pays et les scissions produites par les abus de la presse m'ont trop convaincu que pour gouverner un état ou écrire un livre, il faut, avant de saisir les rênes ou de prendre la plume, faire complète abstraction d'opinions et surtout de personnes (1) — pour ne s'occuper que des choses. Quant à l'abdication des sentiments, à l'apostasie des croyances..... Jamais !!! Mieux vaut encore soulever des haines qu'exciter le mépris. — Car la haine n'exclut pas l'estime et par elle peut même se convertir en sympathie. Regardez l'arène parlementaire : que de divergences, de dissentiments, d'antipathies mêmes ! Ces athlètes acharnés descendent-ils de l'arène de la politique dans

(1) L'oubli des convenances ne prouve.... que l'absence de talent.

le domaine de la morale? Ces répugnances insurmontables, ces débats trop souvent scandaleux font aussitôt place à la plus parfaite intelligence, au plus édifiant accord. C'est que l'homme de bien ne peut avoir que des adversaires, jamais d'ennemis. Ainsi devraient s'effacer (comme nous serions heureux de nous effacer nous-mêmes.....) toutes les nuances de l'opinion, toutes les prétentions du personnalisme, toutes les éventualités de l'intérêt devant le seul intérêt immuable et sacré..... Le bien public (1). Ecoutez ce *vir bonus dicendi peritus*, c'est-à-dire le talent uni à la conscience : (Qu'est-ce que l'un sans l'autre, sinon la honte et le fléau de l'humanité ?)

Pectus est quod disertos facit.

Les questions les plus basses et les plus obscures vont à la fois s'élever et s'éclairer sous la discussion haute et lumineuse, la parole logique autant qu'ardente et passionnée qui, sans dépasser et posant au contraire les bornes de la raison, ne saurait jamais s'éteindre ni se refroidir dans le cercle étroit et glacé de la politique. Puissant esprit qui réveille tout ce qui dort, découvre tout ce qui se cache, ne laissant dans l'ombre ni un danger ni une honte, parce qu'il embrasse tout de ce regard scrutateur donné à Démosthène, à Cicéron et à Mirabeau, c'est-à-dire au grand orateur et à l'homme d'état. Suivez-le dans sa course rapide; voyant de haut et de loin..... frappant à fond et non à vide..... il creuse une mine en découvrant un abîme, plante un chêne en semant une fleur, allume un flambeau..... en lançant une fusée. Chaque mot est la pensée et naît avec elle..... chaque parole est l'homme qui s'y incruste, c'est le fer qui pour mieux couper... se polit en diamant. Pas un fait omis, une conséquence inaperçue, un moyen négligé. Jamais l'hypothèse ne sentira l'hyperbole, le syllogisme... le paradoxe, l'image..... la fantasmagorie : pas d'emphatiques et vaines déclamations, d'insipide et prétentieuse logomachie, d'insidieux éclectisme : synthèse uniforme et pleine, aperçu profond et lucide, opinion nette et tranchée. Ce discours sera un traité, et ce traité va faire ou plutôt refaire l'opinion

(1) Non le bien public, style de finance; les ministres de tous les régimes veulent tous celui-là..... mais font rarement l'autre.

publique (1) dont la bouche la plus éloquente n'est l'interprète que si un noble cœur en est le foyer ! Eh bien ! un livre est la tribune muette...... D'une éloquence moins retentissante mais plus persuasive et plus utile, par les résultats qui valent bien les éclats trop souvent stériles de l'autre. La polémique parlée s'évapore comme le son qui charme l'oreille. La polémique écrite reste et se grave dans l'esprit qu'elle peut aussi séduire en le frappant. Substantielle et nourrie..... la page qui s'anime sous une discussion chaude de sentiment, forte de pensées et pleine de faits, n'est-elle pas ce miroir ardent qui embellit, en la réfléchissant comme le soleil. ... L'austère vérité et fait fondre le double masque du mensonge et de l'égoïsme? mais le livre, tribune libre et accessible à tous les organes de l'opinion..., est trop rarement l'expression de l'indépendance et par conséquent l'écho de la vérité. Tel sera du moins celui-ci; murant de la même main qui veut consolider l'un par l'autre le foyer civique et le palais royal dont la transparence menteuse ne réfléchit que les vices et cache les vertus (vices *ad libitum*, c'est-à-dire *ad hominem*, dont ceux qui les révèlent feraient à l'instant des vertus s'ils se pliaient à leurs désirs...) Nous ne voulons imprimer de stygmate flétrissant, de tache indélébile qu'à l'incapacité audacieuse, au servilisme dégradant, à la corruption contagieuse : nous tâchons de combattre par une droite logique, nous n'osons dire par une haute raison, les flatteurs..... c'est-à-dire les corrupteurs du peuple comme ceux du pouvoir; — N'entendant pas plus déchaîner qu'enchaîner l'un, et surtout illimiter le second. Trop fier (qu'elle vienne d'en-haut ou d'en-bas) pour servir une idée, assez libre pour éclairer les esprits et peut-être les consciences, nous mît-on un baillon et nous jetât-on dans un cachot... car république ou royauté ne peuvent pas plus mettre l'opinion au secret que la liberté aux fers ! Cette fierté (celle du cœur)! , fait l'indépendance qui seule fait à son tour l'impartialité. L'écrivain qui médite sous son influence, écrit sous sa dictée.. loin de s'asservir aux préjugés de ce honteux esclavage, qui tue l'homme libre ou le citoyen dans l'homme, se pose en vivante épigramme et contraste édifiant de cette traite avi-

(1) Loi suprême, loi-juge de l'*autre* qu'elle annule... si elle ne l'inspire.

lissante d'automates à vendre qui fournit de temps immémorial aux gouvernements cosmopolites des serfs achetés chez tous les partis : fidèle au sien (si c'en est un que la patrie!) il n'exprime que des sentiments dont la conviction qui les anime fait absoudre l'énergie par les partis mêmes... et lui fait seule un mérite aux yeux de l'homme indépendant c'est-à-dire impartial et probe. Le *vir bonus*, compris du public honnête-homme, fera toujours écouter le *dicendi imperitus*. Le sentiment national l'emportant sur toute autre considération étrangère et partant inférieure.... ne saurait manquer de répondre à l'appel du caractère élevé et du cœur brûlant qui captivent les esprits et entraînent les âmes par une parole civique, écho de toutes les pensées comme de tous les cœurs. Le langage électrique de l'honneur se fortifiant de l'argumentation si puissante de la raison, sa digne compagne et fidèle auxiliaire, laissera toujours sans voix les éternels, les seuls satellites de l'étranger et les incorrigibles dupes dont ils font leurs plats et insolents séïdes. On cède, sans le vouloir, au noble ascendant de l'homme de bien, du patriote énergique et sincere qui, toujours prêt à honorer le bien comme à flétrir le mal c'est-à-dire tous les attentats monarchiques ou populaires comme toutes les turpitudes internationales qui engendrèrent 93, 1815 et 1830. —Venge notre honneur en réhabilitant nos droits, mais trace nos devoirs et signale nos erreurs c'est-à-dire nos dangers. Mettant à nu avec tant d'énergie les blessures faites à nos intérêts, et ce qui les doit toujours dominer, à notre honneur.... que l'opinion édifiée par sa parole (parce qu'elle est la conviction c'est-à-dire les vérité), les touche... et peut en mesurer toute la profondeur.

Aborder ainsi, sûr de ne pouvoir être débordé par elles, toutes les questions d'hommes pour les réduire à la question d'état, attaquer les faux principes avec de telles armes, battre ainsi sur toutes les brèches pour les forcer à battre en retraite... les prétendus partis forts — ne serait-ce pas se montrer puissant de dialectique plus encore que d'éloquence et surtout de cette haute raison qui s'élevant au-dessus de tous les partis, et par ce fait seul certaine de les dominer..., les soumet à son empire sans honte pour eux et avec tant de gloire pour elle? Un tel succès serait le plus beau de tous — car il constitue le véritable talent. Seul, il paierait toute une vie de travail et d'abnégation. Ce succès...... devrait être l'unique ambition de l'homme d'état comme la suprême félicité de l'homme de cœur ! Malheureusement, c'est assez dire qu'il ne peut être notre partage. On trouvera du moins en nous de la sévérité sans colère, des répugnances sans prévention, des sympathies sans engouement, de la chaleur sans passion.... ou sachant en prévenir les écarts et concilier les élans avec les austères devoirs de l'histoire à tracer ou de la raison écrite. Ne passant, ou plutôt ne nous élevant de l'histoire à la métaphysique ou à la poésie que pour pénétrer la première par la seconde, et l'animer par la troisième. —Mais en nous élevant au tableau, nous gardant de descendre à la caricature. Si nos tableaux repoussent quelquefois (et plaise à Dieu qu'ils effrayent !), c'est aux modèles seuls, non au peintre que l'on devra s'en prendre. Nous peignons l'homme à nu : notre genre sera donc toujours le vrai... mais rarement le beau !

Au début comme à la fin de cet ouvrage nous avons dû parler austère comme la vérité..... Car l'intelligence n'est qu'un don mais la parole un droit, la justice un devoir (1).

Considérons la France telle que 1830 l'a faite. Ce chiffre seul est la constatation du bien et la preuve du mieux..... puisqu'il rappelle l'heureux mais tardif changement des espérances en réalités, des conséquences en faits. Un retour sur cette époque est seul un acheminement vers le progrès dont l'ère de l'indépendance a donné le signal et ouvert la voie ; elle créa et l'on développe; elle commença, nous achèverons. Croyons-en la charte vraiment constitutionnelle, puisque nos chefs électifs qui se sont faits nos régénérateurs c'est-à-dire nos véritables *pères* l'ont élaborée, discutée, et, avant de l'inaugurer, soumise à notre acceptation. Celle-

(1) Une loi de Solon (qu'on pardonne la réminiscence à l'auteur des *Deux Léonidas*) une loi de Solon voulait que, dans les discussions politiques, aucun citoyen ne pût rester neutre mais qu'il fût contraint, sous peine d'infâmie, à se déclarer pour un des partis combattants. Le nôtre, dans les deux sens, est celui du plus fort..... Mais nous ne sommes pas de ceux dont les convictions échouent contre la faveur..... Et nous méprisons le *Robert-Macairisme* démago-courtisanesque dont le *dévouement*, cumulant les bénéfices de la grandeur et ceux de la popularité, n'accepte d'autres *charges* que celles du pouvoir !!! Le gouvernement-type, à nos yeux ! c'est le consulat, avant-royauté républicaine, dans lequel je n'aperçois ni système dynastique, ni influence des castes, ni exclusif intérêt de famille..... triple lèpre inhérente à la royauté non-constitutionnelle ou anti-nationale.

là non octroyée mais débattue, reçue et non imposée, n'est pas le caprice du bon plaisir ou l'acte du droit divin — mais le fruit de la raison et l'œuvre..... de la liberté. En 1814 le roi fait la charte — en 1830 la charte fait le roi : ce contraste est une révolution.. cette révolution le progrès! Le principe-roi parce qu'il est le principe-Dieu... Voilà l'enfant adoptif du grand peuple qui en a fait sa mère immortelle comme lui..... Voilà le fruit fécond mais laborieux d'une couche sanglante dont nous ne permettrons pas à des frères insensés, à des fils parricides de faire..... un avortement!!! Nous ne laisserons pas y toucher les *barbares* politiques qui, sous prétexte de les développer, voulaient naguère étendre sur le lit mutilateur de Procuste celle que nous avons vue sortir plus forte et vivace du creuset épurateur : l'œuvre est complète à sa seconde édition..... car elle a été revue et corrigée par ses véritables auteurs. Il fallait y toucher pour la parfaire; y retoucher..... serait la gâter. Quant à la couronne, j'en appelle à tous les bons citoyens comme à tous les hommes impartiaux, est-il sage..... est-il surtout généreux, quand elle est dans la rue, de l'enfoncer dans la boue? N'est-il pas inconséquent autant qu'indigne de salir (on n'est sali que par la boue!) ce manteau qui fut notre ouvrage et dont chaque éclaboussure rejaillit sur nous? Imitons bien plutôt ces fils respectueux qui couvraient du leur les nudités d'un père! Soyons pour notre belle France cette couronne vivante qui pare et rajeunit les cheveux blancs du roi si digne de trouver en nous une seconde famille.... (puisque la sienne est la nôtre!) de ce roi qui par les excès, et l'oserons-nous dire, le scandale de la clémence.... mérite de devenir le point de ralliement et non de servir toujours de point de mire aux partis!!! Vase sacré qu'éleva la nation de la tribune sur le trône...et auquel ne doit pas plus toucher la plume qui souille que le poignard qui tue.. aiguisé par elle!!! Légitimistes, respectez la branche dont l'autre, en tombant, fit le tronc : républicains, n'ébranlez pas l'arbre que vous avez planté; chaque coup de hache retombe sur la patrie et la frappe au cœur..... chaque pierre, en tombant, ébranle une colonne!.... Vous prétendez seuls être *peuple?* Eh bien! prouvez-nous votre force, non en renversant comme Samson, mais soutenant comme Atlas le temple national. Regardez, non les Etats soit-disant *Unis* de l'Amérique, mais la constitutionnelle Angleterre..... et ne vous exposez pas plus longtemps à recevoir de l'étranger des leçons..... de patriotisme!!! Prouvez-lui au contraire qu'en liberté comme en gloire, sur cette terre aimée du ciel, les écoliers sont des maîtres! Contre la double épée de Damoclès levée sur une double mais seule tête... une seule cuirasse : l'union!!! Une fusion ardente, née de l'étreinte sympatique de l'honneur et du patriotisme (qui ne devraient pas..... car ils ne peuvent se séparer!) peut seule, confondant peuples et rois dans un sentiment unique comme dans un intérêt suprême..... imprimer à la machine gouvernementale l'impulsion qu'il lui faut pour atteindre le degré supérieur c'est-à-dire l'ascendant dont le pays saura faire l'ascension!

Qu'est-ce que notre époque? L'ère de la pensée. La direction des peuples n'est donc que le gouvernement des intelligences c'est-à-dire le triomphe de la pensée sur la matière ou du sens sur le mot, du droit sur le fait ou de la raison sur la force — en un mot, de la force véritable sur la force factice. Le despote de Louis XIII, serviteur de Louis-Philippe, serait esclave de la charte ou n'occuperait pas 24 heures le fauteuil dont son génie dut jadis.... mais ne pourrait aujourd'hui lui faire un trône. Pour de tels ministres gouverner, — c'est régner — et la loi seule règne aujourd'hui. Richelieu serait constitutionnel ou O...(1)parce que la

(1) Destitué..... car il ne donnerait pas plus ou plutôt moins que tout autre sa démission — et serait bien étonné, pour ne pas dire indigné, de voir enfin destituable celui qui, au *bon temps*, eût payé vingt têtes de favoris ou d'*amis intimes* ce porte-feuille sans prix qu'il tannait à son dernier soupir avec du parchemin-Gentilhomme!!! Quant à cette *puissance* occulte comme l'intrigue, variable comme l'intérêt, intolérante comme une réaction, soupçonneuse, rancuneuse et mesquine dans sa persécution comme une coterie.... Celle-là, dans un pays à la solde et sous la férule administrative, ne serait-elle pas la plus fatale sans cette barrière qui s'appelle..... LA CHARTE? Les agioteurs politiques qui spéculent sur la baisse gouvernementale, dans l'espoir de la hausse ministérielle et jouent scandaleusement à la couronne et au pays.... (certains, gagnassent-ils le pouvoir, de *perdre* toujours l'honneur!!!) ne voient dans la chambre.... que la bourse. Heureusement ce parti multiforme dont la défection est un *avantage* et le ralliement une défaite..... ce Janus ministériel qui même pendant la paix ouvre le temple de la discorde tant qu'on ne le place pas sur le bureau qui pour lui est l'autel et le champ de bataille..... ne saurait ravaler à sa nature avortée la Géante qui ne portera jamais bas chez elle ou à l'étranger, en paix ou en guerre, ce qu'il faut seul et toujours porter haut.... LE COEUR!!! peut-être *d'en haut* (lisez d'en bas) *inspecteurs*..... jamais *directeurs* de l'opinion; tout au plus, et pour un jour, pourvoyeurs représentatifs.....

chose est tout, l'homme rien. Le principe, telle est la boussole qui nous conduit, la seule ancre qui pourrait nous sauver. Egalité des droits, non des rangs — voilà le nôtre! Le triangle républicain ou le glaive impérial nivèlent les castes ou les dynasties — mais sont également impuissants pour aplanir les voies qui séparent encore, mais doivent un jour réunir les nations. Comme le roi des rois au sacrifice de sa fille, Dieu, désespérant de la société et reniant son œuvre, n'aurait plus qu'à se voiler la face..... Si de tels moyens pouvaient jamais constituer la force, assurer l'indépendance et fonder la grandeur de l'humanité — car la liberté ne peut pas plus naître de la tyrannie que la civilisation de la barbarie. Une sanglante géométrie, loin de la trancher, complique la question sociale..... Et l'idée qui tranche n'engendre que le fer qui coupe. On reconstruit quelquefois, on ne construit jamais avec des ruines. C'est donc à la sagesse sans laquelle toute solution n'est qu'un nouveau problème... et non à la force même aidée du génie qu'il appartient de dénouer le nœud gordien et de voir un jour couronner sa laborieuse et noble persévérance par un prodige plus fécond encore et plus étonnant que les conquêtes symboliques du génie auxquelles Dieu lui-même, père de l'intelligence et par conséquent du progrès, mais avant tout de l'ordre et le *conservateur* par excellence... a imprimé ce cachet du mystère, apanage de sa grandeur et d'un avenir digne de notre origine. Laissons donc ce praticien infaillible et suprême accoucher sans efforts de la civilisation comme il l'accoucha de la liberté..... la fille qu'il peut seul rendre mère. Le jour est encore éloigné mais certain (ne pas croire à l'avenir.... n'est-ce pas douter de Dieu!..) où l'humanité conviée depuis dix-huit siècles prendra place toute entière à l'im-

mais non de ce sénat français dans lequel il faut voir au lieu d'un ossuaire inerte et ténébreux..., le lumineux faisceau qui, loin de subir ses *Lois*, éclairera toujours de son expérience et pondérera de son autorité l'assemblée fraternelle dont le patriotisme juvénile et fougueux ne saurait l'entraîner. Symbole de la vieillesse, *(a)* honorons-le et, au besoin, sachons le défendre comme le père même de la patrie... à nos yeux le premier pair et le premier garde national de France! tant que l'élection viendra de l'élu du pays, gardons-nous d'adresser à notre première assemblée un reproche sans fondement en l'absence d'un danger... celui de n'être pas élective. Son noble caractère et sa sagesse élevée en feront toujours la chambre *haute!*

(a) Senex, Racine de *senatus*, plus directe de *seniores* (seigneuries) et pour nous synonime de *pater*. Le père, Notre-Seigneur.... après Dieu!!!

mense et magnifique banquet de la fraternité, présidé par Dieu même : sublimes noces de Cana, où l'eau n'aura plus à subir une symbolique métamorphose.... où chaque membre de la grande famille immortelle comme son père.... pourra réclamer, au nom de la sainte égalité, la part tombée du ciel sur son berceau, et non arracher par la violence cette fève sanglante qui ne lui vaut.... qu'une royauté d'un jour!!! Seule, la sagesse, mère de la justice comme de la civilisation et de la fraternité, fixant pour l'arrivée le lendemain et non la veille du départ — justifiera en l'agrandissant par une application universelle et civilisatrice comme les chemins de fer et cette vapeur qui n'en sont encore que la lettre — ce mot si profondément égalitaire du plus grand des despotes :

PLUS DE PYRÉNÉES !!!

INTRODUCTION.

PREMIÈRE PARTIE.

Au premier âge des Capets, Philippe II et Louis IX émoussent par les croisades l'arme doublement redoutable toujours levée sur la tête des peuples et des rois qui l'avaient forgée pour défendre et non pour détruire. Ce n'est pas à Rheims par les mains d'un prêtre, c'est sur les murs de Solime et de Damiette que Hugues Capet se couronne dans sa postérité (1). Cependant, pas de mal absolu : Ainsi le fanatisme chevaleresque tenait lieu aux français des vertus civiles. Un seul levier pouvait remuer ces cœurs que ne touchait point le devoir.... La gloire ! en France, elle fut, elle sera toujours le patriotisme.

A l'âge des Valois, le vent de l'adversité qui souffle vingt ans sur la France et ses rois, au lieu de le pousser vers l'abîme.... conduit par le naufrage au port le majestueux

(1) Nicopolis qui fut la *Massoure* européenne *(a)* du règne si plein (en malheurs!) de Charles VI *acheva* l'aristocratie militaire et fut son coup de grâce L'armée à écussons *(b)*, que défit Bajazet, avait pour chef le second duc de Bourgogne, ce prince-assassin que Bayard eût peut-être aussi nommé Jean sans-peur..... mais non sans reproche !!!

Le prince chrétien sort-il des cachots du sultan? le sultan entre dans la cage du tartare. Les Turcs et les Tartares, à cette époque, sont les Sarrasins et les Français du 8e siècle (732). L'Asie pour l'Europe, Bajazet et Timour pour Abdérame et Martel ... changement de noms et de théâtres.

C'est à Ivry que parut, au nombre de deux mille, la dernière troupe de gentilshommes armés à cru de pied en cap. Noble corps dont la maison du roi fut la digne héritière. Fontenoi représente Ivry. La dernière apparition de la noblesse *(c)* fut une victoire, comme le legs de la monarchie fut une conquête — mais plus nationale encore.... puisque la France y vainquit l'Angleterre.

(a) Bataille perdue en Egypte par Louis IX..... et dont la captivité du roi fut la conséquence.

(b) 10,000, français dont mille chevaliers et mille écuyers d'une naissance presque égale à la leur.

(c) La plus glorieuse. L'Amérique eut aussi ses [illegible] es Clostercamp... mais pas un Fontenoi !

vaisseau qui ne saurait périr. La chevalerie ne meurt que pour créer l'armée, la démocratie se fortifie aux dépens de la noblesse ; — mais la royauté se voit restaurée par la nation qui ne semble l'avoir attaquée que pour la grandir en la forçant de s'appuyer sur elle. Le roi perd ses prérogatives, mais la nation gagne des droits ; — Et le jour ou Charles le-Victorieux reprend une à une, par la nation qu'il a laissé gagner..... toutes les pièces qu'ont perdues ses pères, ce jour-là il redevient ce roi de l'échiquier national que pouvait seule relever la main qui l'avait renversé en refusant de le soutenir. Ce jour-là, la royauté ébranlée et non détruite se constitue, l'argile se coule en bronze, et l'abaissement devient l'ascension. Incarnée en elle, la royauté devient la patrie dont elle est la vie ou la mort. C'est le rameau protecteur d'une tige immortelle.

A l'âge des Bourbons, nous voyons un roi réconcilié par l'infortune avec un peuple affamé de repos parce qu'il est épuisé par les agitations, et les crimes mêmes de la ligue (1) féconder et servir les vertus d'Henri-le-Grand.

Enfin, comme la ligue, la fronde mûrissant l'avenir par les sanglantes épreuves du passé, prépare le grand règne — et des nuages qu'eût dissipés Richelieu.... fait sortir le soleil de Louis XIV. Le grand roi crée la grande nation, — et comme ils ne font qu'un..., le monde les confond et les couronne ensemble (2).

Le Grand Roi, c'est le *plénipotentiaire* et l'héritier politique de Richelieu, continuateur de Louis XI et véritable père de Louis XIV, qui n'eut que la peine d'enchaîner l'aristocratie tuée par le prêtre qui lui légua pour manteau royal la robe *rouge* dont il s'était fait la pourpre avec le plus noble sang de France !!! Sous ce maître des maîtres, la France voit enfin plier et *servir* cette superbe noblesse (3) qui, sans

(1) Et non de Mayenne qui, trop peu pervers pour commettre des crimes... avait juste l'habileté nécessaire pour commettre des fautes.

(2) Prenons-nous une partie pour le tout? mêmes causes, mêmes conséquences imprévues. La Lorraine perd son prince, elle se croit perdue elle-même en passant à des mains étrangères : Quelques jours s'écoulent ..... et la Lorraine revient à ses maîtres (fait incroyable et providentiel !), plus forte et plus belle des agrandissements qu'elle n'avait pu conquérir par la politique, et obtient sans efforts de l'usurpation. Observons en passant que la Lorraine, avant d'être un legs de la Pologne, fut un don de l'Autriche. (17e siècle.)

(3) Cédant aujourd'hui le pas à la jeune qui vieillit.... à mesure que l'autre passe !

déserter le champ de bataille, s'honore de peupler les antichambres, et croit même reconquérir *l'indépendance* par la *domesticité*..... dont elle saura faire encore le commandement. Richelieu-Louis XIV, double génie de la domination, double personnification d'une pensée unique... de l'immuabilité gouvernementale! sous la hache de l'un se nivèle la féodalité en corsets; sous le fouet de l'autre s'humilie la féodalité en robes noires qui, un instant la monarchie (1), devait l'usurper encore sous Louis XV, mais la reperdre... pour la reconquérir sous Louis XVI qu'elle devait perdre à son tour!

DEUXIÈME PARTIE.

MAISON DE MONTMORENCY.

—

La maison de Montmorency a émis de tout temps deux prétentions aussi *conjecturales* l'une que l'autre. Par la première elle se pose fièrement, frontispice vivant de notre histoire, avant la monarchie... et se donne pour auteur Lisbius, seigneur français, hôte de Saint-Denis qui le convertit à la foi et l'entraîna sur ses pas au martyre. Par la seconde, elle consent à naître avec la monarchie, et renonçant à Lisbius, accepte pour auteur Lisoie, l'un des nobles convives du festin sacré où, sous les auspices de son premier évêque, la France christianisée s'assit avec son premier roi... mais toujours fille de Brennus et de Clovis adoptée par Constantin, néophyte superbe et sauvage mêlant l'eau du baptême au sang des combats, communiant la croix à la main et l'épée au côté, l'œil au labarum et le pied sur des cadavres... en un mot, chrétienne et belliqueuse mais surtout patriote et se transportant avec enthousiasme de l'autel de Rheims aux champs de Tolbiac. Un Montmorency compagnon de Clovis, le premier baron chrétien convive du premier roi chrétien à la table de Dieu, soldat-courtisan ne respirant comme son maître dans les parfums du temple que

(1) Le parlement-généralissime et *frondeur* dont chaque arrêt bourrait un canon!!!

Cedant arma togæ!

le sang des batailles, ne sachant offrir au roi comme le roi à Dieu d'autre encens que celui-là — car le Dieu de paix ne règne que sur une nation civilisée — et une nation barbare n'adore que le Dieu des batailles! Montmorency-Clovis ne vaut-il pas Montmorency-Saint-Denis? Je conseille aux descendants du premier chevalier français de ne pas placer plus haut le premier baron chrétien. Il est des noms qui appartiennent plus à la gloire qu'à la religion : Le berceau des Montmorencys est donc sur la première marche du trône de France et non dans les nuages du Thabor : c'est déjà une assez belle transfiguration! Cette seconde origine est, on le voit une concession — cette concession modeste un grand pas — et ce pas nous place sur le terrain où, champion des Capets, nous allons battre les Montmorencys avec leurs propres armes.

Quel est le premier Montmorency? Bouchard qui, au milieu du dixième siècle commence ou du moins fait connaître à la France (car la célébrité est la vie des familles comme des individus) la maison de Montmorency : or, un siècle avant, la patrie saluait pour chef et proclamait pour sauveur le héros adopté par l'histoire comme clef de voûte de cette maison de France, éternelle martyre de la gloire et de la vertu... qui commence par un héros et finit par un saint. Nous pourrions (car l'antiquité est la coquetterie de la noblesse) vieillir l'une pour rajeunir l'autre... mais nous ne savons pas le rôle d'historien-courtisan et nous ne voulons pour arguments que des preuves et non des conjectures (1). C'est dans le même esprit qu'ayant à opter entre deux souches, celle de la famille ou du titre, nous avons préféré la plus ancienne c'est-à-dire le sire au baron, par la seule raison que quatre siècles séparent le premier du second. En effet, on a vu que Bouchard se donna le premier la qualification de sire de Montmorency par la grâce de Dieu, (formule quasi royale qui est une généalogie) mais c'est seulement en 1350 que Jacques, son descendant, prit celle de premier baron

(1) Loin de nous de blesser aucune susceptibilité : ainsi nous acceptons avec M. de Fortia d'Urban l'origine française du premier comte de Paris, heureux de concilier ainsi notre patriotisme avec la vérité. Son influence sur nos armées, le rôle qu'il joua, tout le démontre. Mais sa famille? Je crois, comme le savant continuateur de l'art de vérifier les dates (M. de Courcelles) mais n'ose affirmer qu'elle est Carlovingienne — excepté par la mère du premier et du septième monarque Capétien.

de France après avoir prouvé au parlement qu'il était le plus ancien baron du royaume. Ce titre, aux yeux des Montmorencys, était sans doute le premier de tous (1) — car le grand-connétable (2) se para uniquement de celui-là — bien qu'un titre supérieur en apparence à celui des ayeux de Hugues-Capet et de ce monarque lui-même ait été légalement pris dans tous les actes administratifs par Albéric (3) qui était devenu le chef du gouvernement le jour où le grand-écuyer se faisant connétable *(comes stabulæ)* détrôna le sénéchalat par la connétablie, d'une charge d'antichambre fit une dignité militaire et d'une faveur précaire un héritage de famille. Mat-

(1) Il figure dans plusieurs ordonnances capétiennes. Quant à celui de premier chrétien.... au moins hasardé.

(2) Matthieu II dont il sera question tout-à-l'heure. Ne pas le confondre avec le fameux Anne de Montmorency qui, de fait, fut aussi le grand-connétable. Quoiqu'il y ait près par la gloire, il y a loin par l'histoire de Bouvines à Saint-Denis. (1214 — 1567.)

(3) Et Thibaut son neveu qui, à l'exemple de son oncle, signait tous les actes du gouvernement et y était traité de noble prince, de prince du royaume. Thibaut ne fut connétable qu'en 1090, sous Philippe Ier; Albéric, dès 1060, première année du règne de ce prince. Quatre autres Montmorencys devaient l'être encore, et notre héros (Henri II) aurait fait le septième si Richelieu n'eût fait abolir.... c'est-à-dire aboli *(a)* la dignité dangereuse qu'espérait peut-être faire rétablir en sa faveur, la considérant comme une charge de famille, le protégé trop fier pour ne pas s'ériger en concurrent du connétable en chapeau qui ne débaptisait toutes les dignités que pour les faire revivre sous son nom.... et s'ériger en omnidignitaire de France! Le jeune connétable en herbe.... s'était vu, un an avant *(b)* le cruel mécompte d'une haute ambition, dépouiller de la charge d'amiral par le même ministre qui, en la supprimant, ne pouvait manquer d'en revêtir (bien entendu!) son protégé naturel, haut et *tout-puissant* seigneur, Armand du Plessis!!! L'amiral fut remplacé par un grand-maître, chef et sur-intendant général de la navigation et du commerce.... ou simplement maître de la marine. Chose assez curieuse, c'est qu'à l'époque où la cour voulait se faire des créatures mais non des jaloux.... Une princesse qui ne fut pas, elle, *l'ennemie* de Montmorency se revêtit du titre équivalent à celui qu'il avait porté. *(c)* La belle épouse du triste Louis XIII agit sans doute d'après le principe (tout français!) qu'à la femme, et en tous pays, sur tous les éléments, est dévolu... le commandement...

A l'*amiral*-reine nous accolerons la maréchale-*ambassadeur*. La veuve du maréchal de Guebriand choisie pour conduire en Pologne la reine Marie de Gonzague et qui soutint dignement ce caractère.... est la première et peut-être la seule femme qui ait, de son chef, porté le titre d'ambassadrice. (1645).

Voy. la Barde et autres histor. du temps.

(a) Janvier 1627.

(b) Octobre 1626.

(c) Quatre ans après, elle s'en accommoda, pour le gouvernement de Bretagne, avec le duc de Vendôme. (1650.)

thieu second, ce précurseur du chevalier sans peur (1) qui, couronna par un quadruple trophée les armes déjà si splendides de sa maison, ce royal baron dont les ayeux étaient princes et la postérité impératrice et reine était le digne fils du digne collègue de Suger, Sully (sans Henri IV) de notre jeune histoire. Ainsi Bouchard, le soldat qui pouvait se passer d'ayeux... commence sa maison — Matthieu, le sage ministre, sa grandeur politique—Matthieu, le grand capitaine (2) sa gloire mil'taire — Anne fonde sa nationalité — enfin Henri II, après l'avoir augmentée encore, ne l'obscurcit un moment,.. que pour léguer au Grand-Condé et à Luxembourg sa race à rajeunir, sa gloire à continuer, et sa faute à expier... en l'imitant.

Une place particulière à l'homme qui se peut appeler le Grand-Condé des Montmorencys.

Français, commençons par reprocher sans restriction au connétable de Montmorency; 1° d'avoir par son impéritie (non par son imprévoyance puisqu'il l'observait avec une grande armée) manqué en 1536 une capture qui pouvait nous payer à la fois de celle de notre roi et de la honte de notre pays; (3) 2° de n'avoir fait conclure en 1538 une trève de dix ans avec l'empire que pour jouir à son aise de la double dignité que lui avaient *rapportée* cette même année la connétablie et la sur-intendance des finances; 3° d'avoir *au moins* par duperie (si non par duplicité) contribué à jouer la France avec le *Normand-Germain* ou Machiavel-empereur... en émettant et faisant prévaloir seul contre tous les ministres l'avis insensé à force d'être imprudent de ne pas exiger une promesse par écrit (4) de celui qui ne promettait qu'à condition... c'est-à-dire avec l'assurance de ne pas tenir;

(1) Le sire de Barbazan, général sous Charles VII dont il était premier chambellan. Il était de la maison de Faudoas dont les seigneurs portaient le titre éminent de premiers barons chrétiens de Guienne. Celui des seigneurs de Montmorency, premiers barons chrétiens c'est-à-dire de la chrétienté...., est plus éminent encore.

Voy. hist. de Vély, règne de Charles VII; dict. de Moreri, art. faudoas.

(2) Matthieu II, petit-fils de Matthieu Ier, beau-père de notre roi Louis VII.

(3) Celle de Charles-Quint qui fondit sur la province... mais fit une si pitoyable retraite qu'elle devait être une défaite immanquable et pourtant manquée. Onze ans après. .. Pavie!!!

(4) L'investiture du Milanais promise à un fils de François Ier par Charles, à son passage en France. (1539.)

4° et avant toutes choses... de n'avoir reparu sur parole à la cour (1) que pour arracher au roi un consentement si peu *royal* (lisez loyal!) à la paix désavantageuse pour ne pas dire déshonorante qu'il avait négociée sans ordre, surprise par intrigue... et signa deux ans après à Cateau-Cambresis. (1559.) La raison *d'état* n'avait été que l'intérêt personnel ou la rage courtisanesque de se voir momentanément remplacer auprès de son maître par un rival, (et quel rival.... le duc de Guise!) comme la *générosité* à l'égard de Charles-Quint n'avait été que la vanité de la reconnaissance... envers le plus grand prince de l'Europe qui, en l'acceptant pour hôte, en fit le plus grand-seigneur de France. Mais louons également sans restriction le brave chevalier qui, après s'être signalé à la bataille des Géants (le surnom de la bataille est l'éloge du guerrier (2) partage glorieusement à notre dernier Waterloo-Chevaleresque (3) La captivité du maître qui lui *dut* sa rançon. Délivré sur parole, Montmorency se fit pendant près d'un an, courrier perpétuel de France en Espagne et d'Espagne en France pour être le négociateur de la liberté chère à tous les français (puisqu'elle était l'honneur même de la France!) du prince qui récompensa un si noble zèle par la charge de grand-maître de sa maison et le gouvernement du Languedoc. La paix arrêtée, la confiance nationale le désigne pour porter sur la frontière la rançon du roi et recevoir les fils de France donnés en ôtages. Louons-le avec la même chaleur d'avoir eu le talent et le bonheur de se faire à la cour d'Angleterre le contre-poids de l'Europe (en un seul homme!) et de ruiner l'œuvre machiavélique du *roi* de la diplomatie, de Louis XI-Talleyrand... en persuadant à Henri VIII d'éluder l'exécution du traité désavantageux à la France dont il n'avait pu prévenir la conclusion. (4) On voit que, trente deux ans à l'avance, Paris et Londres même avant lui put pardonner Saint-Quentin : Paris comme un malheur et un service opposés à une faute (5) et à une

(1) Après s'être laissé prendre à Saint-Quentin. 1557.
(2) 1515.
(3) 1525.
(4) 1519 C'est au retour et pour prix de cette mission qu'il reçut de son roi la charge de premier gentilhomme.
(5) Le connétable, après avoir jeté un grand secours dans la place, ne fut pris en se retirant de Saint-Quentin que pour avoir opéré une retraite de jour en présence d'une armée plus forte et plus aguerrie que la sienne. — La quasi-trahison regarde le traité avec Philippe II.

quasi trahison : — Londres comme la neutralisation heureuse autant qu'habile... dont le résultat ne fut négatif que pour notre ennemi ! La disgrâce de ce tout-puissant favori pouvait seule égaler sa faveur ; elle fut telle que la plus forte des recommandations de François mourant à son successeur fut celle de ne point rappeler le connétable à la cour... recommandation dont, suivant l'usage, le nouveau roi fit un tel cas qu'il prit pour favori le disgrâcié de la veille. Le père n'avait pas fermé les yeux... que le fils jurait de ne plus voir que par ceux du *Richelieu*-connétable devenu son premier ministre. La cause du penchant extraordinaire de François pour Montmorency était la camaraderie qui s'était naturellement établie entr'eux dès le jour où le jeune Anne, second fils du baron de Montmorency et qui est l'objet de ces lignes, fut placé comme enfant d'honneur (1) auprès du comte d'Angoulême qui régna quelque temps après. Quant à la cause de la désaffection qui dégénéra, comme je viens de l'établir, en aversion mortelle du roi pour son ancien ami... il faut la trouver dans sa *trahison* courtisanesque en faveur du maître de contrebande contre le maître légitime... (2) et peut-être aussi dans la non-capture du renard qui avait pris le lion. Mais le lion pouvait-il oublier qu'il dut à ce même homme sa liberté... et ne pas mettre dans la balance la faute et le bienfait? Montmorency fut aussi *coupable* de dévouement pour l'héritier et surtout d'attachement pour la femme de son maître qu'il s'obstinait à trouver belle contre tous... c'est-à-dire son mari que je place ou plutôt qui se place lui-même en tête des récalcitrants — car le brillant François Ier, lovelace couronné, restera le modèle de la galanterie... mais non de la fidélité conjugale. Un mari d'ailleurs, surtout un mari-roi peut-il être juge de la beauté de

(1) Titre correspondant à celui de *Menin* postérieur à celui-ci.

(2) Charles royalement traité par Montmorency dans sa délicieuse et splendide *villa* de Chantilly, ne l'appelait plus que son *cher ami* — titre fort cher en effet car il coûta au *Joconde* héroïque plus que la vie pour un courtisan, la faveur du maître — à la France la perte d'une province, qu'elle n'eût jamais possédée puisque Charles-Quint la lui avait.... promise ! La distinction excessive avec laquelle l'empereur traita son *sujet* adoptif et dont l'honorait ce dernier était évidemment un double calcul.... et ne doit encore aujourd'hui *honorer* ni l'un ni l'autre. Les hommages adressés et les honneurs rendus, en passant toutes les bornes, dégradèrent à la fois le prince et le courtisan.

sa femme... et n'est-il pas précisément celui qu'elle devrait récuser?

Le premier et le dernier jour de la vie militaire de notre héros pourraient ne faire qu'un. Le collier de l'ordre et le bâton de maréchal avaient, dès l'année 1522, payé à Montmorency deux blessures dont l'une devait lui coûter la vie suivant un oracle qui ne saurait être infaillible puisqu'il est conjectural. . et change souvent en brevets de santé ses arrêts de mort. Il avait reçu la première au combat de Gambola et la seconde à celui de la Bicoque (1) où il donna à la tête des 12,000 suisses qu'il avait été, sur la fin de l'année 1521, lever dans leur propre pays... après avoir combattu avec éclat leurs compatriotes à la journée meurtrière de Marignan. La bataille de Saint-Denis qu'il livra en 1567 aux huguenots avec lesquels il s'était d'abord ligué dans les premières guerres de religion, suffirait seule pour lui mériter (2) à nos yeux plus qu'une triple conquête l'épée de connétable qu'y brisa sur les poitrines ennemies et rougit jusqu'à la garde de son sang généreux l'héroïque vieillard dont les soldats de tous les pays mais surtout un *ennemi* français devaient respecter les cheveux blancs et la vieille renommée. Cheveux qui seuls avaient soixante ans... car son cœur vingt-cinq !!! (3)

Montmorency vivant s'était vu l'objet d'une exception quasi-royale en recevant un titre resté jusqu'alors l'exclusif apanage des maisons princières... mais le premier gentil-

(1) Dans le Milanais.

(2) L'année d'avant sa nomination de connétable dont il reçut les provisions en 1538, Montmorency avait pris en Artois Auchi par composition, Hesdin d'assaut et Saint-Paul par ruse.

(3) Le coup de pistolet qui lui cassa les reins fut tiré à Montmorency par l'anglais Robert Stuart (indigne d'un tel nom !), le même qui l'avait pris à Dreux!.... tout blessé qu'il était, dans un endroit si sensible et après deux heures de combat... Montmorency trouva encore assez de forces pour casser d'un premier coup les dents et de l'autre écraser le nez de l'adversaire ou plutôt de l'assassin assassiné deux ans plus tard (1569), par Villars après la bataille de Jarnac où périt de la même manière le prince de Condé, petit-neveu de Montmorency. Damville, son second fils, et le duc d'Aumale le dégagèrent par force de la mêlée... où s'obstinait à rester le prudent *cunctateur* qu'on avait forcé à combattre... et qui, une fois sur le champ d'honneur, ne consultait plus... que son courage!!! Paris qui l'avait vu reprendre aux huguenots tous les postes qu'ils occupaient, continuant ses murmures, le connétable, pour lui prouver qu'il ne trempait point dans la ligue religieuse, lui livra la bataille que, malgré son infériorité, elle osa accepter en marchant au devant de son redoutable ennemi !!!

(homme duc-et-pair n'était-il pas avec et non après son roi (dans la noble acception) le *premier gentilhomme* de France?... Montmorency mort traîna derrière son cercueil triomphal l'effigie des rois dont le ciel semblait assigner la tombe pour asile à sa gloire octogénaire... en lui réservant l'honneur de tomber auprès d'elle !!!

« Ai-je vécu, s'écria sur le lit de mort le vieux soldat importuné par un moine, ai-je vécu près de quatre-vingts ans sans avoir appris à mourir? » (1)

« Quel bonheur, s'écria Catherine, que le connétable ait vengé le roi de ses ennemis, et que les ennemis du roi m'aient délivrée du connétable ! (2)

Double oraison funèbre également caractéristique...

Le trait suivant ne le sera pas moins parce qu'il résume à lui seul deux époques c'est-à-dire dans tout leur *beau* la morgue aristocratique et l'absolutisme gouvernemental..... dans sa triste vérité le servilisme aveugle de l'armée et la *soumission* passive de la nation.

Le connétable qui se trouvait à Bordeaux ayant accordé à Strozzi la permission de dépecer un vaisseau de 300 tonneaux qu'il prétendait avoir droit aux *invalides* pour en chauffer les gardes du roi.... (3) Double réclamation des jurats et des conseillers de la cour alléguait que le vétéran de bois qu'on condamnait au bûcher n'avait pas l'âge de la retraite et était encore propre au *service*. — et qui êtes-vous,

(1) Il expira deux jours après à Paris... *(a)* mais pour nous à Saint-Denis où il voulait mourir et d'où il fallut l'entraîner. Cinq ans avant, il avait déjà combattu les huguenots à Dreux, bataille gagnée par le duc de Guise qui coucha le soir même avec Condé, son prisonnier. Autre particularité non moins singulière : Les deux généraux des deux armées, Condé protestant, Montmorency catholique, furent faits prisonniers. Un maréchal (Saint-André) y perdit la vie.

(a) Dans son hôtel de la rue Sainte Avoie. Une rue adjacente porte encore le nom de Montmorency. Cet hôtel, siege actuel des contributions indirectes, comme l'hôtel d'Uzès naguère celui des douanes, est un débris de l'aristocratie.. comme la maison même qui en était une de la première reste debout au milieu de la seconde. —

(2) Notre pauvre connétable était, il le faut avouer, bien malheureux.... en reines ! C'est à elles, dans un sens tout différent, qu'il était toujours redevable de ses disgrâces. L'une, Eléonore, seconde femme de François I, en le traitant trop bien, le fait chasser de la cour pour avoir eu le *malheur* de la trouver belle... L'autre l'en chasse elle-même pour avoir eu la *franchise* de lui dire que de tous les enfants de son mari (Henri II) une fille naturelle seule lui ressemblait. Vestris lui-même ne saurait, s'il retombait des nues ici-bas, sur quel pied danser à la cour....

(3) Ces raisins sont trop *mûrs* et bons pour des goujats....

messieurs les sots, s'écria Montmorency (1), qui me voulez contrôller et me remonstrer? Vous êtes d'habiles veaux d'être si hardis d'en parler. Si je fesais bien, j'envoyerais tout à cette heure dépecer vos maisons, au lieu du navire. — Qui furent estonnez, s'écrie à son tour le narrateur, ce furent ces galants qui tous rougirent de honte, et le navire fut défait dans une après-dinée: qu'on ne vit jamais si grande diligence de soldats et goujats. Voici une autre preuve de la *prédilection* toute particulière du *bon* connétable pour la cité bordelaise. Ses habitants ainsi que ceux de la Guienne et de la Saintonge s'étant révoltés en 1548 à l'occasion des Gabelles, Montmorency entre à Bordeaux, et comme fit de nos jours à Lyon un maréchal Plébéien non moins inflexible que l'aristocrate, refuse toutes les soumissions... et impose toutes ses volontés! Par ses ordres les notables déterrèrent avec leurs ongles le gouverneur qu'ils avaient tué..., un grand nombre périrent, et des peines si sévères furent infligées que la clémence royale dut, par leur révocation... adoucir la rigidité militaire!!!

Et pourtant cet homme grossier, illétré et partant si peu *artiste* embellit Ecouen à l'époque où le Primatice enrichissait Fontainebleau de ses sculptures et Léonard de ses tableaux notre musée naissant. La statue du connétable lui-même fut jusqu'à la révolution l'ornement si légitime du château dont sa munificence avait fait un palais... en y traitant à la façon d'un prince les empereurs et les rois (2).

Mais comment surtout s'expliquer que ce rustre-aristocrate se soit montré, comme nous l'avons vu, fin et même rusé diplomate? C'est que les formes souvent cachent le fond.

Notre histoire présente de plus habiles mais pas un plus *fameux* capitaine, un plus puissant favori, un plus prodigieux cumulateur. (3) Vieux enfant-gâté de la fortune, l'heureux Montmorency fut depuis le berceau jusqu'à la tombe... écrasé de ses hochets. décoré par Henri VIII de l'ordre de la Jarretière demeuré le premier de l'Europe, comblé d'hon-

(1) Grand *rabroueur de personnes*, s'accordent à le surnommer tous ses.... *panégyristes!*

(2) Chantilly.

(3) Sous ce dernier rapport surtout... vrai Montmorency! 6 connétables, 11 maréchaux, 4 amiraux, des grands-maîtres de l'artillerie de la maison

neurs par le pape (1), de caresses par l'empereur, l'ami de deux rois ne vit son crédit à la baisse que pour le revoir bientôt à la hausse. Si, après le nom de son second et plus constant bienfaiteur, les favoris-rois détrônèrent l'usurpateur... le courroux de la femme ne tint pas contre la politique de la reine (2) qui, fidèle à un système qu'on peut nommer (puisqu'elle n'en changea jamais) son seul *favori*, eût volontiers fait *revenir* à la cour le lendemain de leur trépas... les redoutables rivaux du fils auquel elle avait conseillé leur massacre.

Nous avons donné à Montmorency pour début militaire la campagne du Milanais parce que c'est la première occasion où il ait été honoré du commandement en chef après Marignan où sa conduite lui valut l'année suivante (1516) le commandement de cinquante lances et le gouvernement de la Bastille. —Mézières dont la mémorable défense assura le salut en contraignant à une retraite honteuse une armée impériale... commença le réputation du jeune chevalier qui se plaça au premier rang en se montrant le digne second de Bayard dans sa lutte contre les ennemis de sa patrie et le digne héritier des preux dans un combat qui semble une page de la vieille chevalerie. Le comte d'Egmont, un des plus

du roi et de tous les ordres royaux français et étrangers, des capitaines des gardes, des grands-chambellans, des premiers-gentilshommes, tous ces titres semblent l'apanage des Montmorencys et furent presque tous celui du connétable. Mais cette illustre famille à laquelle la fortune semble avoir départi le génie du cumul.... en porte sur son écusson la magnifique excuse! Six connétables... mais pour armes seize aigles .. et ces aigles, en langue non héraldique mais héroïque, de véritables armes!!! Douze bannières représentées sous cet emblême ornaient déjà l'écusson du grand connétable dont l'un des ancêtres les avait enlevées.... lorsqu'à Bouvines ce héros conquit à son tour 4 étendarts impériaux. Philippe-Auguste, pour payer à la fois dans la conquête une victoire dont il devait une large part à Montmorency... lui permit d'ajouter les 4 aigles impériales à celles qui déjà perpétuaient un si noble souvenir! Telle est l'histoire des armes de Montmorency.

(1.) Clément VII, à l'entrevue de Marseille. 1534. — Le roi d'Angleterre ne lui envoya qu'en 1532, treize ans après l'heureuse mission qui fit à Montmorency tant d'honneur dans les deux cours.... la distinction d'autant plus flatteuse qu'elle était un souvenir!

(2) Catherine qui voulant d'abord aller plus loin dans la réaction du pouvoir que les Guises dont l'ambition jalouse convoitait et confisqua presque toutes les charges du connétable.... *(a)* rappela, devenue régente (lisez reine!) ce dernier pour l'exploiter en le détestant... non comme un serviteur.... mais comme un contre-poids.

(*a*) Particulièrement celle de grand-maître, leur idée fixe.

braves chefs impériaux, ayant envoyé un cartel au plus brave de la garnison — Montmorency se présente la lance au poing, l'attaque, triomphe... et reparaît couronné par sa vaillance dans la cité dont elle doit faire le salut ! Noble confiance en ses forces qui, déçue, ressemblerait à la présomption, mais justifiée par le succès... n'est que le légitime sentiment de nous-mêmes !

Mais ce sentiment exagéré devient la témérité et cause la perte de celui dont il devait assurer la fortune. C'est ce que nous verrons trop tôt se réaliser dans la vie trop courte., mais si pleine du héros dont la jeunesse promettait à la France tout ce qu'avait tenu le guerrier plein de jours et de gloire qui débuta... et méritait de finir comme Bayard !

Le grand Montmorency va revivre pour nous tout-à-l'heure non dans les fils qui n'héritèrent que de sa faveur... (1) mais le petit-fils qui hérita de sa gloire et devait (en trahissant ses devoirs...) comme lui du moins protester contre l'abandon de tous en se restant fidèle... et s'immoler au point d'honneur !!!

Deuxième erreur historique — Le dernier Montmorency.

Hic jacet ultimus Monmorenciacorum. Telle fut l'épitaphe de Henri II. L'on voit que la flatterie ne parlait plus latin comme au temps d'Auguste. Ce mot welche et non latin est d'ailleurs un mensonge, et ce n'était pas la peine de commettre un barbarisme de langue pour faire un solécisme d'histoire.

(1) Tous les cinq servirent ; il *procura* aux deux aînés le bâton de maréchal, au troisième la charge d'amiral. Des deux maréchaux l'un devint connétable ; c'est ce chef des politiques qui sous deux rois *(a)* régna en Languedoc, vice-royauté de famille possédée par son père et par son fils. Il ne consentit à reconnaître Henri IV qu'après avoir reçu en 1593 les provisions de la charge de connétable que pour gagner cet homme trop prépondérant pour ne pas être redoutable..., lui avait *promise*.... le gascon couronné. Ce prince l'appelait son *compère* et prétendait lui avoir été en partie redevable du trône. Comment, avant de permettre au monarque de commencer son règne, le sujet n'aurait-il pas mis pour condition de continuer le sien.... quand on l'avait vu, sous le règne précédent, lever des troupes et de l'argent, fortifier ou raser des places, faire la paix ou la guerre.... en un mot se faire plus craindre et mieux obéir que le roi ? il faillit le devenir de nom comme de fait.... car la Vénus écossaise s'éprit si éperdûment de l'Adonis français qu'en cas d'un *bienheureux* veuvage.... elle l'eût épousé. La belle et *tendre* Marie le déclara publiquement après en avoir fait à lui-même l'aveu toujours si doux quand il sort d'une bouche cherie.... si flatteur quand il tombe.... d'une bouche royale !

Voy. mém. de Sully ; de Thou, tom. II, III, IV et V ; et sa vie par Duchesne.

(a) Henri III et Henri IV.

Prouvons-le.

Le grand connétable qui se maria trois fois et laissa un grand nombre d'héritiers est l'auteur de la branche qui, depuis deux siècles est devenue sa maison. Mais comme on pourrait supposer que l'illustre nom si justement pris par la descendance mâle et directe de Matthieu avait été porté en dot à une famille étrangère par l'héritière de Montmorency, hâtons-nous d'établir précisément le contraire.

La troisième femme du grand connétable, noble héritière de cette maison de Laval qui marchait presque l'égale des Montmorencys, n'imposa point mais ne fit qu'unir l'écusson héréditaire à l'écusson conjugal. (1) De là cette heureuse fusion qui, souvent imitée, créa dans le sein de notre belle patrie... cette brillante et seule légitime aristocratie de la noblesse ayant pour bases la vaillance et l'honneur... l'honneur qui peut tenir lieu de gloire, par lequel on est tout... sans lequel on n'est rien! Est-il une plus riche dot, un plus noble héritage?

Les Pays-Bas, l'Angleterre et l'Irlande peuvent revendiquer à aussi juste titre que la France leur part du trésor que devrait leur envier comme une gloire et réclamer comme un droit la mère-patrie. Après de cinq siècles de distance même tentative couronnée d'un égal succès... même triomphe de famille. En 1350, un Montmorency prend le titre de premier baron de France après avoir prouvé au parlement sa prééminence; en 1815, un Montmorency reprend son nom après avoir prouvé son origine aux tribunaux d'Angleterre. Même faveur accordée ou plutôt même justice rendue aux compagnons de Guillaume-le Conquérant qui, sous la bannière toujours pure quoiqu'altérée du premier baron chrétien — germent et fleurissent glorieusement encore sur le sol étranger.

Ainsi rien de plus faux que les faux Montmorencys... car l'arbre mort pousse et se dresse sur tous les rivages.

Les faux Montmorencys, les Montmorencys-métis... où les trouver? sur tous les trônes de l'Europe. Les Césars de la Germanie, les Bourbons d'Angleterre comme ceux de la France saluent pour auteur collatéral le père adoptif du prince à qui la France doit Philippe-Auguste.

(1) Les Lavals sont aux Montmorencys ce qu'étaient les Contis aux Condés.

Sur tous les rivages, *Dieu soit en aide aux premiers barons chrétiens !* ils n'ont pas failli à leur devise., (1) car en appeler à Dieu, c'est s'engager envers la patrie et le prince qui la représente. Le Matthieu de nos jours, taillé sur un patron de vieille France, en rappelant par son patriotisme et sa loyauté cet autre Matthieu qui sous un autre Louis montra le premier aux Français un double Sully.... prouva qu'il était digne de représenter dans le conseil des rois comme dans un tableau de famille ceux dont la nature noble et généreuse lui avait donné l'âme et les traits ! (2)

Montmorencys, vous que la France choisit pour patrons et ses rois pour pères des fils qui adoptèrent les vôtres : vous que le héros (3) prédit à nos pères par le fils inspiré du saint roi déclara dignes de son sceptre parce qu'il vous jugeait au présent comme à l'avenir dignes de son épée : Montmorencys, vous qui pouviez prétendre à mêler vôtre sang aux rois... puisque vous saviez combattre, triompher... ou mourir comme eux pour la patrie, portez haut votre couronne... car celle-là aussi est la couronne de France !

PREUVES A L'APPUI.

1° Le mariage de Matthieu 1er, connétable de France, veuf en premières noces de la princesse Aline, fille naturelle du roi Henri 1er, avec la reine Alix de Savoie, veuve de Louis VI, mère de Louis VII et ayeule de Philippe-Auguste; — 2° de Jeanne, sa petite-fille, avec Louis de Bourbon; — 3° d'Eléonore de Roye, petite-nièce d'Anne, cinquième connétable de ce nom, avec le premier prince de

(1) Quant à l'origine du nom, elle varie. Suivant une vieille chronique le premier qui l'ait porté (Bouchard) s'étant écrié en mettant le pied sur un musulman *occis* par lui : *« mon mort rancit ! »* ce cri devint son nom. L'historien aux assertions duquel il faut ajouter le plus de foi tire ce nom de la petite ville de Montmorency *(a)*. C'est, au reste, la première terre à laquelle ait été affecté le titre de baronnie concédé exclusivement à des princes. Exception qui se rattache au titre de prince du royaume pris par le premier et le second connétable et à celui dont gratifia l'avant-dernier le roi Henri II. (La duché-pairie).

(a) Ile-de-France, près Paris.

(2) Le duc de Montmorency, ministre des relations extérieures sous Louis XVIII et premier gouverneur du duc de Bordeaux. Il posa, lors de la composition du beau tableau de Gérard (l'entrée d'Henri IV) pour la tête du connétable, père du maréchal de Montmorency.

(3) Henri IV.

Condé ; — 4° de Marguerite, petite-fille du même connétable et sœur de notre infortuné maréchal, avec Henri II, prince de Condé et père du Grand-Condé. Puisque ce nom tombe sous ma plume, rappelons, sans sortir du sujet secondaire traité par nous en ce moment, que le Roi se vit contraint d'user de toute son autorité pour contraindre à son tour ce prince âgé de 17 ans à accepter pour femme la nièce de Richelieu (1). L'anecdote suivante nous peindra la hauteur de l'oncle et la fierté du neveu. Condé tout couvert des lauriers de Collioure, de Perpignan et de Salces..... revenait de ce triple siège ; il passe par Lyon et oublie d'y saluer l'archevêque. Plaintes du cardinal suivies de l'ordre immédiat du prince de Condé, en vertu duquel son illustre fils repart sur-le-champ pour réparer l'oubli dans lequel Richelieu voyait un outrage ! (l'archevêque était son frère.) Le père du Grand-Condé oublia-t-il dans cette occasion ce qu'il se devait à lui-même... ce qu'il devait à son fils? non... car en présence d'un double danger (la toute-puissance unie au ressentiment) la nature seule dut parler..... et faire taire l'orgueil, même la dignité. Quant au fils, il ne fit qu'obéir à un père... c'est-à-dire son devoir. Le Grand-Condé ne tarda pas à prendre sa revanche..... en faisant deux années après cet incident sceller ses droits sur la tombe du despote qui les avait usurpés comme tous les autres. Nous entendons la préséance sur les princes du sang que le prêtre-ministre n'avait pas oublié d'assurer aux cardinaux. Revenons aux Montmorencys.

Nous remarquerons comme preuve la plus imposante de la prépondérance politique de l'illustre maison de Montmorency: Le consentement officiel de Louis VII au mariage de sa mère, consentement donné de l'avis des Etats qui déclarèrent cette union nécessaire pour assurer au roi mineur l'appui des Montmorencys. (Sollicitude intéressée qui n'en est pas moins touchante de la nation pour son roi... et son roi-enfant !)

Comme source de son illustration européenne :

L'union de Jeanne de Montmorency avec le duc de Bour-

(1) Claire-Clémence de Maillé-Brézé. C'était l'année du siége d'Arras c'est-à-dire des premières armes en tous genres d'un héros ! (1641.) deux ans plus tard Rocroi..... entrevu par Richelieu qui devina et était digne de deviner Condé!!!

bon, trisaïeul du roi Henri-le-Grand.... qui rattache à la maison de Montmorency toutes les maisons souveraines de l'Europe et transforme en véritables princes les premiers barons chrétiens.

On peut joindre à l'alliance de Matthieu Ier avec une de nos souveraines celle du roi de France lui-même (Louis VI) avec l'héritière de Montmorency. Guy de Rochefort, son père, dut cet honneur insigne auprès duquel celui dont il vient d'être parlé n'est que très secondaire et presque nul... à l'estime ou peut-être à la crainte que ce puissant vassal sut inspirer à son roi. C'est le seigneur que Suger nous représente comme ayant été choisi par Philippe Ier (au même titre qu'un autre Montmorency par François Ier) (1) pour aller en 1107 au devant de sa sainteté et l'accompagner durant tout son séjour en France. Sa fille que j'ai faite reine de France puisqu'elle fut l'épouse légitime de notre roi futur, ayant été répudiée par Louis sous prétexte de parenté, le fier sénéchal (2) naturellement aussi sensible à l'affront qu'il avait dû l'être à l'honneur... prit les armes que l'heureux gendre fit déposer à son beau-père devant le château de Gournai, place forte qu'assiégeait Louis et dont par vengeance Rochefort lui voulait faire lever le siége. Ce Montmorency ne pouvait nous échapper sous son nom de Rochefort... car la maison de Montl'heri à laquelle il appartenait, était une branche de celle de Montmorency. Près de cinq siècles plus tard, on retrouve un Montl'heri non au champ d'honneur... mais dans un autre château parmi les assassins d'un héros. (Le duc de Guise.) — Voy. la vie de Louis-le-Gros par Suger, pag. 287, 289, 291 et suiv. —, par Duchesne, tom. 4. — Hist. de France par Legendre, tom. 8, art. des sénéchaux.

A Charles et Anne de Montmorency (3) choisis, l'un par Charles V, l'autre par Henri II, pour parrains de leurs fils (le filleul du premier fut le roi Charles VI) ne peut-on pas, ne doit-on pas joindre l'habile administrateur (Matthieu Ier) qui partagea avec le Sully du moyen âge (4) et le digne re-

(1) Anne, baut et puissant..... *Cicerone* de César-Charles-Quint.

(2) Rochefort, à son retour de la première croisade, reçut cette charge du roi Philippe. (1100.) C'était alors la première du royaume.

(3) Le premier, maréchal; le second, connétable.

(4) Suger.

jeton de Hugues-Capet (1) le gouvernement de l'état — et le grand connétable (Matthieu II) à qui Louis Cœur-de-Lion expirant recommanda ou plus justement confia le fils (Saint-Louis !!!) dont le fidèle sujet protégea la jeunesse contre une ligue presqu'aussi formidable que celle dissipée par Henri-le-Grand? Ces patrons de la France sont aussi les parrains de nos rois... puisqu'ils furent si dignement ceux de nos pères! (2)

(1) Le comte de Vermandois, petit-fils de Henri 1er, que Louis-le-*Jeune* partant pour la Palestine (1147) nomma régent du royaume, tout excommunié qu'il était pour avoir répudié sa première femme.

(2) Voyez Histoire de la maison de Montmorency, par Duchesne; Mémoires de Beauvais-Nangis; Comment. de le Laboureur, Additions aux mém. de Castelnau, tom. II, page 542; Mém. de Brantôme; de Thou en plusieurs endroits, notamment liv. 42, tome II; Histoire de France, par Vely et Mézerai, premiers règnes de la troisième race; Hist. de France, par le chanoine Legendre, art. des connétables, tome VIII, page 22 à 73. On peut consulter à part les vies d'Anne, Henri Ier et Henri II écrites par Duchesne. Voyez aussi celle d'Henri II, par Simon Ducros. C'est sur la couverture de ce dernier ouvrage que j'ai vu surmontées de la couronne ducale les seize aigles dont Duchesne m'a fourni l'explication.

La plus intéressante histoire non d'un mais des Montmorencys est celle de Désormeaux, auteur de l'histoire d'Espagne dans laquelle a si largement puisé M. Romeuw. —

TROISIÈME PARTIE.

PROCÈS DU XVIIe SIÈCLE.

Nous avons pensé qu'il était dans l'intérêt de notre sujet de présenter ici le tableau synoptique des principales exécutions ordonnées par Richelieu. Toutes ces victimes furent d'ailleurs les contemporains et plusieurs les amis de Montmorency !...

Le comte de Chalais, chef des conjurés qui devaient assassiner dans sa maison de Limours le cardinal de Richelieu, avait fait fabriquer à Bruxelles le poignard avec lequel ce fanfaron de meurtre se faisait fort de porter le premier coup à son ennemi. On dit que le coutelas qui coupa le col de Montmorency avait aussi été aussi fabriqué pour la circonstance. Les victimes en valaient la peine... surtout la victime-bourreau !!!

Le comte de Chalais dont l'inexorable prêtre avait refusé la grâce à sa mère.... fut exécuté à Nantes le 19 août 1626, âgé de 26 ans : le marquis de Cinq-Mars à Lyon (3), le 12 septembre 1642, sur la place des Terreaux. Ses restes déposés d'abord aux Feuillants, furent le lendemain enterrés derrière le grand-autel de l'église où le rejoignit l'ami

(3) Quitté le matin même du jour de l'exécution par le cardinal qui en avait ordonné la veille les apprêts !...

fidèle qu'il avait entraîné sur l'échafaud (1). Jeune et touchant Pythias dont il aurait dû se contenter d'être le Damon... sans songer à jouer au Catilina!... Chalais et Cinq-Mars, enfants gâtés de la fortune dont la vanité prit pour un mécompte les honneurs volés à des services réels et propres à satisfaire de vieilles ambitions... avaient reçu de Richelieu, le premier la charge de grand-maître de la garde-robe, le second à 19 ans celle de grand-écuyer de France. On peut joindre ces deux noms à ceux de Marillac et de Montmorency; — car Chalais et Cinq-mars étaient du sang... et, dans ces temps de faveur, de la graîne de maréchaux. Le premier avait pour ayeul le trop fameux maréchal de Montluc, ce *des Adrets* du parti catholique dont les commentaires supérieurs à ceux de La Noue sont plus curieux sinon aussi piquants que les mémoires de Brantôme qui fait à tort de Montluc un Bayard... car il n'était brave que par force et aussi fanfaron que brave. Cinq-Mars était le fils du maréchal d'Effiat, espèce d'intendant du cardinal qui procura le bâton au père et réserva la hache... au fils!!!

Remarquons, laissant à part Chalais pour ne voir que Cinq-Mars et de Thou, la précipitation révoltante et la triste analogie du procès de Lyon avec celui de Vincennes, en faisant d'ailleurs la part du degré de culpabilité des deux premiers accusés et de l'intérêt exclusif qui s'attache en tout temps à l'innocence!...

1° Les interrogatoires et le recollement des accusés; 2° les conclusions des rapporteurs; 3° l'arrêt et l'exécution.... tout terminé ou plutôt bâclé en 8 à 9 heures!!! condamnés, tous deux, d'après une ordonnance de Louis XI, oubliée depuis longtemps et restée inappliquée.... mais digne d'être rajeunie par le digne émule de son terrible auteur!!! « de Thou! de Thou! » ne put s'empêcher de s'écrier, à la nouvelle de l'arrêt, le véritable juge... puisqu'il était ou plus justement s'était assuré d'avance de la docilité des juges *nominaux*.... car il les avait nommés (2)! A l'égard du complice (3) qui avait été l'instigateur de son *crime*, les preuves

(1) De Thou.

(2) Voy. mém. d'un favori du duc d'Orléans, page 80 et suiv. — hist. de Richelieu, par Auberi, p. 180 à 70. — Procès du 17e siècle, première partie. — Anquetil, règne de Louis XIII.

(3) Le marquis de Cinq-Mars.

n'eussent pas été plus suffisantes!... Si le *faible* Gaston, véritable chef de toutes ces conspirations de comédie qui avaient une issue tragique..., n'eût tout révélé pour obtenir sa grâce par la condamnation même des amis imprudents mais généreux qui ne chargèrent jamais leur délateur : victimes de l'intriguomanie plus encore que de l'ambition du patron dont la main, après les avoir poussés vers l'abîme... les y laissait tomber de peur d'y tomber avec elles, différant en cela seulement avec cet autre patron-bourreau dont le bras y précipitait lui-même les favoris qu'il ne hissait au pinacle que pour l'y maintenir en surveillant de plus haut ses ennemis.

Un souvenir aussi au prêtre-martyr... uniquement coupable du crime de ceux auxquels on n'en pouvait imputer aucun, (la magie!) condamné sur le *témoignage* du père.. du mensonge, (au quel on *fit* dire la vérité...) (1) Le directeur secret ou supplémentaire des Ursulines, Abailard (changeant d'Héloïse.....) qui, devançant aussi le siècle, faisait du curé de Louis XIII un évêque de Louis XV et de l'asile de la pudeur le centre des plaisirs, expia dans les flammes la faute d'en avoir allumé dans le cœur des vierges saintes qui ne furent pourtant *possédées* que de ses charmes! réprouvé qu'on eût absous s'il n'eût offensé que.... Dieu !.... (2) car il est des cas où, morale à part, il vaut mieux se rendre coupable d'un crime... que d'un

(1) Par la bouche des femmes (et des nonnes!) Jugez de la faconde et surtout de la charité!....

(2) Ses ennemis lui imputèrent la *Cordonnière de Loudun*, plate et basse satyre qui ne pouvait... n'aurait pas dû atteindre un grand homme! son auteur méritait comme elle le *feu* sur le Parnasse... mais l'esprit du curé de Loudun (a), sans égaler celui du curé de Meudon, suffit pour en laver sa conscience littéraire.

Richelieu, juge en tout aussi compétent que sévère, crut sans doute le poète innocent... mais voulut trouver l'homme coupable! prêtre obscur, soit : mais l'obscurité qui attira les regards de Richelieu doit fixer les nôtres. La cordonnière de Loudun est aussi loin de sa sœur aînée la ligueuse (la satyre Ménippée) que celle-ci des Philippiques de Lagrange-Chancel. Ces trois satyres représentent trois siècles : le 16e, le 17e et le 18e.

(a) Urbain devait à la protection des Jésuites chez lesquels il avait étudié à Bordeaux la cure de Saint-Pierre et le canonicat de Sainte-Croix. Le cumul sur la tête d'un étranger c'est-à-dire d'un intrus! (étranger au diocèse) En fallait-il plus pour l'envie... et le chanoine ne tua-t-il pas le curé?... Urbain d'ailleurs aimait à mordre (jusqu'au sang...) et nous n'épargnons guère qui ne nous épargne pas!

tort. Après avoir souffert une question si cruelle que la fracture des jambes fit sortir la moëlle des os.... le curé de Loudun se vit condamner à Angers par 14 magistrats honnêtes mais crédules et pusillanimes sous la direction d'un juge servile.... (1) et brûler vif dans la même ville en 1634. On lui refusa un confesseur... (2) Barbarie sans exemple qui ne devait se renouveler que pour le fils de Saint-Louis (le duc d'Enghien !!!.)

Quant à cette amère ironie du trop digne frère de Gaston (sous le rapport de la sensibilité !), disant après avoir regardé plusieurs fois à sa montre : « M. *Le Grand* (3) fait actuellement une vilaine grimace ! » Cette assertion appuyée d'ailleurs sur le témoignage de nombreux mémoires et même de plusieurs historiens est tout simplement impossible.... à moins qu'on n'accorde deux corps à un prince en effet trop *double*. (4) se trouvant alors à Saint-Germain, comment pouvait-il, à moins de les deviner, connaître le jour et surtout l'heure du supplice?

Veut-on, à toute force, admettre le fait? Un Valois, dans une occasion douloureuse, va parler en Bourbon !

Deux jours après l'échauffourée (on n'ose dire le siége) d'Anvers, qui nous avait coûté 400 gentilshommes et 1,200 soldats, le duc d'Anjou se trouvait à Termonde où l'abandon et, chose plus honteuse encore, le mépris

(1) Le conseiller-d'état Laubardemont, auquel on peut adjoindre d'avance pour collègue son frère naturel (en justice), le conseiller-d'état Bezons, délateur-assassin de Rohan !... (1634-1674.) Laubardemont était vendu. Or, faire instruire ainsi la procédure... n'est-ce pas faire le procès? Quant à l'impartialité de la commission souveraine nommée par les lettres-patentes du 8 juillet 1634... mentionnons seulement qu'elle s'était *recrutée* dans le ressort de Loudun. Différence de siége... mais consanguinité de voisinage entre les juridictions. Elémenter ainsi un tribunal après avoir inspiré l'accusation.... c'est résoudre la question avant de la poser !!!

Voy. Causes célèbres, par François Gayot de Pitaval, t. VI. — Biblioth. hist. du Poitou, par Dreux du Radier, t. IV. — Hist. de la ville de Loudun. — Hist. de Richelieu par les écrivains du temps.

(2) Le gardien des Cordeliers de Loudun qui possédait sa confiance. Le malheureux prêtre aima mieux mourir sinon impénitent du moins sans absolution que d'accepter le confesseur que lui imposaient les religieux dans lesquels il ne pouvait voir que des parties... c'est-à-dire des ennemis,.. et non des *frères !!!* (les religieux de Saint-François.) Eux seuls furent donc coupables d'impiété....

(3) Surnom ou sobriquet de Cinq-Mars.

(4) Vid. l'hist. de Louis XIII, par Levassor et celle si remarquable du même prince par le père Griffet.

général l'avait contraint à se retirer. « On discouroit de » la mort du comte de Saint-Aignan, brave officier et » fort fidèle à son service, lequel s'était noyé en cette oc- » casion : je crois, dit-il, que qui aurait pu prendre le loi- » sir de contempler à cette heure Saint-Aignan, on lui au- » rait vu faire une plaisante grimace. Ce disait-il, parce que » le comte avait coutume d'en faire. » L'indigne prince qui tint cet indigne propos expira l'année suivante à la fleur de son âge. Un cœur français se soulève à l'idée qu'un tel prince pensa (très-légitimement d'ailleurs) voler le trône à Henri IV!!! Ce duc d'Anjou n'était pas celui de Jarnac et de Montcontour, mais cet ex-duc d'Alençon qui par sa seule indignité se priva d'un royaume comme la Providence le déshérita de celui dont il était plus indigne encore. (La France!) En 1578, quatre ans avant l'expédition dont le résultat fut aussi honteux que le motif qui l'avait inspiré.... (La jalousie!) (1) Les Pays-Bas avaient voulu se donner au second duc d'Anjou, comme avant eux, la France du nord au premier... qui ne regretta pas celle dont il fut pleuré! Comment les fiers Montmorencys avaient-ils pu se faire, avec un tel homme et surtout sous un tel homme... les chefs des *politiques?* (2) Comment surtout cette même Elisabeth qui envoya des secours à Henri IV, en envoya-t-elle à celui qui n'était pas même digne d'être le frère et le successeur.... d'Henri III?... « Prince, disait un bon juge (3), en parlant d'Alençon, qui a si peu de courage, le cœur si double et si malin, le corps si mal basti. » Henri IV nous ramenant à ce Louis XIII que nous avons tenté de justifier... voici malheureusement pour sa mémoire un trait trop authentique et qui *réunit* tous les genres!

Louis informé que Richelieu l'était lui-même du conseil que Cinq-Mars lui avait donné d'attenter aux jours du cardinal, écrivit au chancelier une lettre dans laquelle il cherche à se justifier non d'avoir écouté mais toléré une telle proposition, tolérance qu'il confesse... et dont il se repent

(1) Dont était animé d'Alençon contre le prince d'Orange.

(2) Ou des centres (1574). — Année où mourut Charles IX.

(3) Henri IV. La première femme de ce monarque, Marguerite de Valois, disait aussi du duc d'Alençon : « Si l'infidélité était bannie de la terre, il la » pourrait repeupler. »

Voy. mém. de Brantôme, de l'Estoille, du duc d'Angoulême et de la reine Marguerite.

comme d'un assentiment. Un roi s'excusant, tranchons le mot, s'accusant comme d'un délit... d'un tort envers son sujet! Quelle opinion donne ce fait (sans exemple) du prince... mais surtout du sujet! Henri, ce n'est pas toi qui te serais excusé près de ce Sully auquel tu rougissais seulement de laisser croire qu'il eût besoin de ton pardon! mais tu n'étais pas, toi, plus capable de tremper dans un complot contre le ministre auquel tu t'étais confié et non *soumis*... que ce ministre dans un complot contre son roi. Un maître... mais pas d'esclaves et seulement des amis. Vous ne saviez que combattre et régner... ensemble!!!

Outre MM. de Chalais, Cinq-Mars et de Thou nous pourrions accoupler sur l'échafaud ministériel les sieurs de l'Estrange, Capestan, d'Entraigues, de St-Preuil (1), de Lavalette (2), etc., etc. — Mais les seuls *pendants* de l'échafaud de Montmorency sont ceux de Marillac et de Chalais : l'un par le rang qu'il tenait de sa dignité militaire, l'autre par celui qu'il tenait de sa seule naissance... Les égaux de celui qui semblait n'en compter que parmi les princes. Le maréchal de Marillac était voué à la hache! Le bon Henri indulgent comme son surnom, mais sévère sur le seul point d'honneur... ne lui fit grâce qu'en faveur d'une intercession à laquelle il ne pouvait rien refuser... Celle de Gabrielle! sans elle Marillac eût payé de sa vie la faute de l'avoir ôtée, pour un sujet futile et d'une manière peu conforme aux strictes règles de l'honneur, à un gentilhomme. Aussi, à dater de ce jour, Henri ne lui accorda-t-il que sa grâce... non son estime. Comme Montmorency, (mais à des titres bien inférieurs) et par la même cause, Marillac dut principalement sa faveur à la protection de sa patronne la reine (non *sainte*) Marie dont il avait épousé la parente. (3) Arrêté en Piémont, transféré et jugé à Verdun où la chambre de justice ordonna qu'il serait entendu en ses faits justificatifs... puis au château de Pontoise et enfin à Ruel et de Ruel à la Grève... Marillac y paya de

(1) Celui à qui se rendit Montmorency.

(2) Frère du fameux duc d'Espernon et frère du cardinal Lavalette.

(3) L'une de ses filles d'honneur, sans prestance, sans manières, (et qui pis est) sans bien... Mais intrigante c'est-à-dire *vraie* Médicis... quoique d'une branche séparée de l'aînée avant que la souveraineté florentine fût entrée dans la famille.

ses jours l'imprudence de s'être fait avec son frère, (1) le chef du complot ou plus proprement de la cabale qui devait renverser un ministre et ne fit tomber... qu'une tête!!!

J'ai dit que Chalais appartenait à une maison l'égale... et je pourrais dire la supérieure (en sa qualité de souveraine) de celle deMontmorency. (2) Taleirant, (3) nom originaire d'une terre seigneuriale, est le surnom que prennent au commencement du 12e siècle plusieurs membres de la famille des comtes souverains du Périgord, famille qui commence avec celle que nous lui assimilons...... puisqu'elle remonte au dixième siècle. Boson 1er (4), comte de Charroux, est le Bouchard des Talleyrands. L'autre égale de la maison qui n'en veut pas... n'est-elle pas encore cette fière bretonne qui, au même titre qu'elle, régna sur l'Ecosse et règne encore sur la Savoie, l'Autriche et la France elle-même? (5) Un Rohan devait *tenter* Richelieu... et certes il fallut que pour échapper au terrible ministre... le digne rival de Montmorency, mettant à profit les armistices, se montrât encore plus habile courtisan que bon général. Malheureusement Montmorency ne sut être... qu'un héros!!! mais revenons à Rohan que nous devons connaître... puisqu'il va bientôt nous apparaître près

(1) Garde-des-sceaux de la façon des carmélites qui le recommandèrent à la reine qui le recommanda au cardinal... qui le fit garde-des-sceaux. Il voulait être premier ministre, et son frère chef de la guerre... mais tous deux échouèrent — et l'absence totale de preuves matérielles put seule empêcher qu'on ne fit le procès au ministre arrêté à la cour en même temps que le maréchal à l'armée. (1630). C'est l'auteur du code *Michau* rejeté en 1628 par le Parlement dont Marillac irrité menaçait de se faire d'avance le *Maupeou*... Quand le garde-des-sceaux (*a*) de Louis XIII, moins solide que le garde-des-sceaux de Louis XV contre *Richelieu*-Choiseul... croûla devant le premier. Le code Micheau dérisoirement baptisé du nom de son auteur (*b*) était une ordonnance-*monstre* s'appliquant tout simplement à tout... et composée par le prétendu tribonien en simarre des anciennes ordonnances et de celles rendues par les derniers Etats-Généraux.

(*a*) Des sceaux. (sots!) en tout temps et en tout pays, le ministère le plus *considérable*... par son personnel. *Turba infinita*.

(*b*) Michel de Marillac. Voy. mém. de Pontis, — mém. d'un favori du duc d'Orléans; — hist. du parlement, prem. partie du 17e siècle.

(2) Qui régna sur toute l'Europe... par les femmes.

(3) Selon Moreri, véritable autorité: Un historien du Périgord écrit tour-à-tour Talcran, Tailleran, Taleirand. En ajoutant une L et substituant Y à L.... c'est l'orthographe actuelle d'un nom trop.... et diversement fameux.

(4) Le nom de Boson est devenu chez les Talleyrands celui de Matthieu chez les Montmorencys. Le *Boson* de nos jours, frère de l'évêque, fut un des derniers et des plus intrépides soldats de la noblesse française.

(5) Roi ne puis, prince ne daigne, Rohan suis. (Sa devise.)

d'un guerrier célèbre. Comme lui, filleul d'Henri-le-Grand auquel il dut être plus cher encore puisque ce monarque lui destinait une de ses couronnes... (1) il en reçut une faveur toujours dangereuse (2) de la main d'un roi et surtout de celui-là! Comme Montmorency encore, il avait débuté à la cour dans toute sa fleur après avoir fait au siège d'Amiens ses premières armes sous le vainqueur d'Ivry (3). En gloire comme en amour..., quel français pouvait choisir un meilleur maître? J'ai dit qu'un Rohan était un mets de cardinal! c'était mieux encore... un morceau de roi!!! Le chevalier de Rohan périt sous Louis XIV du même supplice que Montmorency sous. . . . . Richelieu!!! mais, plus *sévère* (en cette seule occasion) que son prédécesseur... Le grand Roi n'eût-il pas mieux fait de ne pas voir de coupables là où il n'y avait pas de crime... puisqu'il n'y eût d'*exécution* que celle des conspirateurs! Le principal, et s'il faut l'en croire, le seul... fut un nommé Latruaumont qui mourut peu d'heures après les blessures reçues en se défendant contre les gardes. Sa culpabilité exclusive, isolée... fut le seul aveu qu'on put tirer de cet ancien officier, comme Rohan, perdu de dettes et abandonné à la débauche... et n'ayant d'autre vue que d'éteindre les unes pour entretenir les autres ou de payer les anciennes pour en contracter de nouvelles: mais Rohan dupe et Latruaumont fripon... ne voyant en lui qu'un instrument. Ce projet était de livrer la Normandie aux Hollandais

(1) Celle de Navarre dont Henri IV, en l'absence d'enfants, regardait Henri de Rohan comme l'héritier présomptif. — Voy. mém. de Sully.

(2) Le choix... de sa femme! celle-là fut Marguerite de Bethane, fille de Sully. Henri lui donna en même temps un régiment.... sans doute plus facile à conduire (*a*). L'année même où il le fit époux, son roi le fit pair (sans italiques) et lui accorda le titre de duc qui entra à cette occasion dans la maison de Rohan. L'on vient de voir que, comme les Montmorencys, les Rohans n'avaient pas besoin de se voir faire ducs pour être *cousins* du roi.

(3) Le duc de Rohan après s'être une dernière fois illustré comme le duc de Montmorency, à son dernier combat..... faillit mourir de la mort d'un soldat! S'obstinant à servir comme volontaire le général qui le reconnaissait pour son chef parce qu'il le considérait comme son maître..... il reçut à la tête du régiment de Nassau après avoir repoussé l'ennemi sous les murs de Rhinfeld assiégée par le duc de Weimar, son ami, une blessure à laquelle il succomba six semaines après. (1638). Six ans plus tôt celle de son ancien rival après le même intervalle et *grâce* aux *soins* de Richelieu, l'avait aussi conduit..... au tombeau!!! — Le duc de Rohan, comme le duc de Montmorency, fit de l'*opposition*..... mais son plan fut plus large. — Nous l'exposerons dans un prochain ouvrage.

(*a*) Les Suisses et Grisons.

dont le débarquement devait s'opérer à Quillebeuf et les voiles s'approchaient des côtes... lorsque des traites considérables que se disposait à toucher dans sa capitale le chevalier de Rohan éveillèrent les soupçons de Charles II qui les communiqua à Louis XIV. *indè iræ!* mais cette conjuration de comédie à force d'être insensée ne devenait-elle pas une bouffonnerie et dès-lors indigne de la colère du grand roi? Cinna-Moncade épousant la Hollande comme l'autre la roture, *s'encanaillant* comme lui pour se réenrichir après s'être ruiné. . n'avait pas seulement droit à la clémence... mais à l'indulgence d'Auguste!!! Soulever une province... selon eux, pas un village selon nous. Jadis un chevalier normand avait conquis la Sicile... mais celui-là n'était pas un *chevalier d'industrie* aussi incapable de gagner une pistole qu'une province... et bon seulement à jouer toutes les deux pour regagner ce qu'il avait ou plutôt... ce qui l'avait perdu! Je ne vois qu'une chose aussi et peut être plus ridicule encore que la conjuration qui n'en fut pas une : c'est la médaille qui la consacra... car *l'importance* (choses ou hommes) double encore la nullité! Louis-le-*Grand* (quoi de plus petit qu'un grand homme et surtout un grand.... roi?) se serait-il *souvenu* du trait suivant dans lequel on prendra comme nous le sujet pour le roi? Louis XIV assistait à une brillante soirée donnée par le Richelieu... de comédie; (1) il admet à sa partie le chevalier de Rohan, grand mais beau joueur. On était convenu de payer en louis, mais le chevalier qui perdait une somme considérable n'ayant pu compter à Louis que sept ou huit cents des médailles dans lesquelles il pouvait mirer *sa majesté*... (médailles pour une seule desquelles un joueur mettrait en gage les douze Césars) ce prince refusa les deux cents pistoles avec lesquelles le pauvre chevalier se résignait de la meilleure grâce du monde à lui compléter la somme. — Puisque votre majesté n'en veut pas, s'écria-t-il, elles ne sont bonnes à rien! — et il les jète par la fenêtre. Nous devons croire que Louis-le-Grand, (cette fois sans italiques) en signant un arrêt presque injuste à force d'être rigoureux... ne se souvint pas plus de l'offense du courtisan qu'Henri-le Grand de la trahison... d'un ami!!! Des deux mémoires de l'homme une seule devrait être fidèle... et l'offense même, quand il peut

(1) Dont le nom rappèle pourtant un établissement utile... Les Quatre-Nations comme Richelieu l'Académie.

se venger, devrait l'exciter au pardon !... malheureusement (surtout chez les grands) la dernière injure ranime la première. Aussi, malgré l'apparence de la générosité (1) qui s'efface devant la rigueur inhumaine dont se font ici les lâches complices la nature, l'amour et l'amitié...... (2) L'histoire de Rohan (rappelant celle de Montmorency!) prouve (en dépit de la chronique scandaleuse) que Louis XIV était bien le fils de Louis XIII!!! Le père résista à toute sa cour... et sa cour n'osa recourir au fils. Si elle l'eût osé.... mais malheur au prince qui a besoin d'être conseillé par d'autres... que son cœur !!! Sans l'inqualifiable manœuvre qui lui arracha son secret (c'est-à-dire la vie!) en lui promettant sa grâce... (3) le malheureux Rohan n'était pas condamné puisqu'on n'eût pu le convaincre. (4) Ses emportements lors de sa translation à la

(1) Louis le reçut en 1656 grand veneur en survivance du duc de Montbazon dont il était le second fils, l'agréa plus tard comme colonel de ses gardes et lui permit même de l'accompagner dans ses campagnes.

(2) Quel pouvoir arracha au farouche tyran de la Sicile la grâce de Damon et Pythias? l'héroïque amitié!...... Mais le Français malheureux ne trouva plus d'amis.... et devait hélas! confirmer la règle. Nul n'intercéda pour l'infortuné chevalier... pas même sa *mère!!!* silence fait pour honorer aussi peu sa cour que le souverain assez redouté pour laisser croire que la nation avait oublié de lui mettre un cœur... même aux pieds!!!

Madame de Soubise, sa parente, qui *fixait* alors le volage amant de La-Vallière.... garda un silence non moins *édifiant* que sa mère. (Qu'est-ce qu'une parente auprès d'une mère, et qui plaiderait notre cause.... quand un tel avocat ne daigne pas s'en charger?) Cette mère dénaturée joignait à la sécheresse l'immoralité! on l'avait vue naguère prêter les mains à la faute du fils dont le crime ou plutôt la dernière faute (et surtout le malheur) devait mais ne put trouver grâce à ses yeux..... en recélant chez elle le dépôt de l'amour non *filial* dans la personne de la belle et *fameuse* Hortense Mancini que, de concert avec le duc de Nevers, son frère, le chevalier avait fait enlever de chez le duc de Mazarin. En recevant la duchesse.... la princesse de Guéméné devenait la complice du rapt dont le retentissement fit au roué précurseur de la régence un honneur européen : *honneur* dont le spirituel émule et parent d'une femme plus spirituelle encore retrace si bien le scandale en France. (Bussy-Rabutin.)

(3) Manœuvre d'autant plus indigne que son auteur, l'espion-magistrat était un homme *censé* honorable et droit par état!!! (M. de Bezons, conseiller d'état.) La justice n'est pas sœur de la police... et doit avoir toujours l'œil *horizontal!* La justice pour mieux accomplir son devoir, peut emprunter les secours.... mais ne doit pas faire le *métier* de la police.... l'employer mais non *s'associer* à elle. —

(4) Ne s'étant ouvert qu'à Latruaumont.

Bastille furent tels que dans l'intérêt même de ses jours ils nécessitèrent des chaînes... emportements qui rappelaient douloureusement ceux que soixante douze ans plus tôt avait fait dans la même circonstance, éclater Biron... mais qui firent bientôt place à la résignation que, trente ans après Biron montra et dans peu d'instants va montrer à nos yeux Montmorency!... Cet heureux changement ou plutôt cette conversion .. fut l'ouvrage du père Bourdaloue qui assista jusqu'à l'échafaud cet autre Montmorency *arraché* au fils de Louis XIII... par un autre Richelieu. (Louvois). Il était âgé de trente-neuf ans. L'exécution publique (il l'avait espérée secrète...) du chevalier de Rohan et de ses complices eut lieu devant la Bastille le 27 novembre 1674. Ces complices étaient une courtisane (1) et un maître d'école; l'on voit que les conspirateurs étaient dignes de la conspiration! « Vous autres, pendez *cela*... » dit dédaigneusement tout fier de son noble exploit *monsieur* de Paris à ses valets, en leur désignant le pauvre *chien de cour*. (2) Sévère tout à l'heure envers celui que nous honorons d'ailleurs comme le grand roi, empressons-nous de faire observer à nos lecteurs que cette exécution pour crime d'état fut la seule du règne... éternel. (72 ans.) Ce fait ne doit pas seulement prouver le bonheur du règne... mais faire honneur au prince!...

45 ans auparavant, un autre Rohan traitait d'égal à égal avec son roi. 1629 — 1674. Cette date seule serait l'histoire..... de la monarchie. Il y a plus que progrès... il y a victoire... et c'est pour cela qu'il fallait être généreux !...(3)

(1) Si l'on préfère le synonyme, une femme galante, nommée la marquise de Villiers-Bordeville. C'est la seule femme exécutée politiquement depuis la maréchale d'Ancre, à la forme près, assassinée comme son mari et sacrifiée comme *coupable* de fortune.... aux Guises d'antichambre du règne de Louis XIII. A l'occasion d'une famine qui sous l'empire fit révolter la ville de Caen, on exécuta aussi des femmes. Celles-ci furent fusillées... (Gallais, hist. de France, tome 3.)

(2) Le hollandais Van-en-Den, ex-professeur d'athéisme à Spinosa, qui tenait une position à Paris. Basnage assure qu'il mourut ainsi que la marquise en matérialisé. L'on a vu que l'*état* de cette dernière était conforme à sa *croyance*!.. Elle *jouit* comme le chevalier du privilége de la hache. Cependant les *vilains* n'avaient pas un droit exclusif à la corde! On lit dans d'Aldéguier qu'un chevalier anglais nommé Walquefase, sénéchal de Quercy, pour le roi d'Angleterre, fut pendu en 1370, à Toulouse. Il fallut 13 charpentiers pour hisser sur l'échafaud le gibet sans doute très-élevé. Était-ce une cruelle épigramme du rang du supplicié!.. — Voyez collect. de Rimer, règne de Jean; — hist. de Toulouse, idem t. 3.

(3) Ce Rohan que j'ai déjà dit avoir fait de *l'opposition* (lisez révolte) (*a*) comme Montmorency, fut à ce titre condamné comme lui par le parlement de Toulouse qui mit sa tête à prix après une première condamnation à l'écartel-

(*a*) Le duc fut à diverses reprises général des réformés.

Aussi l'homme sensible ne force-t-il pas l'historien à s'écrier? Louis-le-Fustigateur oublia que grâce aux *œuvres* du grand ministre (dont le grand roi ne fut que le plénipotentiaire...) il n'avait hérité que d'un fouet... et non d'un glaive! ce glaive uni à la crosse dont il fit le sceptre.... il fallait, avec l'échafaud en sautoir..... le laisser pour *armes* au prêtre-roi qui avait donné pour fleurons à sa couronne les plus hautes têtes de la noblesse française... dont son nom seul était l'arrêt de mort!! (1) Morts ou vivants... les grands appartenaient de par le roi à Richelieu! les dépecer à la voirie ou les traîner à l'abattoir... tel était (de par Dieu peut-être...) son fatal mandat!!! à l'ayeul les Guises (2), au

lement. La sentence de Rohan fut plus sévère mais la *peine* plus douce... car exécuté comme Montmorency, il ne le fut du moins... qu'en effigie! Deux ans avant l'exécution du chevalier fut rendu l'édit qui 38 ans plutôt sauvait l'une des victimes de Richelieu : celui de 1672 rendu malgré les remontrances de 1670. —(Parlement de Rouen).

(1) A côté des assassinats légaux dont furent témoins toutes nos places publiques tels que ceux de Nantes, de Paris, de Loudun, de Lyon, etc., etc., etc., se placent d'eux-mêmes ces autres assassinats commis avec un sang-froid non moins révoltant sur tous nos champs de bataille par des sicaires titrés... de ce nombre celui du premier Guise devant Orléans (1562), du maréchal de Saint-André à Dreux (a), du connétable de Montmorency à Saint-Denis (1567), du duc de Joyeuse à Coutras (1587) (b), du prince de Condé et du chevalier Stuart à Jarnac (c), malheureuse noblesse qui semblait mettre sa gloire à se suicider et comme autrefois à venir en aide à l'Angleterre ou au bourreau! (Synonymes français.)

(a) Même année par le capitaine Bobigni en rancune de la confiscation de ses biens.
(b) Par deux capitaines d'infanterie nommés Bordeaux et Descentiers.
(c) Robert Stuart fut tué à bout pourtant par Villars dont il avait lui-même, en le blessant mortellement tué, le beau-frère à Saint-Denis. [Anne de Montmorency.]

(2) Livrés après leur exécution à Richelieu, grand-prévôt de France. Le Richelieu militaire, non moins dangereux mais moins terrible que le prêtre, jura aussi mais ne fit guerre à mort qu'à l'aristocratie... féminine! . . .

Le Richelieu qui devrait remplacer à la Sorbonne le grand homme auquel il eût été plus digne de marier sa cendre que le courtisan-maréchal *(a)* est ce ministre-chevalier qui a légué son nom loyal à sa trop courte administration.

(a) Enterré comme le cardinal dans l'église que je viens de nommer.

Vid. sur le duc de Rohan les vies des hommes illustres de France, par l'abbé Péran, tom. 21 et 22. L'histoire de Louis XIII (déjà citée pour Cinq-Mars et Chalais) par Levassor. Ce Brantôme du 17e siècle mord tout le monde excepté le général qui eût gagné... la bataille de Rosbach perdue sous un autre Louis par un autre Rohan, le maréchal de Soubise dont l'ayeul qui ne fut *qu'un* grand capitaine... n'eût pas voulu pour sous-lieutenant! Levassor, s'il écrivait aujourd'hui, ne manquerait pas de proclamer que les Rohans (non les Montmorencys) sont *véritablement faux*... puisqu'ils ne le sont que par Henri Chabot, époux de Marguerite, fille du duc dont il est ici question.

Vid. sur le chevalier les lettres de Bussy Rabutin, tom. 1, lettre 93, page 161-2, etc. —mém. du marquis de la Fare. — mém. du duc de Saint-Simon.

petit-fils Montmorency qui par son épée ou son nom valait tous les deux !....

A Toulouse n'appartiennent pas les prémices de ce noble sang ! A titre de capitale, Paris en avait bu avant et devait en boire après elle.

Cinq ans plutôt, un Montmorency tombait sans gloire dans l'obscure et fatale enceinte où Biron avait perdu l'honneur... avec la vie ! (1) Comme celle du malheureux parent avec lequel il n'a de commun que l'échafaud élevé par la même main... (2) L'inexorable monarque cédant sans doute encore à la même influence plus encore qu'à l'exemple d'une haute initiative. . (3) refusa sa grâce à l'élite de la noblesse alliée de droit à un tel sang et même aux touchantes instances d'une épouse doublement intéressante par son double malheur ! elle s'était fait accompagner et se vit en vain appuyer de la princesse de Condé, des duchesses d'Angoulême, de Ventadour, et enfin de l'épouse non moins tendre et plus malheureuse encore qui faisait, aux dépens de son cœur et dans une cause étrangère, l'apprentissage de la douleur... et ne devait jamais, comme elle frappée d'un double coup, voir Dieu dans un fils lui rendre un

(1) Le comte François de Montmorency, fils du vice-amiral de ce nom sous Henri IV, fut exécuté à la Bastille, le 21 juin 1627 avec le comte Deschappelles, son parent, et, ce qui est plus pour un duelliste, son second à outrance et *in æternum* dans tous ses combats *singuliers* comme son caractère dans le dernier combat qui ne fut mortel que pour le vainqueur... Montmorency avait eu pour adversaire le marquis de Beuvron, parent du comte de Thorigny, tué en 1626 ainsi que le marquis Desportes.

Comme le *patient* de Toulouse... le parisien s'était, par la prison, habitué à l'échafaud... et résigné à la mort, la voulant voir venir ! (*a*) Il refusa de se laisser bander les yeux, mais mondain encore à l'instant de sortir du monde... on vit, aux apprêts de sa dernière toilette, le céladeur-bretteur porter complaisamment la main à cette moustache destinée à faire dans les deux sexes des *victimes* d'un genre si différent. Le toulousain eut le courage de se couper la sienne et se refusa même, avant sa translation à Toulouse, à laisser prendre, de ses traits, une dernière esquisse. Un *ami* inconnu (ceux là sont sincères !) la prit pourtant à la dérobée et c'est, dit-on, d'après elle que fut exécuté le portrait qui figure en tête de son histoire, par Ducros (*b*). On y retrouve ce regard à la Montmorency, trait caractéristique comme le nez à la Bourbon. Ce portrait vous émeut, tête séparée du tronc.. n'était-il pas d'avance (surtout pour les yeux d'un ami !) l'image de son sort !!! C'est ainsi que, selon nous, il faut *exécuter* aussi le bourreau... et comme Montmorency diviser en deux le Richelieu qui, pendant sa vie ou après sa mort, devait se montrer *intraitable*.

(*a*) Il fut assisté ainsi que son complice (si crime il y a...) par Cospéan, évêque de Nantes. M. de Montchal ne fit pas cet honneur dont le second était plus digne à son illustre diocésain qui ne fut assisté que par un simple prêtre.... et n'en fut pas moins reçu de Dieu !!!

(*b*) Ecrite en gaulois plutôt encore qu'en vieux français.

(2) Mais que nous avons cru, comme non point que, devoir isoler des autres.

(3) Celle du parlement sourd comme lui.... et avant lui !!! Mais la justice en se montrant inexorable, ne fait-elle pas son devoir et son métier ? Des yeux et des oreilles... pas de cœur ! Il la perdrait comme la société !!!

époux !!! Moins digne de nos regrets que l'illustre guerrier qui sollicita sans doute pour un parent, un ami malheureux, la grâce qu'il se refusa en ne la daignant pas solliciter pour lui même... Montmorency ne dut une passagère (et sans sa triste fin!) Honteuse célébrité qu'à sa déplorable adresse, à sa plus déplorable intrépidité dans des combats que commande encore la loi des préjugés... mais flétris par l'honneur autant que repoussés par la raison.... puisqu'ils sont inutiles à la patrie comme à la société et funestes à toutes deux (1). Le sang qu'on y verse ou qu'on y perd.... (deux fois perdu!) n'est-il pas un double vol fait à la patrie (2) à laquelle seul il app artient Cependant comme un noble sang ne peut jamais être tout-à-fait stérile..... de celui de Montmorency *jaillit* encore une gloire nationale : il en sortit un héros!! (3)

L'exécution du comte de Montmorency ne fut pas seulement une expiation... mais une digue ou duellisme comme celle de notre duc au despotisme envahisseur de l'aristocratie : toutes deux une hécatombe au pouvoir... que la manie des duels devenue une fureur aux derniers jours du règne précédent menaçait d'affaiblir (en le fortifiant) par la décimation de cette *haute* noblesse tour à tour la terreur ou l'appui des maîtres qu'elle s'était donnés. Continuant l'œuvre de l'étranger et de la France elle-même (la Saint-Barthélemy !!!) la seconde noblesse française ne périt pas comme la première par les lances anglaises, mais sa propre épée à Jarnac, à Montcontour, en dernier lieu à Ivry... et enfin presque tous les jours sur la place Royale, coupe-gorge de *cour*, bois de Boulogne dans Paris, comme celui de nos jours (mais dans un sens plus sérieux...) lieu des rendez-vous aristocratiques. « On me refuse mon abolition, s'écrie Montmorency exilé, eh bien! J'irai me battre dans Paris, sur la place Royale! » L'on voit que son dernier duel (4) fut, outre une infraction aux lois, un défi à la cou-

(1) La duchesse de Montmorency. Il était réservé à une autre (a) de ne pouvoir un jour aussi que consoler sa consolatrice!...

(a) La comtesse alors enceinte.

(2) Mais si, en cas d'insulte, l'on prouve devant un tribunal qu'on n'est point un voleur—comment *prouver*, ailleurs que sur le terrain... qu'on n'est point un lâche? Par son caractère!

(3) Luxembourg!!!

(4) Six contre six, à l'épée et au poignard. Deschappelles le premier des *seconds* de Montmorency, y tua le marquis de Bussy-d'Amboise.

ronne... et presque à la personne du roi qui vengeait à la fois par un double supplice, un double attentat à son pouvoir et à sa dignité ! Louis était au Louvre quand il en fut informé : ordre aussitôt à La Trousse, grand-prévôt, de procéder à l'arrestation qui eut lieu (particularité bien remarquable!), (1) dans la cité dont était gouverneur ce même Bussy, la victime de Deschappelles !!! Celui-ci voulait résister... mais Montmorency : « Il ne faut pas tant faire le doucet... nous en serons quittes pour un coup! » Jactance de duelliste... où perce sous le mépris de la mort la résignation future du chrétien !!! Les six jours qui précédèrent ce coup... Deschappelles et l'ami (qui pour la première fois l'avait désarmé !) les passèrent paisiblement... à jouer au piquet.

C'est encore à Paris qu'en 1794 (comme le prince de Talmont en Vendée) tomba sous le niveau *égalitaire* de Richelieu en bonnet rouge la dernière victime du nom de Montmorency! (2)

Un Montmorency avait droit...., à l'échafaud de Louis XVI !!!

A l'égard du double jugement dont le résultat fut la chute de deux maisons (3) en deux têtes... un seul mot sur le nôtre : nous nous inclinons devant le premier... car les juges-jurys (4) durent faire alors ce que fait aujourd'hui le jury qui obéit à sa conscience comme les magistrats à leur devoir, le prince à son cœur ! Mais, sans vouloir *préjuger* avant d'entrer en matière... sans dire d'avance que pour ne pas *voir* comme nous en ce qui touche le second... il faudrait que le public se mît sur les yeux le bandeau que nous lui voulons ôter : il nous faudrait, en un mot, rencontrer dans nos propres juges comme lui dans les siens... un tribunal de *Quinze-Vingts* volontaires; les arguments sont les lunettes de l'esprit. Or, les bésicles, comme tous les instruments de *feu*

(1) Vitri, en Champagne.

(2) Frère de l'honorable duc de Matthieu.

(3) Littéral pour Condé; non moins exact pour Montmorency, chef de la branche aînée, et le dernier porteur (sans alliance c'est-à-dire *alliage*) du grand nom de Montmorency !

(4) N'était-ce pas un jury souverain qu'une *commission* de 100 membres saisie d'une telle cause?

Chevalier, ne seraient-elles pas du luxe sur les yeux d'un aveugle? Mais nous ne courons pas, en France, risque de tomber sur une exception... en matière d'esprit et surtout de cœur! Or, le coup affreux qui frappa le dernier des Condés retentit sur les cœurs qu'il pourrait aujourd'hui même et pour longtemps encore animer de son exemple.. et sa plaie saigne encore dans le nôtre! Il nous suffira de prononcer son nom pour populariser son histoire... car ce nom est au vocabulaire français le double synonyme de l'honneur et de la gloire. Montmorency-Condé, double nom palpitant d'un même intérêt... mais le second d'actualité. Montmorency-Condé dignes d'un meilleur sort!... (le premier d'une meilleure cause.) C'est ce que je vais prouver. Je ne *ferai* pas plus de sentiment dans mon livre que de popularité dans ma préface; en les démontrant.. empêcher l'injustice ou seulement l'arbitraire — est tout ce que je veux. Si je réussis, j'aurai fait mieux qu'un bon livre : — une bonne action!

QUATRIÈME PARTIE.

MAISON DE CONDÉ

At simul heroum laudes et facta parentûm
Jàm legere, et quæ sit poteris, cognoscere virtus
(Virg. Eclog IV.)

Les Condés n'avaient l'honneur de descendre ni de Louis XIV ni même d'Henri IV, mais seulement de Saint-Louis qui les rattachait directement à Hugues Capet. Les Valois n'avaient donc à craindre de compromettre ni la qualité de gentilhomme ni la *noblesse* de l'antichambre... en daignant admettre aux appointements de douze cents francs et avec le titre de simple gentilhomme. . . . .
Très-Haut et très-puissant Seigneur monseigneur Louis de Bourbon, prince du sang royal de France et premier prince de Condé. Mais celui auquel les insolents étrangers qui s'étaient faits nos rois en refusèrent le titre (ne le croyant pas sans doute d'aussi bonne maison que la leur...) n'était-il pas de fait le premier gentilhomme non de la chambre mais du royaume?.. Le *simple* gentilhomme se sentant donc par le cœur comme par le nom véritablement *grand*, c'est-à-dire au-dessus des princes qu'il eût honorés en les nommant ses serviteurs.. dut à cette noble fierté l'appui du puis-

sant rival des Guises (1). celui-ci, pour se faire un appui de Condé lui-même... dut à son tour l'honneur d'une alliance passée en coutume dans sa maison (2) à l'animadversion qui, se changeant en haine, fit aux parvenus-accapareurs un ennemi (sans cesse réconcilié mais irréconciliable) du prince qui n'avait pas daigné devenir l'obligé de ceux dont il se fût indigné de se faire la créature. Mais indépendamment de l'honneur qui, loin de s'atténuer, s'augmentait encore en se répétant... le superbe mais adroit Montmorency ne trouvait-il pas un avantage futur autant que présent dans l'alliance dont il voulait faire une digue aux envahissements de la fortune... (2) et le protecteur ne devait-il pas s'honorer de la protection accordée au simple officier dont le nom seul était la force du grand connétable? En lisant les lignes suivantes, un lecteur français croira lire l'histoire du Grand-Condé. Le rival des Guises, devenu chef des réformés, allait livrer la bataille de Jarnac (3) bien que portant un bras en écharpe, il marchait à l'ennemi quand le cheval d'un de ses officiers (4) lui casse la jambe d'un coup de pied. Apprenez, dit froidement le héros aux gentilshommes qui l'entouraient, que les chevaux fougueux nuisent plus qu'ils ne servent dans une armée. — Un instant après, il ajoute : avec un bras en écharpe et une jambe cassée, le prince de Condé ne craint point de donner la bataille puisque vous le suivez ! — Et chargeant aussitôt, il met en déroute plusieurs compagnies et opérait sa retraite... quand son cheval tout sanglant se dérobe sous lui. Couché par terre, il lève la visière de son cas-

(1) Anne de Montmorency.

(2) Comme Catherine s'en fit un de lui-même. Le voyage de Toulouse (1563) est pourtant à l'égard de cette princesse une honorable exception. La présence royale (Charles accompagnait sa mère), si elle ne l'est pas toujours, ne devrait-elle pas être le plus sûr calmant des irritations intestines? c'est à ce voyage que Catherine se fit présenter la baronne de Fontenille sur les charmes de laquelle s'extasia (pour flatter Toulouse dans son idole...) la Cauteleuse Italienne ainsi que le connétable. « La baronne de Fontenille, s'écria le galant Suranné, est l'une des merveilles du monde! » c'était cette belle Paule alors âgée de 45 ans que nous avons vue trente ans auparavant recevoir aux portes de la cité-poète le roi chevalier! (François Ier : 1533).

(3) Gagnée le 13 mars 1569 par Henri de France, duc d'Anjou.

(4) Le comte de La Rochefoucauld, son beau-frère. Un La Rochefoucauld avait, comme celui-là, combattu près d'un Bourbon dans une journée non moins malheureuse pour tous deux... mais ceux-là contre, pour et non contre leur roi!! (a) Le Bourbon de Poitiers (Pierre) était le père du prince (Louis II) qui fut l'Henri IV du 14e siècle. L'on permettra à un compatriote du véritable Henri IV de rappeler que ce prince, âgé de moins de 14 ans, observa les fautes qui firent perdre aux siens la journée. On voit que gagnée, elle eût mérité d'être sienne... et que déjà Jarnac sentait Ivry!

(a) Voy. les mém. de Froissart.

que et tend son épée à un officier catholique (1) qui le fait déposer au pied d'un arbre. C'est alors qu'un *très-honnête* et *très-brave* (2) gentilhomme accourant à toutes brides, après avoir demandé et appris le nom du prisonnier, lui tire dans la tête un coup de pistolet, après lequel on eut l'infamie de conduire monté sur un âne l'illustre vaincu au vainqueur qui devenait son bourreau. Le comte de Soissons, fils cadet du mort, poursuivit toute sa vie et en tous lieux le meurtrier et les siens pour les sacrifier à sa vengeance filiale. Nous ferons remarquer avec un douloureux intérêt que le premier comme le dernier Condé, après un arrêt également inique et capital, tomba victime d'un lâche assassinat!.... C'est à Orléans, sous le règne de François II, que ce prince avait été condamné à la peine dont une haute intercession arrêta l'exécution... (3) par des magistrats (4) qui, en dérogeant à la coutume et surtout en sacrifiant leurs priviléges, s'ôtaient volontairement la liberté de réclamer leurs droits... Si un juste Talion leur imposait dans une semblable circonstance d'autres juges que leurs juges naturels. Un des griefs articulés contre le prince dont on sait que le prénom était Louis fut une médaille (5) frappée par ordre de ses ennemis et qui portait pour légende : Louis XIII, roi de France. Bas artifice dont fut dupe le connétable (Montmorency) qui l'aurait dû démêler — et après lui le *faible* (pour ne pas dire l'imbécile) monarque auquel il la porta le rouge au front... comme si sa parenté l'en rendait complice.

Bonaparte lui-même (et c'est tout dire) ne fut pas plus

(1) Le sieur Dargence.

(2) Qualifications, comme on va le voir, du moins *hasardées* dont gratifie bassement l'assassin gentilhomme... l'historien-courtisan. (Brantôme.) Le baron de Montesquiou était capitaine des gardes du duc d'Anjou.

(3) Renée de France, fille de Louis XII et duchesse de Ferrare, dont l'arrivée fut non moins opportune pour sauver la vie du prince.... que la mort du roi.

(4) Dont voici les noms : — Christophe de Thou, depuis premier président et père de l'historien (qui se fût récusé!) (*a*); Barthélemi Faye, Jacques Viole, conseillers; Bourdin, procureur-général; du Tillet, greffier. Orléans comme après elle Toulouse vit donc un accusé qui avait droit de récuser tout autre tribunal que la cour des pairs (les chambres assemblées) contraint de répondre à des commissaires, et ce qui dut surprendre avant toutes choses, des commissaires tirés du parlement. De la part de Condé abnégation plus grande... car ici le pair de France est de plus prince du sang!!!

(*a*) Et fut lui-même père de l'infortuné complice de Cinq-Mars.

(5) Elle est citée dans les mémoires de Brantôme et le recueil de Vigneul de Marville.

idolâtré de ses soldats que Condé. Pont-à-Mousson en sera pour nous une preuve aussi incroyable qu'authentique. Ce prince manquant de fonds pour entretenir ses troupes et surtout les reîtres qui s'étaients joints à lui mais menaçaient de l'abandonner. . eut l'audace d'ouvrir, et le bonheur de faire accepter à son armée (qu'il ne payait point...) la proposition de payer elle-même l'armée auxiliaire !!! (1) Petit et contrefait mais spirituel et galant... Les belles dont il fut le trésor (et la ruine) (2) le chérirent, l'idolâtrèrent comme ses soldats !... Ce naïf vaudeville en fait foi :

(1) Toute l'armée, dit le chroniqueur Brantôme et après lui l'historien même de Condé (a), se cotisa... et jusqu'au moindre *goujat*. Je ne crois pas à la sorcellerie.. mais n'y aurait-il pas un peu d'*huguenoterie* dans un tel engouement... et une guerre de parti mais non de religion eût-elle suffi pour le produire?

Le duc de Montmorency (Henri II) fut non moins cher aux troupes de terre ou de mer. Il leur abandonna un jour cent mille écus de munitions qui lui appartenaient comme amiral! Le sacrifice (c'en était un pour ceux-là seulement qui le blâmèrent...) était digne du héros qui sacrifia sa vie même pour gagner de la gloire.... non de l'argent !!! — Le duc de Joyeuse, beau-frère du roi et traité comme tel dans son ambassade à Rome (b) avait comme notre duc et avant lui abandonné une somme égale à deux secrétaires d'état qu'il avait fait trop longtemps attendre dans l'antichambre royale. Nous n'ajouterons pas que le don fait par le monarque au duc et abandonné par le duc aux ministres ne fut pas repoussé. Les plus hautains caractères (de cour !) sont toujours prêts à recevoir... de pareilles excuses. Mais entre ces deux traits la différence de l'ostentation... a la générosité. Traitant le peuple comme l'armée ... ce même Montmorency [dont je viens de parler] fit un jour donner 200 pistoles à un paysan que, dans un de ses voyages, le Dieu de charité jeta sur son chemin...

(a) Le chevalier de Fontenille. Voyez aussi sur tous ces faits les mém. pour servir à l'histoire de la maison de Condé, Paris, 1820. —

(b) Il avait épousé la sœur de la femme d'Henri III il fut tué à Coutras mais pendant et non après l'action (comme à Jarnac, Stuart et Condé) par deux capitaines d'infanterie nommés Bordeaux et Descentiers. (1587.)

Voyez hist. de Duchesne, mémoires de l'Estoile, règne d'Henri III ; vie d'Henri IV, par Peréfixe.

En 1592 cinq ans après la mort du duc, un autre Joyeuse arraché par la ville de Toulouse à sa cellule.. se laissa conduire à la métropole sur l'autel de laquelle il s'arma lui-même chevalier... après avoir saisi l'épée qu'on y avait déposée. frère ange (c'était son nom de religion) pour compléter la métamorphose, poussa même *l'humilité* jusqu'à se decorer de l'ordre du Saint-Esprit : de sa propre autorité rendant héréditaire une distinction personnelle. Il succéda ou, plus justement, fut substitué à son frère le chevalier qui commandait en Languedoc les forces de la ligue mais se noya dans le Tarn, fuyant après une défaite. Substitution qui reçut la sanction officielle des chefs suprêmes de l'Eglise et de la ligue. (Sixte et Mayenne.) Ce chef de fabrique nouvelle ne consentit à *traiter* qu'après l'absolution pontificale avec le royal apostat qui en 1596 donna à son royaume le premier exemple d'un capucin maréchal.

Voy. hist. de Toulouse, t. 3. — hist. de France par Legendre, t. 8., art. des maréchaux.

(2) Celle entr'autres de la maréchale de Saint-André qui lui fit don de la terre de Vallery (a). Elle devint la sépulture de la maison de Condé comme Dreux est devenue celle de la maison d'Orléans.

L'église des Jésuites de la rue Saint-Antoine, aujourd'hui paroisse Saint-Louis, possédait autrefois renfermés dans des boites de vermeil les cœurs de tous les Condés. Le cœur ramène au sentiment... et le don qui fait le sujet de cette note prouve que l'amour (léguant un tombeau... où le plus durable doit finir !...) peut être aussi la source des réflexions les plus sombres !!!

(a) Diocèse de Sens.

Ce petit homme tant joli,
Qui toujours cause et toujours rit,
Et toujours baise sa mignonne...
Dieu garde de mal ce petit homme.

Nous serions tenté de donner pour épitaphe à l'aimable Condé-Roquelaure cette joyeuse épigramme (1) (si on le dessina d'après la *bosse*...) sans l'involontaire mais poignante ironie du dernier vers qui devait si fatalement mentir :

Dieu *gard de mal* (garde mal !!!) ce petit homme.

Le fils n'échappa que sous promesse d'abjuration à un autre genre d'assassinat *religieux*... la Saint-Barthélemy! dont il se sauva par ce moyen avec le frère (2) qui, en participant à sa honte, fut la cause de sa mort! Honte qui, du reste, en langue héraldique, devient l'*honneur* des Condés qu'elle rapproche du trône... par le lit d'Henri IV.

Excommunié trois ans avant par le pâtre insolent qui excommuniait à sa fantaisie les grands, les princes et les rois.. le malheureux Henri mourut en 1588 d'un poison administré par d'infâmes valets, mais, dit la chronique plus funèbre encore que galante, d'après les ordres d'une femme — et cette femme était la sienne!!! L'on peut au moins douter, en dépit d'un arrêt, et ne pas accepter comme article de foi l'innocence officielle et proclamée par ordre... de la partie intéressée (3).

Henri-le-Grand qui se réservait exclusivement le droit de chasse mais tenait surtout, en fait de chasse féminine, aux droits *absolus* du seigneur... n'eût pas borné à la marque particulière qu'il lui en avait donnée... son ardent *désir* de *travailler* à la gloire généalogique de la branche dont il avait à cœur de se montrer toujours le père!... Mais le roi fut impuissant... contre un mari. Ce dernier fut cet Henri II

(1) Rapportée par Brantôme et Bassompierre dans ses charmants mémoires.

(2) Nom que se donnèrent à partir de ce jour les princes de Béarn et de Condé.

(3) Le parlement instruisit le procès... (*a*) et ne *reconnut* l'innocence que par un arrêt de *bon plaisir*. Le roi en fit jeter les pièces au feu. Si Charlotte de la Trémoïlle empoisonna son époux pour lui dérober son intrigue avec Henri IV, (*b*). Ce prince aurait tour à tour aimé la belle-mère et la belle-fille... car les secondes amours furent publiques : « Méchant, lui aurait dit une princesse doublement chère a la France puisqu'elle fut sœur et mère d'un héros, vous voulez séduire la femme de votre fils... car vous savez bien que vous m'avez dit qu'il l'était! » La fuite seule (un Condé fuir!) put sauver la *tête* menacée par un roi!

Voyez mém. pour servir a l'histoire de France.

(*a*) Voyez causes célèbres, fin du 16e siècle.

(*b*) D'autres disent avec un page : l'intervention non arbitrale mais arbitraire du monarque est plus qu'une présomption... et d'ailleurs on ne prête qu'aux riches!

mal jugé par Voltaire... puisqu'il prépara à son glorieux fils sa plus belle conquête (1).

La race héroïque (2), qui aurait dû prendre pour nom et pour armes la *branche* de laurier... après avoir jeté tous les yeux de sa gloire par la flamboyante épée du Grand-Condé... en ranime l'étincelle par la triple épée dont les nobles mais stériles efforts pouvaient seuls offrir à l'Europe étonnée un brillant... et dernier reflet des prodiges auxquels l'avait habituée le génie militaire du grand siècle. La maison de Condé s'incarne et se multiplie dans l'armée qu'elle baptise du nom qui fut son exemple et fait toute sa gloire !!!

J'en crus retrouver l'ombre dans l'infortuné prince (3) dont la fin n'est restée un problême qui pour ceux-là seuls qui l'auraient dû résoudre... Dans ce dernier duc de Bour-

(1) L'an 1636, il s'empara de plusieurs places en Franche-Comté, en 1639 de deux villes de Roussillon, Salces et Elne. Il n'avait, l'année d'avant, échoué devant Fontarabie que par la faute de l'incapable duc de la Valette.

Voyez mém. pour servir à l'histoire de la maison de Condé, tome 1.

(2) Elle n'échangea qu'un instant après la mort du régent contre un rôle politique son rôle militaire... mais il nous faut confesser que la regence-Condé ne fit pas plus oublier par l'administration que par les mœurs la régence-Orléans. Sous ce dernier côté seul le duc de Bourbon *vaut* le duc d'Orléans, et la marquise de Prie... la duchesse de Parabère.

(3) Le 27 septembre 1824, douze jours après la mort du roi son frère, Charles X fit dans Paris une entrée triomphale. L'héritier du trône et les chefs des maisons d'Orléans (*a*) et de Condé précédaient l'auguste chef de la maison de France devenu celui de la France elle-même et que les cris d'un enthousiasme sincère auraient dû mieux conseiller !!! Le duc de Bourbon, comme les autres princes et le roi lui-même, à la tête de sa maison militaire, se faisait remarquer par son air noble et martial en dépit des ans dont il paraissait porter le faix aussi légèrement que le prince avec lequel il avait croisé le fer avant de le ceindre pour sa cause (*b*). Le peuple paraissait s'attendrir à la vue du père de ce duc d'Enghien qu'il avait pleuré même sous Bonaparte... Attendrissement qui se serait changé en douleur s'il avait pu lire sur ces nobles cheveux blancs !!! Parmi les raisons sinon les preuves qui combattent le suicide, celles-ci m'ont paru d'un grand poids 1o l'intention manifestée explicitement de quitter dans peu la France et de rejoindre la famille royale... mais surtout celle de changer son testament et d'en faire un nouveau en faveur du duc de Bordeaux; 2o l'inhabileté pour ne pas dire la maladresse notoire du prince pour faire le nœud le plus simple.... partant l'impossibilité de *composer* le nœud compliqué de la cravate homicide; 3o La position dans laquelle fut trouvé le corps... position qui exclut matériellement l'idée d'un suicide; 4o enfin ou plutôt 1o : L'ordre donné la veille pour la chasse du lendemain... (qui ne devait luire que sur un cadavre !!!)

Pour nous preuve à la fois morale et matérielle : Un Condé se tuer... passe : mais se pendre !!!

On peut consulter les mémoires si intéressants des princes de Rohan auxquels une dame trop célèbre n'a répondu c'est-à-dire pu répondre... que par des injures. Selon nous captation évidente — assassinat *palpable* !...

(*a*) Le roi actuel y portait le magnifique uniforme de colonel-général des hussards. (blanc et or.) Il venait de recevoir ainsi que le duc de Bourbon une caresse royale ou le bouquet d'avènement le titre d'altesse royale qu'il ne pensait pas alors devoir se changer un jour en celui de... majesté ! — Pour lui seul ce titre dut être doux... Puisque pour lui seul il était réellement héréditaire.

(*b*) Le comte d'Artois ayant arraché dans un bal le masque de la duchesse de Bourbon, le duc en demanda réparation au comte qui la lui accorda et en reçut un léger coup d'épée.

bon qui, inférieur à son père et surtout à son fils mais brave... comme un Condé, s'est allé clandestinement et pour jamais ensevelir dans la double tombe dont le glorieux hôte eût sans doute mieux fait les honneurs au petit-fils non moins glorieux qui de par sa vie et de par sa mort avait droit à la seconde... et peut-être à la première place. Ce n'est donc pas dans les caveaux de Saint-Denis mais le fossé de Vincennes qu'il faut chercher la maison de Condé. C'est là que comme un grand exemple..... sa fin même a marqué sa place!!! La maison matérielle qui *tomba* si sourdement en 1830... avait duré juste trois cents ans (1). Les Condés étaient nés et devaient mourir avec les Bourbons!... Les premiers sans les seconds, devenaient un anachronisme.

L'opinion que nous avons exprimée sur Mgr. le duc d'Enghien exige quelques lignes particulières qui le feront connaître même avant son histoire et ne se peuvent détacher de celle de sa maison. — Le chef du parlement de Paris remarqua et fit remarquer avec un juste intérêt à sa cour et à l'élite du royaume présentes à la cérémonie de la réception comme pair de France du jeune duc d'Enghien que pour la première fois depuis l'existence de la maison régnante (il aurait pu dire de la monarchie) une triple génération s'était assise à la fois sur les fleurs de lys. S'il eût été prophète... il eût ajouté : « Le jour n'est pas loin... qui va réunir sous ces mêmes fleurs de lys changées en drapeau la triple génération appelée à se multiplier au sein des dangers!!! »

Le duc d'Enghien, brave comme tous deux, se montra, même dans les affaires où il ne commanda qu'en second, plus capitaine que son père et son ayeul. Celles qui lui doivent faire comme à sa maison le plus d'honneur se placent aux deux années dont l'une rappèle une honte pour nous..... 93!!! (2) Le 2 décembre, des charges exécutées par un général de 21 ans lui valurent aux yeux des plus vieux militaires la réputation d'un des meilleurs officiers de cavalerie de l'Europe. C'est à Berstheim que l'ayeul enleva à la baïonnette, à la tête de la noblesse dont elle est le dernier Fon-

(1) Commencée en 1530 à Vendôme par Louis 1er, fils de Charles de Bourbon, duc de Vendôme, elle finit en 1830 à Saint-Leu dans la personne de Louis-Henri-Joseph, duc de Bourbon et dernier prince de Condé. Fils unique... pourquoi ne *nous* en donna-t-il qu'un à son tour!...

(2) Mais à côté du 21 janvier... le 2 décembre (1805. — Austerlitz.)

tenoi, toutes les positions ennemies. La seconde est Rosenheim où, six ans plus tard, le duc d'Enghien avec une poignée de braves (2,000 hommes) tint tête depuis 5 heures du matin jusqu'à midi à une division toute entière... et commandée par Lecourbe !!! Entre ces deux faits d'armes, et parmi beaucoup d'autres, remarquons encore en 1796 la défense du pont de Munich par le prince qui commandait l'avant-garde, enfin et avant cette action brillante de Berstheim où notre prince ne dut qu'à une si triste cause (1) le commandement de la cavalerie qu'il se montra tout à la fois si capable et si digne de conduire... l'attaque des lignes de Weissembourg où par les connaissances dont il fit preuve aux yeux de tous... le dernier duc d'Enghien rappela si heureusement le premier!... Un dernier trait qui, pour son futur défenseur, doit valoir tous les autres!...

Dans un champ voisin de Rosenheim, théâtre d'une de ses plus belles actions militaires qui méritait de devenir celui du plus beau trait d'humanité, le duc ayant fait la rencontre d'un hussard blessé, le fit transporter sous sa tente, placer dans son lit... et quelques jours plus tard, c'est-à-dire après son rétablissement... reconduire aux avant-postes français! Quittons-nous les champs de Rosenheim pour les bords de la Seine? nous y allons retrouver le duc d'Enghien. Entrons à la bibliothèque... et arrêtons-nous devant un dessin trop digne d'attirer les regards non de l'artiste... mais du français! c'est bien, ce n'est que trop là Vincennes pris en *flagrant délit* sous le feu même qui vient de l'ébranler et de le *noircir* à jamais... c'est le manoir sépulcral placé tout saisis-

(1) Le coup de sabre à la main de son père. Blessure de famille.... car le Grand-Condé se vit obligé, après avoir eu au passage du Rhin... le poignet cassé d'un coup de pistolet, de quitter l'armée. Le duc de Bourbon, plus heureux, ne quitta que le champ de bataille. C'est deux ans après (1795) qu'eut lieu la première et dernière entrevue du père et du fils infortuné qui devait se trouver à jamais orphelin... Lorsque l'ayeul qui lui rendait son père.... dut le quitter à son tour pour se rendre en Angleterre après le licenciement qui suivit le traité de Lunéville (1801). Pourquoi Dieu, au lieu d'un prêtre. (Rohan qui l'attira a Etenheim) n'inspira-t-il pas au fils et au petit-fils qui, malheureusement pour sa famille et la France ne faisait qu'un... de rejoindre ses deux pères?... Pourquoi du moins n'inspira-t-il pas à l'ayeul de ne pas s'opposer à l'intention manifestée par notre malheureux prince de porter son épée à cette patrie sauvage de Pierre-le-Grand qui se fût sans doute montrée pour le descendant du Grand-Condé moins barbare que celle de Napoléon... — Plus tard le vénérable prince plus encore inspiré par le cœur du père qu'éclairé par l'expérience du vieillard écrivit au duc d'Enghien pour le mettre en garde contre les tentatives éventuelles de Bonaparte.. mais par un triste retour des choses d'ici-bas, le petit-fils n'en crut pas plus les sages conseils de l'ayeul que l'ayeul n'avait accueilli les vœux du fils. Double erreur dont la source fut le double sentiment qui n'en fait qu'un en France.... patriotisme et loyauté...

sant et frissonnant d'une horrible vérité avec sa grosse tour, sa voûte basse, étroite et sombre qui vous engouffre comme l'entonnoir de l'enfer, ses ponts-levis et surtout ses chaînes moins pesantes encore que celles forgées au sein de cette nuit néfaste dans ces Tuileries qui furent le laboratoire de l'iniquité, et naguère prison d'un roi, s'en vont devenir celle d'un peuple... et l'arsenal redoutable de la tyrannie !!! Le manoir royal semble revêtir dans tout son funèbre éclat son vieux manteau grisâtre et ceindre avec orgueil sa couronne crénelée pour recevoir dignement (et trop bien garder!) la plus noble et fine fleur de chevalerie du noble royaume de France.—il ne manque au tableau que le nain sonnant du cor et le géant prêt à pourfendre les chevaliers déloyaux et félons... ou plutôt s'y trouvent encore l'un et l'autre dans le géant qui va pourfendre non le chevalier déloyal (il a pris son rôle!) mais le *nain* héroïque dans lequel l'œil de l'aigle entrevoit... un *géant!!!* Sur le dernier plan... au pied de ces murs ténébreux, dans un coin étroit de ce large fossé, protégé par le silence, éclairé par un rayon sinistre.... moins sinistre encore que le forfait qu'on vient de commettre et l'a chargé *d'ensevelir*.... un soldat creuse une fosse. Cette fosse est celle de ce digne fils d'Henri IV (1) qui nourrissait aussi ses ennemis : au trait d'Allemagne un pendant *français*.... après le bienfait la récompense!!! Mais pour laisser (ou plutôt la continuer encore) une déchirante ironie.... redevenons allemands pour être français! — J'ai prononcé tout à l'heure le mot *ennemi*. Ce mot n'est pas français... quand il s'applique à un Condé! Sur tous les champs d'honneur et jusque sur le théâtre même de l'infamie.... le duc d'Enghien dut compter, compta des amis. En faut-il une autre preuve que le dessin funèbre qui nous glaçait tout à l'heure... tracé à 3 heures du matin, par un officier qui certes n'eut commandé que la mort au cœur.... le feu sacrilége?... Mais son dernier compagnon d'infortune comme il avait été celui de son exil, le digne favori (puisqu'il était fidèle!) qui portait le dernier en France les nobles armes de Condé.... le dernier ami qui partagea le repos, veille sur le sommeil et pleure sur la tombe du duc d'Enghien. . . . .
c'est un *chien!!!* — Le beau lévrier qui le suivait à la chasse

(1) Le duc d'Enghien était issu de ce prince par sa mère, sœur... *d'Egalité!*

et l'escorta jusqu'à Vincennes, après avoir pris sa part du modeste ordinaire qu'à grand peine sinon à grands frais l'on put procurer au prince (un vermicelle et un fricandeau), se coucha aux pieds du maître qui ne devait quitter son lit.... que pour sa tombe! mais ce lit de mort n'était-il pas un vivant mausolée.... le chien couché aux pieds du lion n'était-il pas le double emblême de la fidélité et du courage qu'offrait en lui seul ce dernier des preux que, pour l'assimiler en tout à ses modèles, on allait bientôt... *faire* de marbre!!! Coupable du même délit, passif du même prince, pourquoi cet autre *émigré* ne partagea-t-il pas le sort du maître dont il méritait de partager le lit funéraire d'où à l'exhumation l'œil attendri s'attend à le voir sortir collé à celui auquel il était si étroitement attaché !!! Dans cette nuit honteuse où des valets déguisés en généraux ou en colonels ne se montrèrent que les dignes chefs de la *légion-d'horreur*.... un seul être fait ombre au tableau !... Je ne vois d'homme.... qu'un *chien* !!!

Le tribut à l'humanité méritait l'hommage de la valeur! On ne s'étonnera donc pas que des soldats républicains aient manifesté le désir de saluer comme ils l'avaient combattu... (de près!!!) un prince capable d'une action qui a plus d'une sœur. Les braves qui satisfirent à leur aise, comme je le dirai plus tard, ce désir généreux, c'est-à-dire français et dont le fils des Condés aurait, à la couleur près, accepté comme le fils des Amédées (1) les épaulettes fraternelles... étaient les soldats de ce noble républicain destiné à être jugé comme le noble prince qu'il eût acquitté *de par* l'honneur et de par la gloire !!! (2)

(1) Le prince de Carignan, aujourd'hui roi de Sardaigne, daigna agréer les épaulettes que les grenadiers de la garde lui offrirent après la prise de Cadix. (1823.) On sait que Bonaparte, déjà général, accepta de ses soldats les galons de caporal qui lui valurent sa dénomination si populaire.

Un des lieutenants de Bonaparte (le maréchal Macdonal), au second retour du roi, monta la garde à la grille des Tuileries et, soldat courtisan, vint sous ce simple uniforme faire doublement sa cour à Louis XVIII.

Les épaulettes de grenadier n'auraient-elles pas été les plus glorieux insignes... comme une larme de soldat serait la plus glorieuse épitaphe... d'un Condé?

Voyez vict. et conq. pour la bataille de Rosenheim et le trait raconté par le général Lecourbe lui-même.

Mémoires de Cheffontaines, aide-de-camp du duc, et du marquis d'Ecquevilly.

(2) Et le prince de la Moscowa *couvert* (en droit....) par la capitulation de Paris !!!

L'esprit de parti est un mauvais juge de la moralité des actes politiques. Permis donc d'en appeler de ses arrêts en matière d'honneur civil et militaire. Il ne se dit point et ne saurait se dire que les mains de la justice débordâssent-elles de preuves, fûssent-elles pleines au lieu d'être vides... Il faut non compter mais peser toutes ces preuves en se répétant sans cesse que ce n'est pas à l'accusé qu'est imposée la contrainte de prouver son innocence.... mais à l'accusateur d'établir sa culpabilité des éléments de la cause. Groupez un faisceau moral si compact et si serré qu'il devienne le corps matériel du délit. Autrement combattre vos arguments... serait les reconnaître; repousser... serait avouer la culpabilité. Des deux parts, prostituer la logique comme la justice elle-même... les juges qui font de la sainte fille du Ciel la vile prostituée du pouvoir!!! Opprimer qui peut nuire, étouffer qui parle, écraser qui bouge, se débarrasser de ce qui gêne... n'est-ce pas ce qu'il fait toujours et ce qu'il fit surtout à l'égard de l'illustre proscrit dont l'histoire est un exemple.. mais la défense un hors-d'œuvre? Il ne faut donc voir dans la nôtre que le tribut du cœur, pur comme la cause et, sous cet unique rapport, digne peut-être du client! Ce tribut, nous pouvons l'affirmer sans crainte d'être contredit par amis ou ennemis, est libre de toute influence, dégagé de toute préoccupation, étranger à tout intérêt. Sa justification (on prouve mais ne justifie point l'innocence) inutile à sa mémoire...... sera du moins un hommage à sa tombe, une consolation à sa patrie, une réparation à l'honneur, à la religion, à l'humanité!!! Egalité des rangs... chimère! Egalité des droits... vérité. C'est l'oubli de ces droits outragés dans celui dont on devait aussi *considérer* le rang... que nous allons flétrir... dans les flétrisseurs mêmes!!! Sa cause est la nôtre, et dût son sort (un jour!) être notre partage... ne prostituons jamais en nous un seul des sentiments de la dignité humaine par l'abdication du dernier... de nos droits:

Potiùs mori quàm fœdari!

Le duc d'Enghien avait puisé au sein de la génération chevaleresque devenue pour lui une autre famille... et pour ainsi dire au sein même de la chevalerie mourante tous les sentiments généreux qui faisaient de cette vie un objet d'espérance... et durent faire de cette mort un sujet de deuil!!! La providence l'a peut-être pour son bonheur (c'est notre seule consolation !) durement affranchi des épreuves plus difficiles et par cela même plus glorieuses... auxquelles il se préparait depuis les premiers jours de sa jeunesse par toutes les épreuves de la vie ! Respectons les décrets de Dieu... mais jugeons ceux des hommes. L'un est un devoir... l'autre un droit.

Etiamsi omnes... ego non!

TOULOUSE ET VINCENNES,

OU

LE DERNIER MONTMORENCY

ET LE DERNIER CONDÉ.

CHAPITRE PREMIER.

—

SOMMAIRE.

Aperçu. — Jeunesse de Montmorency — Ses succès amoureux — Son début militaire — Sa première blessure — Il gagne sur mer le bâton d'amiral — Sur terre celui de maréchal.

Voyez-vous cette plaine mouvante que des milliers de glaives couvrent d'épis sanglans? Ces épis sont des hommes.... et cependant l'homme contemple d'un front calme ce lugubre tableau, parce que son œil ébloui s'obstine à ne voir dans les ravages de la guerre que les moissons de la gloire.

Et de cet autre côté, quels sont ces cris déchirants? C'est un malheureux, un innocent peut-être... qui succombe sans défense.. car il n'a d'autres armes que son bon droit! ici, tout émeut, tout saisit, tout pénètre... car d'une part l'oppression qui étouffe la résistance, de l'autre l'infamie qui rejaillit sur les persécuteurs, remplacent la liberté d'action qui seule constitue la défense... et le voile brillant dont la gloire couvre trop souvent hélas! tant de sacrifices humains. Vainement sous des monceaux de lauriers la Victoire adulatrice s'efforce-t-elle de combler chaque jour la tombe injustement creusée à l'innocence : en touchant les os de Germanicus, les lauriers de Tibère se changent en cyprès,... et le cyprès seul croissant dans l'ombre et le silence sur la fosse sacrilége qui implore un tombeau...., en fait un autel et ombrage la cendre sacrée qu'on a cru flétrir et vouer à l'oubli des palmes expiatoires de l'immortalité !

Ainsi l'homme entraîné passe et sourit à la guerre.... mais frémit et s'arrête.... devant l'assassinat !!! C'est que Dieu, s'il permet à la gloire de séduire, veut que le malheur intéresse... et le crime épouvante.

Mon cœur m'entraînait à Vincennes,... mais je dois m'arrêter à Toulouse, et avant de dire la mort du dernier des Condés, raconter la vie du dernier Montmorency.

Dix ans s'étaient écoulés depuis qu'un poignard parricide avait sauvé l'Autriche en perdant la France. Aux fêtes pompeuses du Louvre, brillait (noble fleur promise à l'Aquilon !) un jeune seigneur et presque un jeune prince que le père de Louis XIII s'était plu aussi à nommer son fils. C'est du sein de la cour enchanteresse où mille Armides se disputaient l'honneur d'effeuiller les roses dont le ciel paraît sa jeunesse, que fier et beau comme Renaud.... Montmorency s'élança pour arracher aux batailles un prix moins séduisant mais plus glorieux et le seul digne de sa vaillance et de son nom. L'aigle n'est pas fait pour les soupirs de la colombe, le lion pour ramper devant la gazelle.... et l'élève du vainqueur d'Ivry devait trouver plus de plaisir à triompher de Guise que de Gabrielle. Aux sybarites les jeux de l'amour, aux héros les luttes de la guerre. Déjà honoré par la faveur royale de la dignité d'amiral et de l'ordre du Saint-Esprit, le duc de Montmorency n'avait plus en perspective que le bâton de maréchal ou l'épée de connétable. L'épée de connétable!... peut-être ce mot est celui de l'énigme dont Richelieu fut le Sphinx.... peut-être sur cette lame s'aiguisa la hache de Toulouse.... mais n'anticipons pas sur les événements. Plein de la sève de l'âge et du feu de son courage, Montmorency part et tombe comme la foudre sous les murs de Montauban et de Montpellier. C'est au siége de cette seconde cité que le digne filleul d'Henri IV reçoit le baptême de feu : il y est blessé. La guerre, assoupie en 1622, se rallume en 1625 ; la Hollande envoie une flotte au Roi qui la confie à Montmorency. Vainement les chefs hésitent et les soldats reculent devant une lutte fratricide [1] ; Montmorency triomphe de tous les scrupules, entraîne tous les courages, et vainqueur de ses propres troupes, l'est bientôt de l'ennemi auquel il reprend les îles de Rhé et d'Oléron. Plus tard, après avoir, dans l'intervalle, humilié la fortune d'un rival digne de lui (le duc de Rohan), le brillant capitaine marche à la suite de son roi pour châtier l'étranger, après avoir réduit les Français. Le 10 Juillet 1629, le prince de Piémont, paralysé par la foudroyante épée de Montmorency, assiste du haut des remparts de Veillane, au triomphe de l'Achille français qui, renouvelant le prodige des croisades, enfonce successivement tous les escadrons, disperse une armée, blesse et prend son chef, et va conquérir sur des monceaux d'ennemis et les drapeaux de trois nations le bâton de maréchal de France. Nous voici parvenus à l'époque néfaste et funèbre de cette glorieuse et brillante vie. Le vainqueur et le vengeur des rois se pose en rival d'un ministre, le héros se fait conspirateur.... le maréchal de France ne veut plus être que chef de parti ! Pour tous, c'est descendre.... pour lui seul, c'est monter ! [2]

---

1 Contre les protestants.

2 Comme rôle présent.... comme destin futur, il ne pouvait, hélas ! monter plus haut... et ce ne devait pas être sur un trône !!!

CHAPITRE II.

SOMMAIRE.

Le maréchal-embaucheur — Le Languedoc incorruptible — L'armée de Schomberg approvisionnée par Toulouse — Exécution de l'Estrange — Bataille de Castelnaudary.

Montmorency embrasse avec un dévouement aveugle le parti d'Orléans. Chef actif aussi énergique que le chef nominal est pusillanime, l'agent de MONSIEUR dispute au lieutenant du roi la province dont il s'est fait une principauté. Le Languedoc que recrute, embauche, travaille en tout sens le maréchal de Montmorency n'offre, au lieu d'éléments, que des obstacles aux renforts militaires que le maréchal de Schomberg cherche en son sein. La capitale du Languedoc, nonobstant la vive affection qu'elle partage avec toute cette province pour son gouverneur, donne le noble exemple de la fidélité à la cause qui, en tout temps et en toutes circonstances, doit être celle de la patrie.... à moins que la royauté ne se sépare de la patrie en la vendant sous Charles VI ou l'opprimant sous Napoléon. Toulouse avait donné à Schomberg la preuve la moins équivoque et la plus efficace de ses sympathies royalistes dans l'octroi des armes et munitions que, sur sa simple demande, les capitouls envoyèrent au chef de l'armée royale. Déjà le vicomte de l'Estrange, surpris par un parti royal, s'était vu presqu'en même temps vaincre, saisir, exécuter. La tête du lieutenant devait, en tombant, entraîner celle du général que le roi livrait d'avance au bourreau.... mais qu'importe à Montmorency? loin de là, ce trophée sanglant ne dut être à ses yeux qu'un aiguillon de vengeance et de gloire. — « En avant! » se disait Catilina—Patricien, à la vue des faisceaux qui menaçaient sa tête, « En avant! » dit encore Catilina—Gentilhomme qui ne s'arrêtera.... que devant l'échafaud!!!

Comme l'Espagnol, l'amiral de France a brûlé ses vaisseaux. L'armée rebelle s'avance donc par le Bas-Languedoc et s'arrête à une demi-lieue de Castelnaudary, près de Villepinte. Un peu plus de célérité, et elle assurait à la cause qu'elle représentait un succès (momentané sans doute) par la possession de Saint-Félix. Cette place très-forte qui dominait Revel et la plaine, était, dès le début des hostilités, tombée aux mains de quelques gentilshommes faisant partie de la troupe considérable de ceux qui, avec 500 maîtres sous les ordres du comte de Mont, âme vendue de Montmorency, tenait Albi pour Monsieur. Ce prince avait acheté douze cents livres, aux frères *Juges*, cette forteresse, dont Schomberg, sentant son importance, et grâce à une lenteur fatale, fit à son tour l'acquisition et non la conquête. De pareils défenseurs ne savent en effet que trafiquer et non combattre: La vénalité nous met à la disposition du plus offrant et dernier enchérisseur. Saint-Félix coûta dix mille livres à Schomberg. Le chef de l'armée royale, heureux d'une *conquête* qui lui présageait et lui préparait la victoire, ne songea plus qu'à la bataille. Inférieur par le chiffre à son adversaire, il rachetait le nombre par le choix. Pour seules forces, le faible noyau de 2500 hommes de toutes armes, mais point de mélange dans ses drapeaux: tous Français... c'est-à-dire (et dans toutes les langues) troupes d'élite. Du côté opposé, chiffre double; 2000 fantassins et 3000 cavaliers. Une foule de ces soldats titrés, plus propres à grossir qu'à fortifier une armée. Qu'est-ce en effet qu'une armée sans général, et où le trouver là où chaque soldat se croit et veut être capitaine? Nous allons bientôt le savoir.

BATAILLE DE CASTELNAUDARY.

Schomberg s'était dirigé en ligne droite de Saint-Félix vers Saint-Papoul où il savait l'ennemi; il touchait au village de Lasbordes lorsqu'il le découvrit à deux portées de mousquet du grand-chemin. La rivière du Fresquel était la seule barrière entre les combattants: malgré les difficultés que présentait cette position, il rangea son armée en bataille dans une prairie — et observa l'ennemi. Un mouvement en avant annonce presque toujours une attaque, et un général habile doit la prévenir. Ainsi devait faire et fit le lieutenant de Louis XIII. Au premier mouvement en avant, les troupes royales marchent à l'ennemi: mais Montmorency s'est fait un rempart des fossés et des maisons qui bordent le grand-chemin. Il les tient d'abord à distance, et les repousse lorsqu'enfin elles l'approchent. D'autres corps volent alors au secours du premier: Montmorency qui se multiplie, vole à leur rencontre.... mais le feu de l'infanterie seconde si bien le choc de la cavalerie qu'il met hors de combat ou en fuite cette faible troupe. Elle abandonne lâchement le champ d'honneur à la poignée de braves résolus à succomber avec le héros qui triomphait peut-être... si tous s'étaient, comme eux, montrés dignes de lui et de l'autre lui-même. Ce second Montmorency était le Comte de Rieux, colonel de la cavalerie. Voyant le corps étranger sous les ordres d'Antoine de Bourbon, après avoir relevé son chef blessé à mort, abandonner le champ de bataille pour n'y plus reparaître, il sentit que la bravoure devait céder à la prudence, (n'est-ce pas témérité, pour ne pas dire folie, que d'affronter l'orage quand on ne peut conjurer la foudre?) et, en présence d'une désertion qui entraînait la défaite, conseilla le seul parti à prendre — la retraite: mais pour un héros la retraite est la fuite.... et Montmorency choisit la mort! On ne raisonne pas plus en gloire qu'en amour: on ne peut que sentir.... et agir comme on sent! Ne pouvant convaincre son ami, Rieux dut l'imiter, et martyr de l'amitié, accomplir sa première loi qui commande de périr avec ceux qu'on aime.... quand on ne peut les sauver! ne songeant plus à la retraite, il se dévoua à la mort, et la reçut aussitôt. Chez Montmorency, le mépris de la mort fut le délire de la gloire: moins éclatant, mais plus touchant et plus noble peut-être, le dévouement de Rieux fut le sacrifice de l'honneur et l'héroïsme du sentiment!!! [1]

[1] Lorsque ce digne militaire conseilla la retraite à Montmorency, le maré-

Moins *heureux* que son ami, Montmorency ne devait pas mourir de la main d'un soldat. A juger son armure et ses armes, il avait sacrifié la défense à l'attaque, car s'il ne portait qu'une calotte de fer et une simple cuirasse, il avait en revanche un arsenal à ses côtés : deux pistolets à l'arçon de sa selle, accompagnés de deux épées larges et courtes, une troisième à la main droite. C'est sous ce redoutable appareil que, monté sur un généreux cheval gascon gris-pommelé couvert de plumes isabelles et bleues, Montmorency, l'œil en feu, la menace à la bouche, l'épée à la main.... franchit le fossé qui se trouvait à sec, suivi de sa petite troupe, et fut salué d'une décharge des gardes dont il reçut une blessure légère que paya dans l'instant de sa vie le soldat qui en était l'auteur. De son second pistolet, il cassa le bras à un officier supérieur de cavalerie ; celui-ci riposta par un coup de feu dans la bouche que le Maréchal ouvrait sans doute pour donner quelques ordres.... coup terrible qui lui perça la joue droite près de l'oreille, et lui rompit plusieurs dents. Ces deux blessures et d'autres encore ne furent mortelles que pour ses adversaires dont il jonchа la terre, sur laquelle lui-même roula bientôt en criant : Montmorency !

Montmorency ! Dernier cri de la féodalité mourante, dernier soupir d'une société qui tombe dans un seul homme pour se relever peuple c'est-à-dire indestructible. Dans le tronçon d'épée qu'il remet au lieutenant de Louis XIII, le grand rebelle rend au roi lui-même un sceptre entier et solide, non plus de bois doré mais d'airain.... le vrai sceptre de France que de sa main puissante forgea Charlemagne, que tenta de retremper Louis IX.... et reforgea l'Angleterre (en le croyant briser !) sur la sanglante enclume de Créci, de Poitiers et d'Azincourt. La monarchie surgissant du cadavre de la féoda-

chal, animé ou plutôt acharné au combat, et n'ayant déjà plus à lui cette tête que Richelieu allait bientôt lui faire perdre d'une autre façon,... se tourna vers son vieux compagnon : « M. de Rieux, mon bon ami, il n'est plus temps de temporiser ; donnons hardiment. » — « Monsieur, je mourrai avec vous. » et il mourut !!!

lité comme aux Waterloos de l'oriflamme l'armée de la chevalerie, avant toutes deux dans les champs de Fontenai la nation française.... du peuple frank, l'édifice de Richelieu enfin cimenté du sang du dernier des Montmorencys... n'est-ce pas l'amende honorable de l'aristocratie à la royauté, de l'usurpation au pouvoir, l'hommage expiatoire et sans retour des grands vassaux du passé au grand-suzerain de l'avenir? Aussi, à le voir frapper tout-à-l'heure, ne dirait-on pas que dans chaque soldat de Louis Montmorency voit son ministre, en un mot.... le tyran qu'il immolerait du glaive dont il saluerait le roi? Ne dirait-on pas que voyant se dresser comme l'échafaud.... Richelieu devant lui, vision plus terrible que ne le fut pour Brutus à Philippes le fantôme de César, Montmorency veut au moins, chêne superbe et dernier de cette forêt royale (bien qu'anti-monarchique), dont Louis XI avait abattu les géans séculaires et les forteresses vivantes, ne tomber qu'avec majesté et se faire à lui-même comme à la maison dont il est le dernier débris et le digne mausolée.... des funérailles dignes d'elle et de lui?...

Rencontré dans l'état que nous venons de décrire par Sainte-Marie, sergent à la compagnie de Saint-Preuil, capitaine des gardes, et bientôt par cet officier lui-même qui le salua de ces généreuses paroles: « Courage mon maître, ce n'est rien! » il fut, grâce au zèle de Sainte-Marie que Saint-Preuil chargea de ce précieux dépôt, confessé par l'aumônier du maréchal de Schomberg, puis transporté par six gendarmes de la garde du roi à Castelnaudary où l'on pansa ses blessures. L'une d'elles paraît extraordinaire: c'est un coup de fusil qui lui perçait le col et passait entre deux vaisseaux dont l'un sert à la respiration, et l'autre porte les aliments dans l'estomac [1]. Comme si dans cet homme prodigieux, rien ne devait être naturel, peu s'en fallut qu'un dernier bonheur ne vînt couronner à Castelnaudary, comme à Veillane, les miracles de la valeur et les jeux de la fortune, et n'assurât la liberté du fanfaron

[1] C'estoit un coup de fuzil qui luy perçoit le col et passoit entre deux vaisseaux qui se touchent. Vie DV DVC de Mont-Morency, pag. 265.

héroïque qui devait se croire le pouvoir d'assurer sa vie par l'audace même qu'il mettait à la jouer[1]. Son coursier, comme lui couvert de cicatrices, mais selon les uns plein d'ardeur, selon les autres peu propre au combat, sauva't son maître s'il l'eût porté deux cents pas de plus! Mais, trahi par ses forces et son courage, il tomba, et la chûte d'un cheval tua un héros, que D:eu seul pouvait et voulut sans doute abattre.... pour lui réserver un dernier combat et son plus beau triomphe!!!

En cette journée où un seul homme dans l'armée rebelle se montra général et soldat, Schomberg et Montmorency laissent entrevoir Fuentès et Condé.... et du triste Castelnaudary font d'avance le brillant Rocroi. — Il est une particularité que l'histoire ne saurait omettre puisqu'elle intéresse une nation en honorant la mémoire d'un grand homme : c'est que la France ne salua sur ce champ de bataille du nom de braves que le fils et le filleul d'Henri IV! Nous venons de voir, à Veillane et à Castelnaudary, Montmorency déployer dans tout son éclat l'intrépidité guerrière; nous allons le voir à Toulouse déployer dans toute sa plénitude le courage passif.... Hier soldat, aujourd'hui un héros. Spectacle qui parle moins peut-être à l'imagination, mais plus à l'âme, et par conséquent plus digne des regards de l'historien et surtout du chrétien.

—

[1] A cet autre *Henri* un autre Crillon.. .. et il le trouva dans Rieux. Mais qu'il est amer pour l'historien français d'avoir à constater que le fils d'Henri IV ne devait, comme son père d'adoption, baptiser sa vaillante épée qu'avec du sang français!

CHAPITRE III.

SOMMAIRE.

Le Roi arrive à Toulouse — Le maréchal quitte Lectoure — Le cardinal fait du parlement une commission — Jugement et condamnation de Montmorency — Il fait lui-même sa *toilette* — Dernier recours en grâce — Rejet... exécution — Funérailles provisoires — Inhumation définitive.

Louis quitta Lyon pour Toulouse où il fit son entrée le 22 octobre 1632, accompagné de la reine et de son ministre. Il punit le refus fait par la ville à Schomberg de recevoir ses huit cents soldats par l'obligation de loger les deux régiments des gardes françaises et des gardes suisses qui formaient son escorte [1].

L'arrivée de ce prince fut le double signal du transport et du jugement de Montmorency. Dès le 27, jour où le lieutenant Launay reçut du marquis de Brézé l'illustre prisonnier qu'il ne devait livrer qu'au bourreau, le parlement, transformé par le roi ou plutôt par son ministre en commission royale sous la présidence du garde-des-sceaux, avait reçu de ce magistrat les pièces du procès dont l'issue aussi prévue que le crime était prouvé fut un arrêt que l'accusé dicta lui-même. Le garde-des-sceaux, selon l'usage, lui ayant demandé s'il croyait qu'un crime tel que le sien méritât la mort? — « Il mérite la peine à laquelle la justice du roi voudra me condamner, » — répondit-il. Les juges n'avaient plus qu'à confirmer la sentence. Ils le firent avec une douleur égale à leur équité.

Dans l'intervalle de cette dernière réponse au jugement, Montmorency fut ramené à l'Hôtel-de-Ville dans le carosse du comte de Charlus, au milieu du formidable appareil qui

[1] Dix-huit compagnies des gardes françaises, quatre des suisses. C'était, par une attention toute royale, remplir les maisons... et vider les caves.

avait présidé à son extraction. Alors celui qui fut le plus brillant seigneur de la cour de France procéda lui-même à sa toilette suprême, consistant en une chemise, un caleçon et enfin une robe de chambre par laquelle il remplaça l'habit de drap d'Espagne couleur de musc qu'il venait de donner à l'exempt des gardes qui se trouvait près de lui. Etait-ce un fatal pressentiment qui avait inspiré au maréchal l'idée de commander à Lectoure le lugubre uniforme avec lequel il allait paraître devant le roi du ciel... et de le revêtir à Toulouse au moment même où le sien sur la terre se préparait à le dépouiller de ses honneurs fragiles? C'était chrétiennement préluder au sacrifice de la vie par celui des grandeurs! Aussi remit-il au comte de Charlus, envoyé du roi, le collier des ordres et le bâton de maréchal avec une résignation qui contrastait d'une manière édifiante avec la douleur de ce brave officier.

Le condamné se levait pour descendre à la chapelle, lorsqu'un message exprès appelle Launay près du roi; quel moment! quel tableau! A peine l'on respire, on ne vit plus que par le cœur..., celui du roi fermé comme la tombe s'ouvrira-t-il à la pitié? Est-ce la vie ou la mort?... C'est la mort...Launay la rapporte dans ses yeux comme dans son cœur [1]! Le Dieu de la miséricorde n'opérera de miracle que celui de la résignation.

Montmorency l'avait prévu. Dans cet intervalle, sa main, ferme comme son cœur, à défaut de celle de son chirurgien qui ne savait plus que pleurer, avait coupé sa moustache et son confesseur avait reçu ce don funèbre qu'il dut garder sans doute comme un legs filial.... plus précieux pour lui que ceux dont Richelieu n'apprécia pas la générosité, et ne dut sentir que la douloureuse et trop juste ironie.[2] Ensuite, revêtu de son

[1] A la novelle dv procès, toutes les bouches s'exclamoient : « Qu'on nous prive de nos libertez, qu'on nous oste nos biens et nos enfants, qu'on nous fasse tous mourir et qu'on luy sauve la vie!» —Hist. de la vie de Henry *Dernier* DVC de Mont-Morency, par Simon Dvcros. M. DC. XLIII, à Paris.

[2] Ce legs du maréchal au cardinal était un précieux Carrache dont le martyre de saint Sébastien était le sujet ou la leçon. Peu d'années avant, le gé-

uniforme de mort, le crucifix à la main, le héros qui ne voulait et ne devait plus être que le soldat du Christ, descendit à la chapelle, y pria, entendit son arrêt, puis adressa aux commissaires du parlement ces paroles qui expieraient toute une vie... car elles sont toute une âme: «Messieurs, je vous remercie et toute votre compagnie à qui je vous prie de dire de ma part que je tiens cet arrêt de la justice du roi et de la miséricorde de Dieu. »

Le supplice, arrêt de la miséricorde! paroles chrétiennes, si jamais il en fut, car elles semblent sortir de la bouche même du Christ!

Exécution du Maréchal.

A peine les avait-il prononcées qu'il fut livré par le lieutenant des gardes au grand-prévôt et par ce dernier à l'exécuteur. Après l'avoir aidé à découvrir son col pour raccourcir encore ses cheveux qu'il avait coupés lui-même, il tendit au bourreau, pour les lier, les bras que le roi lui permettait de garder libres, en remettant à son confesseur le crucifix qu'il tenait à la main. « Tenez, mon père, lui dit-il avec componction, il ne faut pas que le juste soit lié avec le coupable. » Quelques instants après, il était devant l'échafaud que la prudence du ministre et non la *clémence* du roi avait fait élever dans la première cour du Capitole. Trois jours avant, cette enceinte funèbre avait déjà reçu dans son sein au milieu de l'appareil menaçant du pouvoir, c'est-à-dire sous les funestes auspices de la vengeance, l'héroïque accusé dont les premiers regards se portèrent sur deux cadavres; c'étaient deux officiers aux gardes tués en duel, et qui, portés là par ordre du *grand-justicier,* y attendaient la sentence de l'inexorable pouvoir contre lequel la tombe même n'était plus un refuge. Point

néreux Montmorency avait reçu et défrayé pendant un mois le cardinal et sa suite dans un de ses châteaux du Languedoc ; on sait quel fut le prix de l'hospitalité. Mais l'austère prélat, amateur de bons repas et de beaux tableaux, ne *copiait* personne.... et c'est sans doute ainsi qu'il entendait la reconnaissance.

de grâce à la mort! quel espoir aux vivants? Cette cendre parlait... le sens était clair... et pourtant ce spectacle terrible ne fut pour le condamné d'avance qu'un présage aussi indifférent qu'assuré. Dans cette trop fidèle image de son sort, dans ce sinistre appareil de la justice d'outre-tombe... le compagnon d'armes, l'ami de Rieux, ne vit, ne redouta, ne ressentit.... que le supplice de l'amitié. L'issue du duel inégal d'un soldat avec un prêtre (plus redoutable qu'une armée) ne pouvait pas plus ébranler, émouvoir même le héros après qu'avant la bataille. Un tel cœur devait donc rester froid, de tels yeux devaient rester secs devant l'échafaud.... quand il ne réclamait que lui!!! Cependant, à cet aspect fatal, et comme si pour humilier notre orgueil, il était écrit que l'homme le plus fort doit payer sa dette à la faiblesse humaine, l'illustre patient pria l'un des trois jésuites qui l'assistaient de recueillir sa tête sanglante sous le fer même qui l'allait trancher pour lui épargner l'horreur innée en lui de se la figurer roulant sur l'échafaud.... — Mais aussitôt, et pour la dernière fois, le chrétien triompha de l'homme. Redevenu tout lui-même... il franchit d'un pas ferme les funèbres degrés, implore à genoux et en silence celui qui ne repousse jamais, offre avec une résignation supérieure encore à son courage sa noble tête au coup fatal.... et reçoit la mort en rendant à haute voix son âme à l'Auteur de la vie!

« *Jesus, accipe spiritum meum!* »

En ce moment, le Capitole s'ouvre au torrent populaire qui menaçait de l'envahir. A voir ces soldats tremper leurs épées dans le sang d'un héros pour se rendre invincibles... ce peuple en abreuver ses lèvres pour épurer son âme par celui d'un martyr.... on dirait que chaque membre de la famille française se reprocherait comme un crime de laisser perdre une goutte du sang innocent qu'on n'eût pas dû verser........

La religion mit fin à ce pieux sacrilége en recueillant les restes de l'illustre supplicié dont le cœur fut, selon ses vœux, déposé dans la Maison-Professe des jésuites, et le corps, après avoir été embaumé, grâce aux soins des Dames de la Miséricorde, inhumé par ordre du cardinal Lavalette [1] qui en était abbé dans la chapelle de Saint-Sernin dédiée à saint Exupère et non dans celle des comtes de Toulouse. Honneur insigne qui seul pouvait rendre au centuple à Montmorency mort tous les honneurs de Montmorency vivant. .. car il avait été exclusivement réservé aux martyrs et aux saints canonisés depuis que Charlemagne y avait fait transporter les corps des apôtres — et avait été décerné à sa mémoire non par une pieuse flatterie, mais du consentement de tous les chanoines, fondé sur les merveilles de sa fin. Le martyr devait pourtant se voir enlever à ce saint asile pour reposer à jamais et plus doucement sans doute sous la garde de celle qui voulait l'embaumer dans ses larmes et consacrer sa vie à sa mémoire!...

—

[1] Ce prélat commanda mais ne dirigea pas nos armées, puisqu'il eut sous ses ordres les seuls hommes capables d'en donner... Turenne et Gassion, lieutenants dont le nom est le seul titre du général. Cardinal sans être prêtre, général sans avoir été soldat, Lavalette, à qui le duc d'Epernon, son père, (celui-là même si justement compromis par des soupçons qui sont une preuve), n'aurait pas donné son valet de chambre à confesser, ne reçut d'*ordres* que ceux de Richelieu à qui ce noble compagnon d'armes de Turenne, beaucoup plus digne en effet du *bâton* que de la calotte...... (bien qu'il ne s'entendît pas plus à manier les canons de la France que ceux de l'Eglise encloués depuis longtemps et pour toujours.....) eût sacrifié tout excepté sa vie.... puisqu'il lui sacrifia celle d'un frère. Ce Caïn musqué, ce fratricide de cour, personnage amphibie qui sert Dieu et le roi ou plutôt le ministre parce qu'il est roi et par conséquent plus que Dieu... est la première face de cet archevêque de contrebande, de ce cardinal Robert-Macaire, fait pour dire sa messe à la Grève sur le gibet qu'il avait droit de prendre pour armoiries — comme Cartouche et Mandrin pour vicaires. Encore préférerais-je ce revers, car de même que l'excès des vertus est un vice — l'excès du vice est une excuse — et dans l'échelle de la bassesse celui-là est le plus bas qui est le moins corrompu. Au demeurant, tous deux se faisant laquais pour être papes — c'est-à-dire rien pour devenir tout — et ne formant qu'un faisceau dans lequel la postérité ne doit voir que *Dubois* à brûler.....

quin, ou dans Rome esclave... (quoique chrétienne!) de l'hérésie vivante (Luther) en missionnaire apostolique ou légat du Pape, c'est-à-dire de Satan.... en vicaire de Jésus-Christ. L'impossibilité de l'alliance démontre donc la nécessité de la scission et la *droite* logique du pouvoir. Qui veut briser des entraves... ne s'en impose point. Ce n'est plus Aristide ou Caton, ce sont des Pilates qu'il faut à César-Diogène : à la sombre lueur de la lanterne de Vincennes ce ne sont pas des hommes mais des reptiles..... Que l'on cherche! A peine les a-t-il trouvés (et l'on en trouvera toujours), qu'il se met à l'œuvre. Voyez-le, diriger c'est-à-dire égarer les esprits, corrompre les cœurs et violenter les consciences; il viole toutes les règles, s'affranchit de toutes les formes... parce qu'il ne veut que le fond, prend toutes les routes... parce qu'il ne veut que le but. C'est le procès de Barabbas et du Christ! à l'un protection et même impunité : à l'autre l'oppression...... et la mort!!!

Quel fruit à tirer de ce contraste?

C'est que la conscience est l'homme... qu'elle est une comme l'âme, et sous peine de s'anéantir, ne peut pas plus se diviser qu'elle. La conscience... c'est la liberté que Dieu nous donna, et l'homme ne saurait nous ravir. Au fond d'un cachot comme dans le palais des rois, ne consultons que ce code, ne suivons que cette loi; nous serons sûrs ainsi d'être droits comme le Dieu qui ne fut la victime de l'iniquité que pour avoir enseigné et pratiqué à chaque pas de sa carrière la sublime équité — comme ce juste enfin qui n'est autre que la justice incréée, éternelle et sainte comme lui....., puisque son auteur s'en fit le martyr et la scella d'un sang divin!!!

Magistrats, l'œil fixé sur la croix, invariable emblème de cette Religion dont le cercle flexible s'élargit et s'étend avec la civilisation, sans se transformer pourtant comme la philosophie — sur cette croix... soleil moral qui marque avec infaillibilité le centre immobile du seul *monde*[1] que vous deviez consi-

[1] Le *respect humain*... aussi inadmissible pour le magistrat que pour le chrétien! lâche et pitoyable excuse de l'homme sans conscience ou sans foi... ce qui fut et sera toujours synonime.

Pagination incorrecte — date incorrecte

NF Z 43-120-12

dérer, ne cessez de vous dire : Dieu mit là comme un flambeau ce que les hommes placent et regardent comme un décor ! Le signe de la Religion, dans le sanctuaire de la justice, c'est la balance qui pèse....! non une roue qui tourne : signe sacré de l'équité, seule égalité comme le droit est la seule puissance de la terre ; c'est le symbole unitaire de la double immuabilité dont notre inamovibilité temporelle est l'image; aussi consciencieux dispensateurs qu'incorruptibles dépositaires du trésor dont le Ciel nous commit la garde, vengeurs et non persécuteurs de l'innocence, soutiens et non oppresseurs de l'opprimé... faisons du droit divin notre devoir d'homme, convertissant ainsi en bienfait cette inamovibilité qui deviendrait un fléau... si nous faussions le but en altérant l'origine. Que les excès du pouvoir soient pour lui seul un exemple... pour nous une leçon ! La magistrature est une république régnant avec et non sans la royauté. Cette république reine commande et survit à la royauté, quand celle-ci meurt pour n'avoir pas voulu vivre avec elle... c'est-à-dire prétend régner *de par le Roi*, et non *de par la Loi* que la magistrature doit faire et non subir. Nommés par les hommes, sachons donc leur prouver que nous sommes les élus de Dieu, et à ce titre, l'élite de l'humanité. *Créés* pour donner la règle et non prendre des ordres, n'enregistrons, c'est-à-dire n'acceptons pour lois les actes *d'ici-bas* que s'ils sont à nos yeux les décrets *d'en-haut* : en un mot, rappelons-nous toujours, de peur de le faire oublier aux autres... et sous peine de proportionner nous-mêmes le mépris au respect, que pour ne pas devenir d'indignes représentants, en se faisant infidèles organes, les magistrats doivent être les hommes de Dieu... non *les gens du Roi* !!!

NOTES.

---

1. — Une foule de ces soldats titrés plus propres à grossir qu'à fortifier une armée.

Réparation d'honneur.... même avant l'injure. Au pays de François Ier on enlève une place comme sa belle, et, sautant du bal sur la brèche..... tout Français se pique de mêler la danse à la charge et le musc à la poudre. Fontenoi-Versailles, seule, suffirait pour me donner un éclatant démenti que je m'honorerais d'accepter. Cette Jeanne-d'Arc-Pompadour, cette bataille Grande-Dame qui fait la révérence comme une duchesse et le coup de sabre comme un grenadier, cette gloire à talons rouges, si digne du bonnet à poil, est peut-être le plus curieux anachronisme de l'histoire; car cette hermaphrodite de la gloire qui pose comme à l'OEil-de-Bœuf et se bat comme à Wagram...., tient par le *rouge* à Louis XV et le sang à Napoléon, glace brillante qui réfléchit à la fois les salons de Versailles et les champs de la Palestine. Fontenoi nous montre les vaillants paladins du 18e siècle combattant en dignes *chevaliers* de Saint-Louis ou se disputant l'honneur d'en gagner les éperons. Ces Lovelaces d'hier, Bayards aujourd'hui, qui ne craignent pas de couvrir la poudre des boudoirs de la noble poussière des batailles...., conservent, sous cet emblème de la légèreté, tout leur caractère : à les voir, parés pour la mort ainsi que pour le plaisir, on dirait que les jeunes et brillants gladiateurs de la gloire, comme ceux du cirque romain, semblent n'éprouver qu'une crainte...... la honte de ne pas tomber avec grâce..... et, à Fontenoi comme à Versailles, préfèreraient dix coups d'épées au pli d'une dentelle. En regardant de près, on découvrirait un écusson sous la garde de chaque épée.... et les soldats mêmes *sentent* le gentilhomme. Dans cette journée mémorable qui respire un parfum de cour et de chevalerie et offre, sous ses faces les plus belles, le type heureux du caractère national — l'honneur et la courtoisie virent, au sein du carnage, observer, avec une égale émulation, l'une ses lois séduisantes, l'autre ses lois sévères. Les officiers des deux armées se saluèrent avant d'en venir aux mains. — « Messieurs des gardes françaises, tirez » — dit lord Hay aux officiers de ce régiment. — « Non, mylord; nous ne tirons jamais les premiers, » — répondit le comte d'Auteroche. Je préfère, parce qu'il allie la générosité à la courtoisie, cet épisode peu connu, mais vraiment chevaleresque de la bataille d'Ettinghem. Un officier anglais n'avait qu'un bras dont la main lui servait à guider son cheval ; un jeune officier français s'élance...., mais s'apercevant qu'il manque un bras à son adversaire, il le salue avec le sabre dont il l'allait frapper ! — Douze ans plus tôt, le vainqueur de Denain avait joué à Milan le premier acte de Fontenoi. Maître de cette ville, le maréchal de Villars y donna un bal et dansa avec les plus belles dames; un coup de canon était le signal du premier coup d'archet. Tandis qu'on dansait, 30 pièces de canon tiraient, sans discontinuer, sur la place. — « Il est beau à mon âge, disait Villars, plus qu'octogénaire, d'ouvrir deux bals de cette sorte. » — Rien de plus français, en effet, que cet Alcibiade en cheveux blancs semant, à pleines mains, les roses sur son dernier laurier et donnant, en héros, des leçons de danse et de musique à cet essaim de généraux en herbe fiers d'étudier, sous un tel maître, l'art de faire toutes les conquêtes comme de *figurer* à tous les bals et de faire leur *partie* dans tous les concerts. — « Quel âge avez-vous? lui demanda, en lui offrant une cocarde, la reine de Sardaigne, lors de son passage à Turin. — « Madame, j'aurai bientôt *Milan*, répondit le vieux guerrier. » Villars tint parole..... mais malheureusement il n'en tint que la moitié...., et l'illustre vieillard ne pouvait et ne voulait faire qu'un calembourg. De tels hommes ont droit à une double immortalité. Ah ! pourquoi Villars ne peut-il partager le triomphe qu'il était si digne de conquérir lui-même?... Il eût été beau pour le héros octogénaire de réunir sur un front, blanchi par cent victoires, la double et magnifique couronne de Denain-Fontenoi..... plus beau pour sa patrie de se voir deux fois sauvée par son épée!!!

II. — La poignée de braves résolus à succomber avec le héros.

Il existe deux relations du combat de Castelnaudary : l'une du maréchal de Schomberg, l'autre d'un capitaine de cavalerie à l'armée royale. Toutes deux sont conformes, excepté sur le nombre des officiers qui s'associèrent si noblement à la témérité de Montmorency; Schomberg le fixe à quatre, mais le capitaine le porte jusqu'à dix, et sa relation, d'ailleurs la plus authentique, est aussi la plus vraisemblable. Ce trait audacieux peut se placer près du trait héroïque de ces sept huguenots qui, retranchés dans une méchante maison de terre, arrêtèrent pendant vingt-quatre heures le marquis de Thémines avec sept mille fantassins et six cents cavaliers, lui tuèrent près de deux cents hommes et ne se retirèrent la nuit que faute de poudre et de vivres. Ce fait, qui se passa en 1625 au pays de Foix, est grand comme les Thermopyles et plus prodigieux que Mazagran; car les héros vivants n'eurent à combattre que des barbares guidés par un chef inexpérimenté.... et les héros morts furent assez heureux pour tenir tête à près de huit mille braves commandés par un maréchal de France. Le commandant en second de la faible troupe qui suivit le duc de Montmorency dans l'attaque non pas seulement imprudente mais insensée puisqu'elle fut si fatalement décisive.... Le vertueux comte de Rieux, que tous les historiens nomment à peine dans les relations de ce combat funeste, appartenait à une maison qui, dès le 14me siècle, passait pour une des plus anciennes et des plus riches de Bretagne. Une particularité assez singulière pour être mentionnée, c'est qu'on *jouait au bâton* dans sa famille; ainsi le sire de Rieux, fait maréchal en 1397, se voit ôter le bâton en 1411, le reçoit de nouveau en 1413 et le remet de lui-même en 1417. Pierre enfin ne succède à son père que pour être déposé l'année suivante: vicissitudes dont l'explication doit, je crois, se trouver dans le degré d'influence qu'exerçait, en ces temps orageux, la faction à laquelle on s'était donné. Pierre de Rieux porta mieux que son père le bâton qui lui fut donné par l'équité et ôté par l'injustice. En 1435, sa valeur défendit Saint-Denis contre les Anglais; sur la fin de la même année, son adresse leur enleva Dieppe, et trois ans après, son habileté les força de lever le siége de Harfleur. Comme son aïeul, le comte de Rieux était digne de mesurer son épée contre les éternels ennemis de la France...... et c'est sous le fer étranger que, pour notre honneur (et faut-il l'avouer?) pour le leur...., de tels hommes devraient toujours mourir!!!

III. — Son coursier le sauvait.... s'il l'eût porté deux cents pas de plus.

Il fallait à cet autre Henri (1) un autre Crillon... qu'il trouva dans le brave Rieux! Malheureusement, Montmorency n'eut pas, comme Alexandre, le bonheur de rencontrer un *second* et un sauveur dans Bucéphale. Ce trésor (car c'en est un pour le guerrier) existait de son temps, et l'intrépide Rapp (2), dont le nom seul devait être en France un symbole de gloire... eût été, *sous* son homonyme, digne de servir aussi Napoléon. Véritable phénomène de la race chevaline réalisant l'ingénieuse allégorie des Centaures; car le cheval et le cavalier ne faisaient qu'un seul être..... et la poitrine de l'un était le bouclier de l'autre. Ce *héros* à tous crins, dont l'intrépidité faisait le principal et même l'unique mérite, avait reçu en partage, à défaut de beauté et de formes heureuses, une force et une taille extraordinaires; le son des fifres et des trompettes le faisait tressaillir...., et lorsque dans la mêlée on fondait sur son maître, il mordait les uns jusqu'au sang et brisait les autres à coups de pied (3). Le duc de

(1) Prénom de Montmorency.

(2) Rapp, en allemand corbeau, fut le nom d'un aigle. Comme l'ancien, le Rapp de nos jours fut constamment fidèle à son maître. Que de généraux de Bonaparte auraient dû prendre pour modele le cheval de Guebriant!

(3) ....Tum si qua procul sonum arma dedêre,
Stare loco nescit. (VIRG.)

Weimar, son premier maître, avait, pour ce fidèle serviteur, une si haute et si juste estime, qu'il le légua à Guebriant, depuis maréchal de France, comme une marque singulière du cas qu'il faisait de sa valeur..... et le second maître de Rapp l'estima lui-même si haut que, par son testament, il en fit don au roi et le pria d'en avoir le plus grand soin. Guebriant aurait pu, d'ailleurs, se composer un arsenal avec les armes des guerriers célèbres de son temps; — car, indépendamment de son cheval de bataille, le duc de Weimar lui avait, en 1639, laissé son épée, sa cuirasse et ses pistolets: exemple imité par le Turenne suédois (Bannier) dont ses compatriotes comparent la science militaire à celle du grand Gustave, et qui légua aussi son épée à l'heureux gentilhomme français. Ces dons volontaires, d'autant plus honorables que l'éclat en rejaillissait sur la France, puisque leur source était étrangère..... pouvaient être acceptés, sans rougir, par le soldat breton qui n'eût pas déshonoré l'épée de Du Guesclin et de Moreau, comme lui, glorieux enfants de la Bretagne, puisqu'il sut conquérir celle du premier et ne la tacha pas comme le second!...

IV. La France ne salua sur ce champ de bataille du nom de héros que le fils et le filleul d'Henri IV.

Le premier est le fils légitimé d'Henri IV et de Jacqueline de Beuil J'entrerai dans quelques détails à l'égard de ce jeune prince dont je dois moins encore faire connaître la valeur que la témérité..... puisqu'elle perdit une bataille dont, jusqu'à présent, on a injustement accusé mon héros.

Prouvons-le:

Le duc d'Orléans avait déféré le commandement au maréchal qui se plaça à l'aile droite, Antoine de Bourbon à la gauche; soit qu'il tardât à l'étalon de Mars de se débarrasser, à tout prix, de sa virginité guerrière (l'opprobre pour un soldat!), soit qu'il brûlât de faire légitimer par la gloire l'adoption d'un héros, le bâtard d'Henri-le-Grand s'élança de son propre mouvement à la tête d'une compagnie de carabiniers et des cinq-cents Polonais dont j'ai déjà dit qu'il avait le commandement, et commença l'attaque par un coup de pistolet en échange duquel il reçut une mousquetade.. .. et son écuyer la Mort. Je devais, dans mon récit de la bataille, et pour n'en pas affaiblir l'action en multipliant les détails, me borner à constater la retraite des Polonais et leur refus de combattre: j'ajouterai ici, d'apres une relation du temps, intitulée: *le voyage de M. de Bullion vers monseigneur le duc d'Orleans*, que de cette troupe (intacte par la raison péremptoire qu'elle n'avait pas risqué de se faire entamer....), une faible partie put seule échapper à la rapine soldatesque et à la férocité populaire. « 500 Polacres ou Polonais, dit M. de Bullion, qui se retiraient, prenant la route d'Auvergne, furent tous détroussés par des soldats du roi, puis tombèrent entre les mains des paysans qui mirent en chemise ceux qui leur firent pitié et assommèrent le reste. » A ce trait, on se croirait en pleine jacquerie (1)...; mais si l'on fait en avant le même pas qu'en arrière, on trouve deux siècles après les Français mourant sur vingt champs de bataille avec ces mêmes Polonais dont le génie de la France inspira peut-être la retraite.... (car le mot fuite ne fait pas plus partie du vocabulaire polonais que du nôtre!) pour que le drapeau dont la Pologne s'enveloppa à son dernier soupir, ne fût pas souillé par une seule goutte du sang fraternel!.... Certes, nous pouvons l'appeler notre sœur.... celle qui fut française sous Henri III, sous Louis XIV, sous Napoléon!.... (2).

Revenons à Castelnaudary. C'est seulement après le coup de pistolet tiré par Bourbon que Montmorency, voyant l'action engagée, chargea la cavalerie, fut blessé et pris... c'est-à-dire tué! Si nous consultons la discipline, elle dira que le maréchal, transgressant une promesse formelle, est sans doute plus blâmable que le prince, agissant sans ordre, mais non tenu d'en attendre. Si nous interrogeons la gloire, en reconnaissant avec nous que des deux fils d'Henri-le-Grand, l'aîné avait dès longtemps complété sa moisson, et que l'autre en était à sa première feuille.... elle réclamera la juste indulgence de l'histoire pour deux jeunes héros qui payèrent de leur vie une faute toujours honorable comme le sentiment qui l'inspire! Le fait que je viens d'établir, c'est que le commandant en chef des troupes de *Monsieur* fut la cause secondaire et non première, encore moins unique, d'un grand désastre

(1) Révolte des paysans contre les gentilshommes auxquels ils avaient renvoyé le sobriquet de *Jacques Bonhomme* qu'ils en avaient reçu primitivement. De là, ce couplet, naïve épigramme populaire :

Jacques Bonshommes,
Cessez, cessez, gens d'armes et piétons,
De piller et manger le bonhomme
Qui de longtemps Jacques Bonhomme
se nomme.

Sous le règne dévastateur de la Jacquerie, nos champs incultes ne servaient plus que de camps à des hordes cosmopolites (Anglais, Navarrais, Français) qui faisaient de notre belle France le désert livré aux Arabes.

(2) Même sous le prince, si peu français, qui consentit à sa perte après avoir tenté de la sauver! La Pologne du 18e siècle pardonna à Louis XV, en faveur de la France. Elle avait applaudi à la générosité de Viomesnil combattant pour son indépendance par le sentiment qui détermina les Polonais des 16e et 17e siècles à choisir pour rois les princes-chevaliers qui, d'abord à Jarnac et à Moncontour, puis à Steinkerque et à Fleurus, avaient vaillamment combattu pour la gloire de la France. Il n'appartient qu'à la race de Saint-Louis de régner ainsi par la vertu! L'Égypte, esclave et barbare, offrant la couronne au soldat-roi dans les fers..... m'étonne plus mais me touche moins que cet hommage non moins spontané d'un peuple libre et civilisé!....

militaire ; son véritable auteur fut le jeune prince qui, par sa perte, cause d'une inaction fatale, causa celle d'une bataille ! J'ai dit *perte* (et non mort...), car depuis Castelnaudary sa trace échappe à l'histoire dont les interprètes varient et ne s'accordent ni sur les lieux, ni sur le temps, ni sur les circonstances. Les uns le tuent sur le champ de carnage, les autres le font expirer dans le carrosse de Monsieur, d'autres encore dans le monastère des religieuses de Rouille ; quelques-uns enfin le pansent, le guérissent, puis le font ermite.... et sous ce pieux déguisement lui font explorer mainte et mainte contrée, d'où ils le ramènent dans sa patrie et l'envoient droit au ciel, chargé d'ans et de vertus... après lui avoir fait passer, sous le nom de frère Jean-Baptiste, une vie ascétique dans une solitude d'Anjou (1). Quelques expressions vagues semblent corroborer ces assertions qui trouvent une contradiction si puissante dans le témoignage uniforme des Du Cros, des dom Vaissette et de tous les historiens du temps qui placent sa mort à Castelnaudary. Ainsi, à l'endroit de la relation de Schomberg, qui se rapporte à notre prince, on lit ces mots : « Blessé d'une mousquetade dont *on le croyait* mort » ; ceux-ci dans les mémoires du comte de Brienne : « *On disait* qu'il avait été tué ». Une raison plus spécieuse encore est le silence complet de l'histoire sur une circonstance dont l'ignorance n'est pas seulement improbable mais impossible.... son inhumation. Enfin, cette anecdote historique ne vient-elle pas en aide aux conjectures romanesques.... et accréditer les doutes? Louis XIV, frappé des bruits qui couraient à ce sujet, et pour les vérifier en remontant à la source.... fit demander par l'intendant de Touraine, au religieux angevin, s'il était réellement ce qu'on voulait qu'il fût ? « Je ne le nie ni ne veux l'assurer, répondit le pieux personnage ; tout ce que je demande, c'est qu'on me laisse comme je suis ». Un peu de champ à l'imagination, et nous allons arracher l'ermite d'Anjou à sa retraite pour le lancer sur la route de Versailles ou plutôt de la Bastille.... et sous cette robe de bure nous trouverons un masque de fer....ornement à la Louis XIV, complément obligé du costume de notre héros, si nous métamorphosons l'aspirant au ciel en prétendant au trône ! Tout cela est beau sans doute.... mais malheureusement le père et l'oncle du grand roi vont se réunir pour faire crouler d'un souffle tout l'échafaudage. En effet, le traité de famille négocié par M. de Bullion et signé à Beziers le 29 septembre 1632 (2) se tait à l'égard du frère, que Gaston de France pleura amèrement et auquel Louis XIII, dont il était chéri, avait donné la plus rare et la plus sûre marque de son amitié.... en payant naguère toutes ses dettes. Cette non-mention est pour nous la preuve décisive de la fable historique qu'on ne peut cependant pas mépriser et encore moins passer sous silence.... puisqu'elle eut pour dupes les personnages les plus

(1) Dans cette hypothèse, à l'âge de 85 ans : né en 1607, mort en 1692.

(2) Le 29 septembre 1820, autre jour hélas !... de fête pour la France !!!

éminents de l'époque et pour défenseurs des prêtres honorables (1). Je n'ai pas compté, parmi les preuves justificatives d'un système très probablement erroné la ressemblance frappante du solitaire angevin avec le héros béarnais... car la continence n'ayant jamais passé pour la vertu *dominante* du bon Henri, ce fait ne prouverait tout au plus qu'un exploit clandestin à ajouter aux exploits beaucoup trop éclatants du roi-*père* de ses sujets. Cette ressemblance était sans doute extraordinaire, car le frère Jean-Baptiste qui fuyait la célébrité avec plus de soin encore que d'autres la recherchent (modestie qui serait au moins une preuve.... de son mérite), dit à un ami : « Il y a longtemps que je me serais balafré le visage pour effacer les traits qui me font ressembler à Henri IV, si je n'avais pas eu peur d'offenser Dieu ».

Antoine de Bourbon était « un prince bien né, de gentil esprit et de belle espérance ». Ce jugement, porté par un contemporain (2) sur le fils de notre plus grand roi lui mériterait seul une mention honorable à côté de l'illustre guerrier dont il partagea le sort.... et que la fatalité devait condamner à envier le sien !.... Mais les transformations bizarres que des imaginations romanesques font subir au fils d'Henri IV et au compagnon de Montmorency, tour-à-tour pèlerin, ermite, aventurier.... pourraient fournir un chapitre supplémentaire à un roman célèbre, et sous un déguisement heureux, rajeunir *le solitaire* (3). Une aventure de Jacqueline de Beuil réclame ici sa place — car elle se lie à notre sujet.

Le roi avait fixé sur Henri de Harlai le choix d'un époux pour sa maîtresse. Les noces se célébrèrent le 5 octobre 1604, à Saint-Maur-des-Fossés, en présence d'une multitude d'*amis* de cour, qui accompagnèrent chez lui le.... *protégé* du roi. Là, un lit voluptueux reçut l'illustre couple — mais *de par le roi* ordre à l'époux de se tenir constamment à distance *raisonnable* de sa femme, et Tantale de l'hymen, de savourer autrement qu'en imagination le fruit d'autant plus délicieux qu'il était défendu. Malheureusement pour le plus amoureux des époux, la mythologie fut en tout de l'histoire.... et les nobles argus, plus fidèles exécuteurs des volontés d'un maître mortel qu'un fabuleux roturier des ordres d'un Dieu, ne s'endormirent pas plus que le martyr conjugal pour lequel cette nuit blanche dut être un siècle ou tout au moins un épisode du Dante commenté et orné par Henri IV. Le plus piquant de l'aventure, c'est que la comtesse de Chezy, devenue comtesse de Moret (toujours grâce au même donateur, puisque le titre même transmis

(1) Henri Arnauld, évêque d'Angers, le duc de Mazarin, la duchesse de la Meilleraye, le marquis de Bieze, plusieurs magistrats.

(2) L'historiographe Dupleix.

(3) Le curé Grandet, d'Angers, a écrit la *vie d'un solitaire inconnu*, pour prouver l'assertion, au moins hasardée, à l'appui de laquelle cet ecclésiastique, l'abbé d'Asnières et l'abbé Richard fournissent le plus de preuves.... c'est-à-dire de détails. Il est entendu que le *solitaire* à rajeunir n'est pas le livre du curé, bien que ce livre aussi soit pour nous un roman.... mais fort peu célèbre.

par l'époux était le don de l'amant....), sollicita et obtint contre l'infortuné comte un arrêt de rupture, fondé... sur quoi? sur son impuissance. (1) L'impuissance d'un mari auquel sa femme n'a permis de goûter que les douceurs... du sommeil, dont, en réparation d'un délit proverbial, elle seule était capable! Certes, il est aisé de voir qu'au fond un tel arrêt était encore rendu *de par le roi* et non de par la justice, ni même la raison. Au reste, l'impuissant Champvallon dut bénir son malheur en réfléchissant au *prix* royal dont un maître *tout-puissant* eût payé ses services.... lorsqu'en 1607, cette tendre épouse, par la grâce de Dieu et avec l'aide du roi, donna enfin un fils.... à son amant (2).

La continence de Champvallon fut-elle forcée ou volontaire? Dans le premier cas, *héroïsme;* dans le second, lâcheté... dans tous les deux igno-

(1) Sous le règne suivant on vit une héroïne qui porta haut et ferme, comme son mari, le glorieux bâton dont elle avait conquis la moitié.... faire déclarer nul, je ne sais sous quel prétexte, son mariage avec un être vraiment nul.... (car il n'avait de valeur que son or!) pour épouser un homme au lieu d'un coffre-fort. Comme la maréchale de Guebriant, la comtesse de Moret quitta un zéro pour un chiffre.... mais l'une par intérêt, l'autre par honneur!

(2) Le prénom de ce Bourbon du côté gauche (Antoine) ne lui aurait-il pas été donné par son père, en mémoire de son aïeul? On pourrait admettre la supposition en lisant ce fait. François II avait eu la *faiblesse*, à la prière du duc de Guise, de consentir au meurtre du roi de Navarre. Ce prince, nonobstant la connaissance du complot, entra dans la chambre où il devait s'exécuter. « S'ils me tuent, dit-il à un gentilhomme, portez mes habits sanglants à ma femme et à mon fils, ils y liront leur devoir. » Il y a du Henri IV dans ce trait... et le fils ne pouvait mieux faire ni mieux dire! Voltaire aurait dû le placer en regard de l'épitaphe ou plutôt de l'épigramme historique où la malice tient lieu de vérité

« Ami français, le prince ici gisant,
Vécut sans gloire et mourut en p...... »

(Voy. la Henr., notes du chant II.)

La vérité est qu'après la blessure reçue à la tranchée, sous les murs de Rouen, en satisfaisant à un besoin naturel, il entra victorieux dans cette ville porté par les soldats qui, la même année (1562), avaient pris sous ses ordres Blois et Tours. La plaie n'était devenue mortelle que par l'incontinence du prince, sous le rapport de la chasteté comme de la constance en amour et en religion, le digne père de l'amant de toutes les belles et du huguenot-catholique dont la foi ne put résister à ce Paris qui, il faut l'avouer, « vaut bien une messe. »

Double rapprochement également remarquable.

1o Le roi de France (Henri III), mettant en action sur la personne du fils la pensée homicide du père.... venge le roi de Navarre dont le duc de Guise avait été l'assassin mental.

2o Antoine de Bourbon, de protestant devenu catholique, lorsqu'à défaut de la régence il obtint de Catherine la lieutenance-générale du royaume, après la mort de François II, unit sa cause à l'aïeul de ce même Montmorency, auquel, pour son malheur, le petit-fils à son tour devait unir la sienne..

minie. En effet, la clause fa u contrat n'eût-elle été connue du *patient* qu'au moment de l'exécuti 'y soumettre c'était y souscrire. Le noble rôle de mari de cour (l paille), c'est-à-dire du sage qui se console de la perte d'un trésor introuvable même à la ville!... par la perspective d'une *couronne* qui ne tenterait pas un roturier.... exige dans l'être qui l'accepte une dose de philosophie qui tuerait un homme !!! Les rôles à manteau sont nobles partout excepté sur la scène où ils devraient l'être davantage.... et le courtisan, espèce à part oubliée ou plutôt dédaignée par Buffon, peut seul se croire une seconde fois anobli par l'emploi de *manteau royal.* Champvallon fut-il le complice ou la dupe de Henri IV, en un mot, malheureux.... ou coupable? C'est là un point à éclaircir comme celui qui nous occupait tout-à-l'heure. Je le livre à la méditation des maris-philosophes, c'est-à-dire (en langue féminine) des maris-modèles (1). Quoi qu'il en soit, ce trait n'est-il pas un conte de La Fontaine.... et si la vie du fils peut inspirer un roman, l'aventure de la mère (sous la plume qui sut gazer Joconde) ne pourrait-elle pas devenir une scène piquante de comédie?

V. — Schomberg et Montmorency laissent entrevoir Fuentès et Condé.

Le chef de l'armée royale parcourut en litière les rangs de son armée, comme onze ans plus tard se fit porter en chaise au milieu du carnage le chef de la moderne phalange macédonienne. On peut donner ce nom à cette infanterie-modèle qui ne céda qu'à la troisième attaque de la première cavalerie de l'Europe, commandée par son plus grand capitaine; mais la cavalerie de Condé, culbutant et brisant le rempart de fer qui récélait la foudre... étonne-t-elle plus, ne doit-elle pas étonner moins que les bandes en haillons improvisées par la liberté chassant devant elles, comme de vils troupeaux, les

(1) Malheureusement.... ou heureusement pour la triste humanité, cette classe est en voie de progrès si extraordinaire qu'elle inonde la société depuis le palais jusqu'à l'antichambre. Grâce à cette révolution qui a changé tous les rôles, c'est un scandale nouveau à noter sur le livre de la grande famille que cette insolente infraction au privilége éternel de la cour qui seule avait droit d'offrir tous les modèles — même celui du.... *mari.* Le mari-philosophe n'est pas seulement un pas de plus dans la civilisation.... c'est une conquête sur l'antiquité, qui ne connaissait que le mari-aveugle. (J'excepte Socrate dont la patience allait jusqu'à l'héroïsme et peut servir de modèle!) Pour moi, vive le mari-aveugle! Je ne comprends que celui-là. Pas de milieu entre Orgon et Othello; j'écarte Sganarelle — car il n'a droit de frapper... qu'à mort! On ne doit jamais mépriser assez sa femme pour la battre.... on peut l'aimer assez pour la tuer. Le manant bat, le lâche prête.... l'homme de cœur tue. Dégoût.... pour le premier; opprobre au second, pitié et presque honneur au troisième!!! — *Le bandeau.... ou le poignard!* — Farce-tragédie. Qu'en pense-t-on? Ce genre serait neuf.... et ce n'est pas un mérite dédaigner, ne fût-ce que le plaisir de faire mentir un sage:

« Nil sub sole novum. »

vieux bataillons formés à l'école du César Germain — ou la cavalerie qui conquit l'Égypte et fit trembler l'Orient.... tombant devant les baïonnettes de Bonaparte, comme l'infanterie espagnole aux pieds du cheval de Condé?

Montmorency chargea avec la même impétuosité que Condé la redoutable infanterie (1) que, plus heureux, il eût peut-être enfoncée au premier choc... si, aussi prudent, il avait su attendre .. et saisir le moment de déployer toutes ses forces. C'est à la tête de la cavalerie et non de quelques cavaliers qu'il fallait charger... pour vaincre.

J'ai comparé Schomberg à Fuentès : j'aurais pu ajouter le Maréchal de Saxe. Le jour où il livra la bataille de Fontenoi, ce général qui, durant toute l'action, tint dans sa bouche une balle de plomb pour apaiser la soif que l'hydropisie lui défendait de satisfaire, avait visité tous les postes dans une voiture d'osier. Il était expirant! La victoire le guérit. Napoléon meurt d'une défaite (2).... A quoi tiennent la vie et la gloire!!!

Expliquons le rempart qui récélait la foudre.

La phalange espagnole s'ouvrait tout-à-coup pour lancer la décharge de huit canons cachés dans son sein. Moins dangereuse était cette forêt macédonienne impénétrable comme celle de la Germanie et qui frappa les soldats de Paul-Emile et Paul-Emile lui-même de la même terreur dont les forteresses données par la nature à l'antique Allemagne pénétrèrent les soldats de Germanicus. Au reste, la double phalange avait glorieusement acquis et plus justement conservé le surnom d'invincible... puisqu'elle ne put être vaincue que par Rome et la France!

Polybe, Tite-Live et l'évêque de Meaux, qui raisonne en vieux capitaine, ont décrit le corps macédonien dont nous pouvons passer la revue à Rome dans ces lignes :

Decem et sex millia peditum more macedonum armati fuêre, qui phalangitæ appellabantur : hæc media acies fuit in fronte, in decem partes divisæ. (Tit.-Liv., lib. 37. n. 40.)

VI. — Cette note et les suivantes se lient au parallèle des ducs de Montmorency et d'Enghien.

A un titre près, égalité de rangs.

Ce titre, celui de Prince, Montmorency pouvait le prendre... car il en avait le rang. Prenant pour juge d'armes (si le lecteur peut-être exigeant le trouve d'assez *bonne maison*...) Henri-le-Grand. — Ce Prince, frappé de la bonne mine et du grand air de Montmorency, dit aux courtisans un jour que

(1) Celle-ci était française. C'est elle qui par une décharge faite avec autant d'opportunité que de précision dispersa d'un seul coup toute la cavalerie étrangère sous les ordres d'Antoine de Bourbon.

(2) C'est d'un cancer au cœur et non à l'estomac, d'un Waterloo senti.... qu'est mort le vainqueur de l'Europe.

ce jeune seigneur était venu lui rendre ses devoirs : « Voyez mon fils de « Montmorency, digne en tout de ceux de sa race. Si jamais la maison royale « venait à défaillir, ce serait dans la sienne que les Français devraient aller « chercher leurs maîtres ! » Leurs maîtres ! Ce mot est une généalogie dans la bouche d'un monarque si fier de s'écrier souvent : « Je suis le premier « gentilhomme de mon royaume. » On me passera donc de faire prince celui qu'Henri IV voulait faire Roi !!! (1)

VII. — Il meurt.... pleuré par l'amitié, béni par la Religion.

Le 28, lors de la confrontation des témoins, Guitaut et Saint-Preuil qui s'étaient emparés de sa personne et à ce titre figuraient sur cette triste liste, ne purent, à son aspect, retenir leurs larmes ; mais le duc les consola. Le second de ces officiers se jeta aux pieds du Roi. « Saint-Preuil, dit Richelieu, « si le Roi vous rendait *justice*, il vous ferait mettre la tête où vous avez les pieds. » Peu de temps après, le Cardinal, au nom du *Roi*, lui rendait justice !... L'humble et touchante requête que l'histoire doit nommer la première par la raison même qui la devrait faire nommer après toutes les autres, ne fut présentée à Louis XIII qu'après les vaines supplications de toute la cour.

Procédons par ordre :

1°. La Reine-mère qui écrivit à ce sujet au Roi ; 2° La Reine, son épouse, dont Richelieu arrêta les démarches par un moyen péremptoire.... le portrait d'elle trouvé sur le Duc-arme à deux tranchants dont il se servit contre l'amant (présumé) en excitant la jalousie du mari et les craintes de la femme : interruption mentale qu'il faut prendre pour le fait.

3°. Le Duc d'Espernon, autre amant présumé d'une Reine, régicide putatif... qui abandonna son Gouvernement de Guienne pour apporter à Toulouse un crédit inutile puisqu'il l'avait annullé d'avance... en l'entachant sous l'autre règne.

4°. M. de Châtillon, qui mit sa voix de gentilhomme à l'unisson de celles du *peuple* de Toulouse criant *grâce* sous les fenêtres du Palais.

5°. M. du Châtelet au zèle duquel Louis fit une allusion bien cruelle. « Je « pense, dit-il à l'un des seigneurs présents, que M. du Châtelet voudrait « perdre un bras pour sauver M. de Montmorency. » — « J'en voudrais « perdre deux, Sire, et vous en garder un qui vous a gagné des batailles. »

« L'*ami* Cinq-Mars doit faire, à l'heure qu'il est, une triste figure ! » dit le même Prince, en tirant sa montre à l'heure fixée pour le supplice de son ancien favori ! Dix ans de plus.... mais le même cœur !...

(1) L'on trouvera la généalogie complète de la Maison de Montmorency et son histoire détaillée à l'introduction de cet ouvrage.

On prête à l'un des descendants de Louis XIII cette inqualifiable exclamation : « La Marquise aura beau temps pour son voyage » se *serait* écrié Louis XV, regardant passer les funérailles de celle qui fut pour lui plus qu'une maîtresse,... puisqu'il en fit son amie ! (Mad. de Pompadour.) Enfin, Louis XVIII lui-même aurait dit, à la mort de l'infortuné Favras.... mais je m'arrête.. et aime mieux ne croire qu'à ceux qui font aimer les enfants d'Henri IV. Ceux-là seuls... sont des mots de famille.

6°. Le comte de Charlus présenta aussi sa supplique... en même temps que les insignes (dont venait de se dépouiller le Maréchal) au Monarque, occupé alors à jouer aux échecs avec M. de Liancour. Je ne sais si ce second Bourbon couronné eut l'occasion d'adresser à son adversaire la bienveillante épigramme de Napoléon détroné au général Bertrand qui se laissait toujours gagner : « On peut être, lui dit le captif de sainte Hélène, un bon général « et un pitoyable joueur d'échecs. » Petite ruse de joueur courtisan.... mais il est permis et même honorable de flatter l'infortune !

7°. Enfin, la Religion, à son tour, s'unit, mais aussi vainement qu'elles, à toutes les grandeurs de la terre pour conserver à la France un sang royal.... et peut-être la tige future de ses souverains. L'archevêque de Toulouse, M. de Montchal, fit exposer le très-saint Sacrement dans toutes les églises et ordonna les prières des quarante-heures (comme à l'agonie des rois) et se vit imiter par tous les évêques suffragans de son diocèse. Des processions publiques faites par les confréries religieuses remplirent les rues et les places de la cité sainte... et toute la population accourut à ses temples comme aux jours de fêtes.... pour détourner d'elle le coup qui à ses yeux était une calamité !!! La multitude et l'inutilité de si puissantes interventions ne prouve-t-elle pas sans réplique, que cette mort, si elle fut d'une part une calamité, fut de l'autre plus qu'un coup-d'état... et peut-être un bienfait ?...

VIII.[1] — Il offre avec une résignation supérieure encore à son courage sa noble tête au coup fatal....

Montmorency, parvenu sur l'échafaud, choisit pour y placer sa tête une place commode...: parce qu'il souffrait encore de la blessure reçue à la gorge : il donna le signal par ces mots qu'on a déjà pu lire dans notre relation de sa mort: « *Jesus, accipe spiritum meum !* » et sa tête, tranchée d'un seul coup, fut aussitôt saisie par l'exécuteur dans les mains duquel le peuple, à qui l'on ouvrit les cours du Capitole... la vit avec un douloureux effroi.

Le roi Charles Stuart, exécuté dix-sept ans après le Maréchal, prit la même précaution et donna aussi le signal. Il recommanda, après l'avoir examiné, de bien attacher le *chouquet* (2) se plaignit qu'on ne l'ait pas fait plus

(1) Ce chiffre correspond à la dernière note qui est la septième.

(2) Détails tirés d'une relation en vieux français du dix-septième siècle.

haut, et étendit les bras au moment qu'il avait fixé pour abattre sa tête, qui fut également tranchée d'un seul coup... et montrée au peuple. Il est heureux, pour l'honneur de la royauté, que le glaive régicide n'ait pas eu à atteindre cet autre roi mort de peur... entre le fer qui l'avait terrifié avant de naître... et celui qui le devait frapper après sa mort! Les honneurs rendus après sa mort au Roi d'Angleterre rappellent aussi ceux rendus au Maréchal de France.

J'ai manié le coutelas qui abattit et vu le mausolée qui renferme le second. Une tête d'aigle termine la poignée artistement ciselée de l'arme toulousaine dont la lame épaisse et singulièrement affilée prend à son extrémité la forme élégante du triangle : il m'a semblé tout à la fois lourd et léger... c'est-à-dire d'un poids calculé de manière à assurer le coup.... sans lasser le bras. Quant au mausolée élevé par la duchesse de Montmorency à l'époux qu'elle y fit transporter treize ans après la catastrophe qui le lui ravit..... on peut le voir encore dans l'Eglise de la Visitation de Moulins, devenue la chapelle du collége : il est tout entier de marbre blanc. Le Duc, vêtu à la romaine est, contre l'usage, assis et non couché sur son sarcophage. Ses traits qui doivent avoir le mérite de la ressemblance, puisque l'artiste était contemporain de son modèle, sont d'une douce et noble régularité. La Duchesse, à genoux devant celui qui semble se soulever pour se jeter une dernière fois aux siens.. . entr'ouvre une espèce d'écrin contenant des colliers et des bijoux..., double et touchant emblème de son détachement des pompes de la terre et des sacrifices qu'elle eût faits avec joie pour sauver l'objet de tant d'amour! Mais elle ne devait (si une telle mort n'était déjà le salut!) sauver que dans le ciel celui qu'elle avait perdu sur la terre. Les prières de la Religieuse expièrent mais durent expier les conseils de la femme!!! Je trouve dans l'excès et surtout la constance de cette douleur-remords la preuve de la faute.... sinon de la culpabilité. La nouvelle Artémise intéresse plus mais doit étonner moins que l'autre. Ici, la conscience seule empêche le cœur de se cicatriser. Les pleurs de la femme ne couleraient pas aussi longtemps si le sang de l'époux ne coulait pas toujours! Sang précieux que l'Artémise chrétienne, Madeleine conjugale, voudrait laver... laver sans cesse sur le marbre insensible qui renferme son cœur! « Dites à votre maître, répondit la duchesse à un page qui l'était venue complimenter de la part du cardinal passant à Moulins, dites à votre maître que vous avez trouvé, la veuve du duc de Montmorency pleurant, après dix ans, la mort de son époux! » A la nouvelle de la catastrophe imminente qui menaçait le duc, elle était partie pour Toulouse..... mais un ordre exprès du roi (lisez du ministre) l'arrêta en chemin. La princesse de Condé qui avait offert en otage ses deux fils (le premier, l'aîné de par la gloire.... fut le grand Condé!) se trouvant aux obsèques du prêtre-bourreau (1642), pouvait bien s'écrier comme la sœur de Lazare, mais dans un sens bien différent quoiqu'aussi vrai : « *Domine, si fuisses hic, frater meus non esset mortuus!* » Mais le Dieu vivant qui commande à la mort pouvait se rendre un ami.... et le prêtre mort n'eût ressuscité que pour donner encore la mort à ses ennemis!...

J'ai placé, sans prétendre l'égaler au second, la douleur fraternelle à côté du désespoir conjugal. Marie-*Felice* des Ursins (1) (*Felice*....... quelle cruelle ironie!) pleura vingt-six ans après la visite du ministre qui l'avait rendue veuve.... cet époux chéri et si digne de l'être. L'on dirait que la douleur conserve les femmes comme les parfums le corps.... si l'on ne pensait que la sœur Marie, véritable sœur de la *miséricorde* (Lavalière, *veuve* illégitime mais non moins tendre de l'ingrat qui *devait* lui survivre!) (2), n'avait pu quelquefois demander aux joies si pures de la bienfaisance les consolations, sinon l'oubli de l'amour....

Haud ignara mali, miseris succurrere disco!

Double Marie ne quittant le rôle d'amante de l'homme que pour remplir celui de mère de Dieu qui habite dans les pauvres.... et ne détournant que sur les lambeaux de la misère ses yeux fixés sur un tombeau! «Plus ne m'est rien.... rien ne m'est plus!» pouvait aussi prendre pour devise la touchante émule de cette belle et tendre Valentine que la France ignorante et barbare faillit brûler pour ses *charmes* (3)....comme l'Angleterre brûla Jeanne pour sa gloire.

Comme la duchesse de Montmorency, la *duchesse d'Enghien* (ce titre

(1) La maréchale était alliée à la reine (Marie de Médicis) qui fit le mariage et dans le parti de laquelle la reconnaissance d'une part et l'amour de l'autre engagèrent le noble et infortuné Montmorency.

(2) Lavallière avait pris, en même temps que le voile, le nom de religion que nous venons de citer: triste et doux emblème de repentir et de charité.... qui était encore de l'amour; elle précéda de quatre ans dans la tombe la royale matiére qui devait delaisser l'âme.... (qu'elle ne pouvait et ne pourra jamais comprendre!) Le *grand roi*, plus clairement le royal égoïste par qui fut *quittée*... Lavallière était le digne fils de ce Louis-le-Juste (non le clément!) qui fit veuve une autre femme plus digne encore que son imitatrice de se *remarier*.... à celui qui aime trop pour trahir!!!

(3) Cette princesse-poète dont la douleur fut la muse et la beauté la magie..... expira sans avoir pu se faire rendre justice du meurtre de l'autre elle-même.... et sous le poids de la stupide accusation de sorcellerie.

Voici la romance composée par la jeune et belle veuve qui soupirait sur le luth barbare dont son âme attendrissait les sons, le supplice du veuvage et les ardentes illusions de l'amour!!!....

Si je suis en repos,
Sommeillant sur ma couche,
J'oy qu'il me tient propos,
Je le sens qui me touche:
En labeur, en recoy,
Toujours est prés de moy.

est un fait....) fut aussi la cause principale de son veuvage. Cette liaison que l'histoire a des raisons puissantes si ce n'est le droit de consacrer par un lien véritable.... naquit l'année même où le glorieux aïeul du duc d'Enghien couronna ses cheveux blancs par la récompense accordée au digne rejeton qui lui rendait ses aïeux et devait continuer sa race. Le jeune héros fut fait en 1794 chevalier de Saint-Louis : malheureusement, à l'instar des preux dont il devint le modèle plutôt que l'imitateur, il crut devoir choisir une dame en même temps qu'un patron. Il ne devait lui choisir..... qu'un cyprès !!!

Charlotte de Rohan vit de sa fenêtre passer en veste et en pantalon l'époux qu'elle ne devait plus revoir!... Le duc, sur les pressantes sollicitations du cardinal de Rohan (nom funeste aux Bourbons et que la fatalité devait rattacher encore à un procès non moins honteux et plus fatal que l'autre!) Le duc était venu, en 1801, se fixer à Ettenheim!

Montmorency avait été précédé sur l'échafaud par un guerrier qui se rapproche de lui dans les combats et, en même temps que tous ses titres, rappelle quelques-uns de ses exploits.

Fils d'un maréchal de France et maréchal lui-même, Charles de Gontaut avait dû la charge d'amiral, sa première récompense, à l'habileté que son roi remarqua successivement en lui aux journées décisives d'Arques et d'Ivri, aux siéges de Rouen et de Paris et au combat d'Aumale.... mais deux ans après (1594), il se la vit soutirer par un rival plutôt que reprendre par son maître : *indè iræ !!!* Le fier soldat français n'avait rien du philosophe juif; Job était la patience et l'humilité.... Biron l'orgueil et l'irascibilité mêmes ; comment aurait-il eu la sagesse et la force de se dire. « Le roi me l'a donnée, le roi me l'a ôtée ; que sa volonté soit faite ! » Le bâton de maréchal qui remplaça celui d'amiral ne pouvait être une consolation...., parce qu'il était un droit, l'autre une faveur en même temps qu'une récompense! C'est donc *seulement* en qualité de maréchal que l'ex-amiral de France exécuta les prises de Beaune, d'Auxonne et d'Autun (1) (1595). Mais le grand fait d'armes de Biron fut le siége d'Amiens comme le combat d'Ivri.... celui d'Henri IV. Pour ne pas sortir de notre sujet, transportons notre héros supplémentaire dans la capitale d'Angleterre : Londres va nous ramener à Paris.... Paris à Toulouse.

Biron ayant été envoyé par Henri IV à Elisabeth pour la complimenter, cette superbe souveraine descendit au rôle de gracieuse et presque galante châtelaine. La *redoutable* rivale de Marie Stuart, la sultane chrétienne qui prétendait régner à Cythère comme à Londres et, faisant payer de la tête un triomphe ou une infidélité, poussa la *coquetterie* jusqu'au crime.... Henri VIII — Elisabeth se fit Gabrielle pour plaire à l'ami d'Henri IV....

(1) Le laboureur, addit. aux mémoires de Castelnau, tome 2 Beauvais.

et triomphes du soldat-courtisan (1). La morgue du grand-seigneur, en blessant la fierté de la reine, aiguillonna la coquetterie de la femme. Bien que voyant la quitter ou plutôt ayant vu fuir la jeunesse à laquelle une sainte pourrait même à peine se résoudre à dire adieu..., L'*ex*-amante de Leicester et d'Essex poussa l'héroïsme féminin jusqu'à danser avec le rude représentant de la cour la plus galante du monde (2). La chronique ne dit pas si le délire de la vanité inspira à Biron le cri de Sévigné (3)... mais Elisabeth en cheveux blancs donnant à sa cour encore pleine de courtisans mais vide d'adorateurs...., le spectacle doublement *unique* de Villars à la cour brillante et moqueuse des Amédées.... me paraît effacer et vaincre sur tous les points le vainqueur de Denain. La courtoisie est ici le modèle de l'abnégation.... si elle n'est pas le prodige de la coquetterie. Peut-être décidée à brûler ses vaisseaux après ses dernières amorces.... c'est-à-dire à faire feu de toutes ses batteries sur le pavillon de France (le vainqueur de Navarin n'eût riposté à celles-là qu'en baissant le sien et le nôtre), peut-être la *syrène* (4) émérite, cumulant en qualité de reine ou de *chef d'emploi* celui d'Essler et de Malibran, et mariant le chant à la danse, prétendit-elle compléter le bonheur.... ou le martyre de sa victime par l'*exécution* d'un Rossini d'outre-mer? Mais l'on ne peut éviter les lacunes en histoire, et celle-ci est sinon des plus tristes, du moins des plus désagréables. — Ce qui est authentique, c'est qu'elle joua de l'épinette.... mais la chronique

(1) Seconde représentation de nos jours. Le vainqueur... ou le vaincu de Toulouse (*ad libitum et secundùm tempora*) s'est vu décerner de véritables ovations par l'ancienne adversaire qui pouvait le saluer du nom de sa souveraine. (Victoria!) Mais Biron, pour se faire illusion, dut remonter les années d'Elisabeth.... Soult les siennes.

(2) Se représente-t-on ce *Vestris*-maréchal qui n'avait appris qu'à faire *danser* la ligue.... souffrant à la fois les supplices de l'enfer et les joies du paradis — maudissant son *indignité* et bénissant la faveur — prêt à abdiquer, s'il avait eu le bonheur de vivre sous son règne, le titre de duc et pair entre les mains ou plutôt aux pieds de Frédéric-Sauteur pour s'entendre proclamer digne de servir dans son illustre *corps*.... et à céder pour un entrechat le bâton de maréchal de France?

Le grand-prêtre de Terpsichore s'érigeant en arbitre suprême du *grand* art de la danse aurait prononcé avec plus de gravité mais moins d'indulgence que la faculté de Molière le fameux et sacramentel *dignus est intrare in docto nostro corpore!* Sous ses ordres, le corps du ballet était une armée.... car le général aimait à se dire comme à répéter aux autres « Il n'y a que trois grands hommes en Europe Frédéric, M. de Voltaire et moi. Il va sans dire qu'il se mettait *in petto* le premier. J'ai eu le bonheur de voir et le malheur d'entendre parler le fils; d'après *Azaïs* il devait surpasser Frédéric..... car il était loin de Voltaire!

(3) Vive *le Roi !* à Londres.... comme à Versailles.

(4) La *Syrène*, nom de la frégate montée par l'amiral de Rigny, toujours anglo-française.

ne nous apprend pas davantage si ses *accords* charmèrent l'oreille des courtisans ou celle de notre ambassadeur: dans le doute, je m'abstiens par la raison décisive que depuis le métromane couronné jusqu'à la syrène de la Tamise le diapazon de cour est un instrument à part...., et, en conséquence, un guide *douteux*. Le jugement de Pâris est impossible à la cour, et l'on n'y voit que le jugement de Midas. Junon est toujours Vénus et Thersite Apollon (1). Au milieu d'un *peuple* de beautés, Elisabeth était donc sûre de s'en voir toujours proclamer la *reine*. Plût au ciel pour l'honneur de la reine et le bonheur du peuple que Tibère-Cléopâtre n'eût jamais que de cette façon *condamné* ses sujets à *perdre la tête!* Le vaniteux Biron enviant le sort de ses *favoris*, (quelles faveurs!) n'eût présenté sa tête promise au bourreau.... qu'aux *fers* d'une femme : le frère d'armes d'Henri IV se fût fait le soldat comme il dût se déclarer le chevalier d'Elisabeth. La gloire lui permettait de déserter les drapeaux de Mars pour ceux de *Vénus*.... car on sert tous les deux quand notre maîtresse ou plutôt votre maître s'appelle Christine ou Elisabeth! Le César français aurait pu sans rougir se dire l'Antoine d'une telle Cléopâtre: Elisabeth eût réconcilié Napoléon avec l'Angleterre. L'antipathie nationale eût cédé à la sympathie individuelle: le génie plaît à la gloire! Mais laissons l'empereur pour revenir au maréchal.

La reine ayant fait arrêter sa litière (2) devant le palais qu'elle lui avait donné pour demeure, le prit pour cavalier dans les rues de sa capitale comme dans les salons de Windsor. Au moment où ils passaient devant la trop fameuse tour qui vient de perdre ses trésors comme notre Saint-Denys... (l'Angleterre au moins garde Westminster!) la royale *Cicerone* montra à son hôte les têtes qui la surmontaient, ou style turc, en *décoraient* la porte.... entr'autres celle du comte d'Essex! Cette tête, en cet instant, était celle de Janus. La première face, comme le double fantôme du Capitole,

(1) Placé entre les deux reines que j'ai divinisées, le seigneur français n'eût pas imité sans doute la galante impartialité du prince Troyen. Juge de la beauté qui coûta la vie à la première... Pâris-Biron eût donné son cœur à la Vénus écossaise, mais adjugé la pomme à la Junon de l'Angleterre.

(2) Les carosses ne datent que de Louis XIII. Bassompierre, le *lion*-maréchal, en est l'inventeur. On sait que la voiture de nos rois, avant cette époque, était un coche, et, sous la première race, une charette à bœufs.

Seulement au printemps, quand Flore dans les plaines
Faisait taire des vents les bruyantes haleines,
Quatre bœufs attelés d'un pas tranquille et lent
Promenaient dans Paris le monarque indolent. (Boil.)

Bassompierre, *lion* bel-esprit (chose rare en tout temps mais surtout de nos jours...) aimait tant à badiner que dans ses mémoires il nous donne le chef de sa famille pour fils d'un esprit follet et d'une jolie dame. Le petit-fils méritait cette origine et ferait croire à l'aïeul....

devait être pour l'illustre guerrier un avertissement dont, plus heureux que l'émule de sa gloire et l'imitateur de sa faute, il pouvait profiter (1). La seconde aurait dû être pour l'auguste mégère la tête de Méduse,... mais la Messaline-Tartuffe de l'Angleterre, comme celle de la Suède, n'était la maîtresse que d'elle-même... et les amants d'Elisabeth, jouant aussi gros jeu que les épouses d'Henri VIII, en devaient subir le sort et comme elles accepter avec un rôle brillant mais passif... les bénéfices et les charges de l'*emploi*. Tyran des âmes et bourreau des corps quand les premières les frustraient des seconds, reine avant d'être femme c'est-à-dire prétendant régner sur elle... Elisabeth, hôtesse de Louis XIV, eût pris Fontainebleau pour Londres comme Christine pour Stockolm et traité d'Essex comme Monaldeschi. Alliant les qualités de Gustave-Adolphe aux vices d'Henri VIII, elle n'eût pas plus abdiqué que la fille du premier les droits d'amante avec ceux de reine... et aurait été de force à répondre au prêtre-roi qu'avait bravé son père... s'il avait balancé à faire Windsor du Vatican :

Rome n'est plus dans Rome.... elle est toute où je suis! (Corn.)

Elisabeth II ne se fit-elle point papesse de Rome pour se consoler de ne plus être de droit reine de Suède? La première l'eût devancée... car ne le fut-elle pas à Londres?

La tête d'Essex ne fut donc de la part du sultan (non de la sultane) Elisabeth qu'une petite surprise à la Henri VIII, une attention anglo-turque. L'histoire-roman de ce favori (que de grands hommes mêmes dont l'histoire finit par un roman!) qui trembla devant la mort à laquelle il sou-

(1) Le comte d'Essex, outre Biron, rappelle deux fois Montmorency. L'anneau de l'un est le bracelet de l'autre (*a*), mais le bijou du favori de la reine d'Angleterre devait le sauver... tandis que celui de l'amant (putatif) de la reine de France devait le perdre. Elisabeth avait assuré l'infortuné d'Essex qu'en faisant, en cas de péril, remettre entre ses mains l'anneau qu'elle passait à son doigt, il n'avait rien à redouter de la fortune toujours inconstante à la cour.. surtout quand elle règne sous les traits d'une femme : idée romanesque et touchante qui faisait d'un gage d'amour.... le gage du salut! Vint le moment opportun c'est-à-dire fatal..: moment prévu par celle qui avait fourni d'avance une arme contre elle-même.,. non un talisman contre l'inconstance (le pouvoir d'une reine et la *magnanimité* de la femme ne va pas jusques-là...) mais contre le despotisme. Vint le moment fatal.... et la victime *du tyran* se souvient de la maîtresse.... mais l'amie qu'il chargea du message sauveur était une amante, et, comme la grecque, l'hermione anglaise (*b*) aima mieux livrer Pyrrhus à la mort que de le rejeter peut-être du seuil de la tombe dans les bras d'Andromaque!.... on dit que près de mourir elle avoua sa faute (dirai-je son crime?) à Elisabeth qui lui répondit ces paroles profondes comme son âme... et dans lesquelles éclatent à la fois la vengeance et le remords : « Dieu peut vous pardonner... mais moi, je ne vous pardonnerai jamais!!! »

(*a*) Le portrait d'Anne d'Autriche trouvé au bras du maréchal.
(*b*) La comtesse de Nottingham.

riait dans les batailles,,, n'inspira à l'invincible Biron qu'un insultant dédain. D'accord avec son caractère, ce dédain était-il également à la *hauteur* de son courage? Nous l'allons voir.,,

Un an après, l'échafaud était dressé dans la cour de la Bastille. Il attendait un gentilhomme qui avait manqué à l'honneur, un guerrier qui s'était rendu coupable de *haute-trahison*, et que venait de vouer à la mort la voix unanime de cent cinquante juges. (1) Le condamné s'avance, l'exécuteur le saisit, Il s'oppose en fureur à ce que celui-ci le touche, se chargeant de son office qu'il n'ose pourtant accomplir. Trois fois il place sur ses yeux le bandeau fatal, trois fois il le rejette... et c'est en usant à la fois de ruse et d'adresse que le bourreau escamote plutôt qu'il ne tranche la tête pleine de feu dans laquelle semblaient s'être concentrés tous les flots de ce sang bouillonnant. Cette tête était celle de Charles de Gontaut, Duc de Biron. Maréchal et Pair de France. La tour de la Bastille n'avait plus rien à envier à la tour de Londres : comme sa sœur, elle avait son trophée !!!

Mais était-ce d'Henri-le-Grand qu'elle le devait recevoir ? Le héros d'Ivri pouvait-il oublier qu'il devait la couronne au père de celui qui l'avait servi avant de le trahir, et ne pas faire grâce à la trahison en faveur de la fidélité? Était-ce à l'élève et au frère d'armes des Birons à faire achever par la hâche l'œuvre du canon (2) et de *réunir* le père et le fils... en joignant à la

(1) Dans le procès d'un autre Maréchal, Marillac, dont l'exécution ne précéda que de quelques mois celle de Montmorency, (*a*) treize juges seulement sur vingt-quatre opinèrent à mort. Cette cour de la façon de Richelieu s'étant présentée devant le *Grand-Marechalophage* pour faire sans doute hommage au despotisme de son horrible triomphe (Richelieu avait cassé la première commission) elle en reçut cette félicitation ironique, cette leçon sanglante et méritée « Sans doute *Dieu* « accorde aux juges plus de lumières qu'aux autres hommes, Je n'eusse pas cru « qu'il y eût eu dans les charges de quoi condamner à mort. » Mais le donneur de leçons se garda bien de faire grâce.

Voy. sur le procès de Marillac les mémoires d'un favori du duc d'Orléans, de Puységur, de Pontis, Vittorio Siri, tom. 7. Histoire de France par Legendre, chanoine de Paris, tom. 8, page 254—5—61.

(*a*) 10 mai et 30 octobre 1632.

(2) Le premier maréchal de ce nom eut la tête emportée par un boulet sous les murs d'Espernai le 26 juillet 1592. fin digne du vieux soldat qui ne sortit jamais sans un souvenir des sept batailles où il commanda.

Biron, après s'être longtemps et justement moqué des *Lenormans* (*a*) de la cour, s'était tellement frappé de leurs prédictions précises sur son genre de mort, que ce rude guerrier tressaillait de saisissement et baissait instinctivement la tête dès qu'il entendait tirer. Ce salut involontaire aurait dû être de la reconnaissance. car ce canon qui devait le tuer un jour., l'avait sauvé un autre. (Ces canons, ce sont les hommes!) Biron, catholique de langue, huguenot dans le cœur.... puis-

(*a*) Tireurs d'horoscopes qui exerçaient sous leur protectrice Médicis le métier de la sibylle du consulat à laquelle crut l'*incrédule* Bonaparte.

tête du premier la tête du second? Devait-il proscrire des jours qu'il avait sauvés? ... L'Helvétie seule aurait dû protéger contre l'Espagne et la Savoie le

qu'il ménagea ce parti en guerre et le servit en paix, (a) sur un avis de bon lieu, fit braquer le canon sur la porte de l'arsenal où il logeait comme plus tard Sully, en qualité de maître de l'artillerie, et évita la proscription en contenant les massacreurs. Le chancelier de l'Hospital ouvrait ses portes à la Saint Barthélemy; le maréchal de Biron pointait des canons sur elle : moyen différent..... mais le dernier plus sûr!....

Henri IV disait des deux Birons qu'il avait eu bien à souffrir de l'ivrognerie du père et des incartades du fils. Le premier fut pourtant l'un des plénipotentiaires auteurs du traité surnommé la paix boiteuse .. parce que Biron et son collègue de Mesmes boîtaient tous les deux. L'ivrognerie qui dégrade un gentilhomme, doit perdre un général et surtout un diplomate.... (*In vino veritas*) et la sincérité n'a pas le précepte de la diplomatie.

Toutes les infirmités (laissons le vice...) inspirent la pitié : celle de Biron le respect. C'est sous les ordres du maréchal de Brissac qu'il fit en Piémont le double apprentissage de la guerre et de la douleur... et reçut la blessure dont il boita toute sa vie : une tache dans cette vie militaire qui brille à tous les sièges et à toutes les batailles mémorables de l'époque. (b) Biron retarda, par un conseil égoïste de quatre ans la prise de Paris; et ce qui l'emporte sur une conquête, la pacification de sa patrie. Peu de temps avant sa mort, dans la campagne de Normandie, il refusa, en le traitant durement, quatre mille arquebusiers et mille chevaux avec lesquels son fils eût probablement fait un tombeau de la Seine aux ennemis..., s'ils avaient tenté de la passer.

« *S'il* (le Roi) n'avait plus besoin de nous, dit-il à son fils, il nous envoirrait « planter des choux à Biron. » Mot naïf, mais peu élevé.... non faux pourtant et curieux en ce qu'il peint deux hommes et deux héros.

Ce n'est pas un Béarnais qui rétractera le cri de la France! Oui, toujours et *quand même*.... vive Henri IV! car il fut brave et bon; mais pourquoi le bon Henri (sans *italiques*) laissa-t-il mourir de faim le citoyen dévoué et courageux qui exposa ses jours pour sauver les siens? (c) Pourquoi, avant tout, tuer le fils du guerrier qu'il appela son père? (d) Pourquoi?

Voici la réponse :

« Montez les degrés, entrez jusque dans son antichambre, vous oyrez les gentils-hommes qui diront : J'ai mis ma vie tant de fois pour son service. . . . . au partir de la, il ne me connoît plus, il me rabroue si je lui demande la moindre récompense.... ses effets parlent et disent en bon langage : mes amis, offensez-moi, je vous aimerai, etc. (e)

(a) Les trois traités qu'il conclut avec lui.

(b) Dreux, Saint-Denis, Montcontour, et les sept affaires déjà citées, sans parler de sa participation à tous les traites de Religion.

(c) Le bourgeois de Paris qui favorisa sa fuite lors de la Saint-Barthélemy.

(d) « Venez-moi servir de père et d'ami contre ces gens qui n'aiment ni vous ni « moi! » dit Henri IV à Biron en présence du cadavre encore chaud d'Henri III...' Un an plus tard, il lui *devait* la victoire d'Ivry !!! Voy. les Mém. de l'Estoile, 1589.

(e) Satyre apologétique de la Duchesse de Rohan.

glorieux soldat dont Fontaine-Française plus encore qu'Amiens aurait dû être l'avocat auprès du Soldat-Roi. La fraternité d'armes est le premier, le plus fort, le plus sacré de tous les titres, et, aux jours néfastes, ce titre devient un droit. C'est le véritable lien du sang !

« Adieu, baron de Biron ! » Ce mot (1) devait suffire à la vengeance : il était une dégradation. Oter les honneurs à celui qui avait perdu l'honneur.... était juste ; mais il fallait lui laisser la vie. N'est-ce pas condamner vraiment à mort que de condamner à vivre l'homme qui s'est tué.., en se déshonorant ? Henri était digne de pardonner c'est-à-dire de se vaincre comme il avait vaincu les autres : c'eût été sa plus belle victoire... car elle égalait la clémence à la justice ! La France aurait reconnu son père dans le pardon accordé au héros qu'elle avait *aussi* nommé son *libérateur*...et n'eût pas souffert, pour ne pas dire rougi, de voir son Roi se donner un éclatant et cruel démenti... en livrant au bourreau *le grand Général qu'il avait présenté à ses amis et à ses ennemis !!!*

Près de deux siècles s'étaient écoulés depuis l'exécution à laquelle on vient d'assister avec moi..., lorsqu'un autre Biron, brave comme le premier... comme lui infidèle... s'écria, inspiré par le Dieu devant lequel il allait paraître, du haut de l'échafaud dressé par les vengeurs involontaires d'un autre Henri IV (2) sur le sol de la fidélité :

« J'ai été infidèle à mon Dieu, à mon ordre, et à mon Souverain ! Français, mes derniers sentiments sont dignes de mes ancêtres ; Je meurs plein de foi et de repentir. »

C'était ainsi, Biron, que tu devais mourir.
(Volt. *Henriade.*)

LES DEUX MARÉCHAUX.

PARALLÈLE.

Le Maréchal-duc exécuté par ordre d'Henri IV valait, au moins comme capitaine, je l'ai prouvé, cet autre Maréchal-duc exécuté par ordre de son fils et successeur. Mais, je l'ai prouvé aussi, combien l'homme, dans Mont-

Les serviteurs d'Henri IV sont ceux de Louis XVIII ! qu'a reçu la Vendée en échange de son sang ?... La fidélité est exigeante, mais l'honneur ne ment pas...... et la reconnaissance des Rois n'est pas un proverbe. Leur ingratitude serait-elle une vérité ?...

(1) Prononcé dans le pavillon qui se voit encore au milieu de l'étang de Fontainebleau.

(2) Voy. l'hist. de la guerre de la Vendée.

morency supérieur au capitaine, était dans Biron inférieur au premier ! Services presqu'égaux, mais culpabilité différente : ressemblance du début, non de la fin.

Biron et Montmorency, l'un par le siége d'Amiens, l'autre de la Rochelle, délivrent la France de la guerre civile ; mais le premier conspire contre sa patrie et son Roi dans l'intérêt de l'étranger : le second pour son Roi et contre un ministre. Tous deux cherchent encore la gloire dans la rébellion ; mais un seul dans le crime : Biron voudrait élever sa fortune en abaissant nos armes ; Montmorency combat aussi pour sa fortune, mais dans l'intérêt du malheur et non aux dépens de notre gloire. En présence du tribunal, le premier nie avec exécration, avoue sans nécessité, s'évapore en rodomontades, s'emporte en imprécations : le second avoue avec franchise. . presque avec candeur, épargne ses ennemis, respecte ses juges. L'arrêt est-il prononcé ? Chez le premier, l'arrogance fait place à l'humilité, la hauteur.. à la bassesse : le provocateur devient suppliant ; celui qui défiait la mort, mendie la vie ! Le second, sans repousser la clémence, n'implore point la pitié.. et se résigne à subir comme une justice l'arrêt qu'il accepte comme un bienfait.

En face de l'échafaud... le condamné redevient l'accusé. La rodomontade se change en frénésie. Malheureusement pour lui, Biron se ressemble ; le coupable nie toujours... l'homme ne se *dément* pas. Accusant d'ingratitude son bienfaiteur ; citant ses juges devant Dieu, comme il accuse son Roi devant les hommes ; passant de l'exaltation à l'abattement, de la prostration à la frénésie, il ne sort d'une extrémité que pour tomber dans une autre. La force qui lui revient, n'est que la rage et non la fermeté. Factice comme sa valeur, elle prouve que le courage n'est pas cette férocité brutale, cette furie guerrière qui brave les hommes dans une bataille et Dieu sur l'échafaud. Le soldat qui affrontait une armée, frémit devant le bourreau ; celui qui combattit l'une, ne sait plus que se débattre avec l'autre. Biron avait vu la mort en face, et l'avait vue sans terreur, peut-être même avec joie... parcequ'elle ne lui apparaissait qu'à travers le prisme brillant de la gloire. Quand il la vit à nu, et au lieu d'une épée, la hache à la main... il recula devant elle : son courage n'était que la vaillance c'est-à-dire un *feu d'artifice*, ce salpêtre qui ne brûle un moment que pour s'évaporer en fumée ; il lui faillit à l'heure où il devait le soutenir... parce que sa source était dans la tête, non dans le cœur !!!

Montmorency aborde l'échafaud du même front que le tribunal : pas plus de faiblesse devant le second, que d'arrogance devant le premier : il ne défie pas plus la mort qu'il ne brave la justice : sa fermeté n'a rien de l'ostentation, et la magnanimité du chrétien remplace, mais égale seule, l'intrépidité du soldat. Il rend grâces aux juges qui n'ont pu la lui faire... et bénissant Dieu, sans maudire le Roi, il prête ou plutôt rend à sa mort tout l'éclat de sa vie. A lui aussi se montre sans voile cette mort qui ne fait plus briller à ses yeux, au lieu du bâton de Maréchal, que le fer du bourreau ! Ce fer qui va lui donner... la vie ; ce simple crucifix.. sceptre de la foi qui du croyant sur la terre fait un roi dans les cieux, ne valent-ils pas ce bâton., sceptre de la gloire qui dans ses mains *châtiait* les Rois ? Déjà le soldat avait accepté la mort comme une chance., non comme un mal : le chrétien, à son tour, loin de l'accepter comme une honte à subir, l'appelle comme la seule faveur à briguer... puisqu'elle est l'honneur à reconquérir et non à perdre ; pour le chrétien comme pour le soldat, elle est encore la gloire à gagner ! Seulement le laurier se change en palme., la couronne de la gloire en celle du martyre. Le soldat a disparu.. le chrétien reste!

Le lion s'est fait agneau à l'image du Dieu qui fait sa force et sera sa récompense. Aussi, loin de repousser, comme Biron, l'humiliation derniere dont son Roi l'affranchit, (1) il la réclame comme une grâce qui lui vaudra la faveur divine... et ne refuse que la faveur royale. Le vainqueur de la Rochelle et de Veillane palpita sans doute à l'idée que des mains françaises ne lieraient pas les mains que n'avait pu enchaîner l'étranger... pensée vraiment royale parce qu'elle est grande et généreuse autant que patriotique... et réhabilite le fils d'Henri IV au pied de l'échafaud de Montmorency !!! Mais le héros ne voulait plus être que martyr. L'homme était trop fier, le chrétien trop humble pour accepter une grâce du Roi qui n'avait pas daigné la lui *faire*. L'ennemi de Richelieu aima mieux jusqu'au dernier moment se faire le complice de son bourreau qui s'était armé du Gentilhomme contre l'accusé... que de se voir condamner au cruel, au véritable supplice de mourir l'obligé du Prince dont ce bourreau était le favori !!!

Biron par ses extravagances et ses fureurs inspirant à la fois le dégoût et la pitié, donne à ses compagnons d'armes un spectacle moral qui de cette dégradante agonie ferait une comédie scandaleuse... si le supplice même d'un coupable pouvait jamais être autre chose qu'une tragédie aussi déchirante que terrible !!!

Montmorency par sa résignation unie à la magnanimité inspirant aussi la pitié.. mais commandant le respect, empreint d'un sublime caractère la dernière scène du drame dont le destin le fait acteur, lui seul le héros!

(1) Louis, au moment où on lui apporta l'arrêt à signer, supprima la confiscation des biens. Cette non-confiscation est l'origine de la transmission du magnifique domaine de Chantilly aux Condé, par les Montmorency, dont la sœur du Maréchal devenait l'héritière. La seconde grâce fut la permission, ou plus justement, l'ordre à l'exécuteur de ne point mettre la corde sur les épaules du Maréchal. Le Roi ajoutant qu'il se bornerait à lui couper le col. (*Qu'il ne ferait seulement*, etc. Texte des Mem. de Puységur.) L'exécution qui devait avoir lieu par arrêt du Parlement sur la place Saint-Georges (où fut roué Calas !!!) se fit par *avis* (lisez arrêt) de Richelieu dans la cour du Capitole, comme celle de Biron dans celle de la Bastille. Cette décision ne fut pas une grâce, mais une mesure. La faveur royale n'était que la crainte populaire ! .. Le peuple grondait.. et ses murmures, comme le tonnerre, annoncent la tempête.

La mort de Biron efface sa vie... comme sa trahison avait terni sa gloire.

La mort de Montmorency devient l'exemple du chrétien comme sa vie, au jour près... que son dernier efface, avait été celui du soldat. Frère de l'innocence, le repentir avait droit d'en revêtir la parure. N'est-ce-pas lui qui, sur ce triste chemin de la vie, la retrouve au milieu des ronces... et la rend à ceux qui la perdirent? La robe blanche au baptême de sang ne rappelle pas seulement par sa couleur celle du baptême d'eau, elle redevient l'emblême de l'innocence, et, par un effet contraire à celle de la fable, inocule la vie et non la mort à l'alcide chrétien.

Biron et Montmorency ne pouvaient voir du même œil, subir du même cœur un sort également fatal! Tous deux étaient coupables... mais le premier avait médité un crime... l'autre ne commit qu'une faute. Un seul corrompu... l'autre égaré.

Le remords seul devait donc prêter un masque à la mort... le repentir une couronne!

1602—1632!!! (1)

IX.—La faveur du patron....

Le roi donna au vainqueur (Schomberg) le gouvernement du vaincu. Brézé, le geôlier à cheval qui était allé prendre le maréchal à Lectoure (non à Castelnaudary!!!) reçut le bâton de celui qui ne lui aurait pas remis son épée. Maréchaux de la même étoffe, l'assassin du maréchal d'Ancre... et le *preneur-au-corps* (2) du prince de Condé. Les sergents-de-ville d'aujourd'hui portent aussi l'épée et le *bâton*... mais ce n'est pas celui de Montmorency!

Grande différence, au reste, entre la faveur accordée au maréchal de Schomberg qui n'en jouit que peu de jours... et celle accordée au marquis de Brézé. Les Brézés comme les Noailles, les Duras, les Damas, les Blacas, et tous les *as* du monde, sont une race de cour c'est-à-dire d'antichambre. C'est à l'un des descendants de celui-ci que Mirabeau adressa son insolente mais énergique menace... (l'histoire ne cite pas la réponse dont auraient dû, au reste, se charger les baïonnettes)!!! Le successeur, non le remplaçant de Montmorency avait droit aux insignes de Grand-Maître de la *Garde-Robe*... car ce n'est pas *en face* de l'ennemi qu'on a coutume de *braquer* ces *canons-là*.

Avant le maréchalât, la Connétablie s'était aussi vu prostituer dans la personne de La Cerda par un autre de nos rois, cependant bon juge en faits

(1) Biron 31 Juillet, Montmorency 30 octobre.

(2) Je n'ai pas voulu dire *empoigneur*... car cet ignoble terme n'est français qu'au vocabulaire de la gendarmerie. «empoignez-moi cet homme là» s'écria le commandant Foucaud, en désignant le député Manuel. (1823) je l'ai ouï deposer au procès des ministres, en 1830. Alors, c'etait le peuple qui *empoignait*.....

d'armes... puisqu'il est resté le héros quoique le vaincu de Poitiers. Cet Espagnol avait été, dit-on, la cause de l'exécution du comte d'Eu, auquel il succéda. Une récompense, quand elle est une faveur devient l'injustice; quand elle est une dépouille—la prostitution est dès-lors le scandale... qui double quand elle tombe sur un étranger!

La Cerda connétable, Vitry et Thémines maréchaux,.. sont pour moi Duchastel duc de Bourgogne, ou d'Ornano duc de Guise. (1)

Les meurtriers du duc d'Enghien sont encore les geôliers du duc de Montmorency. Preuve certaine et inconnue. . . . .

Quel fut le complice de Mallet épargné ou plutôt sauvé?

Un seul... et le voici. En 1812 un fiacre (ce n'était pas celui de Louis XVI!) conduisait à la plaine de Grenelle, lieu de l'exécution... le général Mallet et trois de ses complices, Guidal, Lahorie (2) et N.. Le sépulcre roulant s'acheminait avec lenteur... lorsqu'un aide-de-camp du ministre de la police accourant à toute bride, ordonne de l'ouvrir, et en fait descendre le mystérieux objet d'une grâce aussi extraordinaire qu'inattendue. Conduit à l'Abbaye, il y vit commuer sa peine en vingt ans de prison qui, par la *grâce* des événements, se réduisirent à deux.

Or, quel était ce complice heureux de Mallet?

L'un des complices de Bonaparte!!!

Ce nom dont je ne veux pas une seconde fois souiller ma plume... figure comme le cinquième sur la liste de sang!... même origine aux duchés de V... et de R... en tous temps, sous tous les régimes, l'opinion publique stygmatisa les honneurs... qui sont le prix de l'honneur! Grâce quelquefois à celui qui tue... jamais à celui qu'on paye!!!

(1) Duchastel est *l'exécuteur* du duc de Bourgogne (Jean-sans-peur), mais non le vengeur du duc d'Orléans. D'Ornano, l'exécuteur *par ordre* du duc de Guise. La seconde exécution, (non celle de Blois...) manqua parce que le roi faillit... la tête et non le bras. Or l'intention ne doit-elle pas être réputée pour le fait!

(2) Celui-ci est le conjuré mal-appris qui, dans le temps même que son complice Mallet *saluait* militairement le gouverneur de la place (d'un coup de pistolet), prenait, sans les formes courtisanesques du partenaire-modèle cité par Hamilton, la *liberté grande* d'emballer dans un char numéroté sa grandeur Monseigneur le Chancelier de France

. . . . . . Dans le simple appareil
D'un magistrat qu'on vient d'arracher au sommeil.

L'illustre chef de la magistrature française n'était alors que l'*honorable* chef de la police parisienne.

X. Louis XIII pardonnant à Montmorency en face de l'image sacrée....

L'on vient de voir quelle fut sa clémence (1) ! Le fils du moins, entra en bienfaiteur, c'est-à-dire en roi, dans la cité où son père n'avait paru qu'en bourreau... c'est-à-dire en tyran. Sa première visite eut lieu en 1659, la seconde en 1660 au retour d'une excursion dans le Bas-Languedoc et la Provence. A son passage, il accorda la vie à deux criminels que leur bon génie plaça sur son chemin ; il ressuscita... deux pendus (qui allaient l'être !) trait caractéristique. Les Capitouls ayant présenté à ce prince le livre des Evangiles sur lesquels il devait promettre de respecter dans leur intégrité les privilèges de la ville, il hésita... et demanda si son père s'était soumis à cette formalité à laquelle il consentit après l'assurance que tous ses prédécesseurs s'y étaient conformés sans nulle difficulté. Louis XIV avait alors 21 ans ! cette date... est un commentaire !!!

Richelieu eût souri... mais Anne d'Autriche ne dut-elle pas, à l'aspect du Capitole, donner une larme à ce Montmorency dont le tout-puissant ministre ne lui avait pas *permis* de solliciter la grâce? Cette princesse accompagnait son royal fils lorsque Louis traversa Toulouse pour recevoir à Fontarabie la main de cette Marie-Thérèse qu'il devait sacrifier à Lavallière comme il sacrifia Lavallière à Montespan. « C'est le premier chagrin qu'elle m'ait causé de sa vie ! » s'écria son royal époux en apprenant sa mort. Ce mot (meilleur que l'homme) ferait excuser... s'il n'aggravait au contraire ses infidélités.

Lors de ce premier passage, le roi avait refusé à la ville un nouvel abonnement de tailles qu'il lui accorda ou lui octroya, vieux style, au passage suivant. Il l'édifia.. en approchant de la Sainte Table ainsi que son frère, le futur duc d'Orléans alors duc d'Anjou et chef de la dynastie actuelle comme père du trop fameux régent. Il resta au moins de Louis-le-Grand un bienfait et un exemple. Que resta-t-il, que reste-t-il encore de Louis-le-Juste ?...

Le glaive du bourreau !!!

XI. Même mépris des lois dans l'ouverture et le dénouement du double drame.

A l'égard du duc de Montmorency : Présidence de la cour qui devait le juger par le Garde-de-Sceaux au lieu du chancelier. 2° Choix d'un lieu d'exécution contraire à celui désigné par l'arrêt de la cour souveraine.

(1) Disons cependant, à l'honneur de Louis XIII, qu'à son lit de mort il déclara au prince de Condé l'extrême regret qu'il avait toujours eu et avait tenu caché jusque là de n'avoir point pardonné au maréchal, ajoutant qu'on lui avait fait *violence*.....

Voy. mém. de Saint-Simon, chronique de cour par Lauzun

A l'égard du duc d'Enghien, indépendamment du droit des nations et des *gens*.. toutes les lois civiles et militaires violées.

Droit des gens et des nations.

Supposez un ambassadeur coupable! Il trouvera dans la force morale que lui donne son caractère le contre poids de la puissance matérielle avec laquelle il se met en rapport. Quelle est la punition infligée à cet autre Marino Faliero (1) qui machinait la ruine du sénat vénitien? Une mesure protectrice... la supplication et non l'ordre de vider le territoire républicain pour se soustraire à l'effervescence populaire. Au chef étranger (2) de la conspiration Ibero-française contre la régence? La *peine* de se voir reconduire jusqu'à la frontière.

Ne pas respecter les ambassadeurs, dit l'historien-législateur (3), c'est violer les règles qui sont observées même entre ennemis, c'est outrager le droit des gens.

Hostium quoque jus et sacra legatorum et fas gentium rupistis (4).

C'est sous la protection des divinités vengeresses que les anciens, nos maîtres en toutes choses, plaçaient le droit sacré des ambassadeurs.

« *Ultrices legatorum diræ violationem juris gentium prosequantur vi (5).* »

Le savant Grotius (6) dit qu'il importe plus de garantir la sûreté d'un ambassadeur que de punir un crime particulier.

« *Securitas legatorum utilitati quæ ex pœnâ est, præponderat de jure bello et pace* » XVIII, 44.

Aussi, dit Blackstône, depuis plus d'un siècle y a-t-il peu d'exemples, si même il en existe, qu'un ambassadeur ait été puni pour aucune offense même atroce de sa nature.

Les ambassadeurs de Tarquin abusent du titre qui les protége pour ourdir dans le sein de Rome une conjuration dans laquelle se jettent, avec une foule de jeunes patriciens les fils du consul, et cependant le droit des

(1) Le marquis de Bedmar.

(2) Cellamare. Voyez l'ouvrage de M. Valout.

(3) Tacite.

(4) Annal., lib. 1., cap. 43, n. 3.

(5) FF. Lib. 48 *ad legem Juliam de vi publicâ.*

(6) *Histoire de la Législation*, t. 3, p. 150 et suiv. de la Holl.

gens est respecté dans la personne de ceux qui l'ont foulé aux pieds (1)

Une petite république, a dit Vatel, n'est pas moins un état souverain que le plus grand royaume. — Le plus mince navire... n'est il pas le territoire des souverains, de l'état dont il porte le pavillon? Monter à bord, c'est franchir la frontière.

Le droit des gens ne vient pas seulement au secours de ceux qui, par leur position, n'auraient évidemment aucun besoin de sa protection.

Le droit des gens protège ceux qui l'appellent contre les violences dont ils pourraient être victimes, et ces violences ont toujours un prétexte. Oui, c'est précisément dans l'intérêt de ceux que des soupçons, que des condamnations pourraient atteindre... que ces privilèges ont un sens et de la réalité.

Qu'est-ce donc que le privilége de la nationalité, que l'exception qui ressort du naufrage? C'est une défense, une protection : ce qui suppose la possibilité, la chance d'un danger.

« Les fins de non recevoir, a dit un grand jurisconsulte, ne furent introduites que pour venir au secours de ceux qui se trouveraient condamnés par le vice du fonds. »

Violations des lois civiles et militaires.

1° La qualité de prince français rangeait le duc non dans la catégorie des simples émigrés, mais dans une classe à part. Il était banni à *perpétuité* du territoire par un insolent décret qui déclarait ne plus reconnaître de princes français. Mais la législation (de fait non de droit, illégale, puisqu'elle était nulle et illicite) ne donnait le nom d'émigrés qu'à ceux dont l'absence était une volonté.. et la radiation pouvait autoriser le retour. L'on sait que par une exception aussi rationnelle de la part de leurs *successeurs* que glorieuse pour eux-mêmes.. les Bourbons ne jouissaient pas de cette faculté!

2° Connaissance des complots tramés contre la sûreté intérieure et extérieure de la République (2) non attribuée aux commissions militaires. Ainsi

(1) *Et quanquàm visi sunt legati commisisse ut hostium loco essent, jus gentium tamen valuit.*

La dernière année du siècle dernier vit commettre à la fois sur les plénipotentiaires français (*a*) une triple violation du droit des gens et un double meurtre dont la France accusa, sans établir leur connivence, l'Angleterre et l'Autriche. La première en était bien capable.... et l'on ne prête qu'aux riches!!

(*a*) Bonnier, Roberjeot et Jean Debry. Les deux premiers périrent. Ce fait se passa sur les bords de la Murg, près de Rastadt.

(2) Parmi les articles en conformité ou *vertu* desquels fut prononcée la peine, remarquons l'article 11, section III du titre premier du code pénal ordinaire, du 6 octobre 1791 (*a*) « Toute conspiration ou complot tendant à troubler l'état par

(*a*) Un Bourbon condamné par une loi rendue au nom du chef de sa maison! Mais le règne de Louis XVI était alors le règne de la révolution. Louis d'ailleurs, il le disait lui même, n'était pas heureux... et son nom seul devait porter malheur à ses amis, et avant tout aux siens !....

l'incompétence démontrée, et pour ainsi dire, avouée et formulée par le titre même de l'accusation.. vicie et annulle d'avance le *jugement.*

3° L'article 19 de la loi du 13 Brumaire an V porte « qu'après avoir clos l'interrogatoire, le rapporteur dira au prévenu de faire choix d'un ami pour défenseur. » Ah ! l'un des fauteurs du second 21 janvier (21 mars même date en France !!!) avait pris le soin *officieux* de déclarer au prévenu qu'il n'avait pas d'amis...

4° Pas de témoins contre l'accusé.

5° Pas de pièces à charge.

Pas d'autres charges que des réponses à décharge consignées dans un interrogatoire que l'article suivant va frapper de nullité.

6° Lecture non faite au prévenu. Ici, violation flagrante d'une formalité dont l'importance avait dû rendre la prescription impérieuse et rendait l'omission plus coupable (1), En effet, quel est le double but du texte c'est-à-dire quelle est la double pensée de la loi? D'établir la fidèle transcription des réponses... et la persistance de leur auteur. Ce double but devenait triple, dans la circonstance extraordinaire, dans le procès *exceptionnel* (plût à Dieu unique !), où des inductions formaient les éléments d'une procédure, et en l'absence de pièces et de témoins, l'interrogatoire inspirait le jugement, l'accusé dictait l'arrêt !!!

une guerre civile, et armant les citoyens les uns contre les autres, ou contre l'exercice de l'autorité légitime, sera puni de mort. »

Le duc d'Enghien condamné pour s'être *revolte* contre LA LEGITIMITÉ DE BONAPARTE !!!

Le mot est unique et serait charmant ... si sa conséquence n'était atroce !...

Ce mot n'établit-il pas l'incompétence de droit comme l'inapplication ou plus justement la violation de la loi... l'incompétence de droit et de fait ?

Le duc d'Enghien pourtant accepta de tels juges. Mais saint Louis second ne s'était-il pas soumis aux siens ? Un Bourbon devait suivre l'exemple de son roi, le chrétien d'un martyr !

Le duc de Montmorency, non plus digne mais plus fier, récusa les juges qui, à ses yeux, ne devaient être que les *gens* de Richelieu... et non du roi. Le Louis seize premier suivit et amplifia la leçon !

« Messieurs, vous n'êtes point mes juges naturels, et je pourrais refuser de vous répondre. » dit le maréchal aux commissaires du Parlement, lors de l'interrogatoire qu'il subit le jour même de son arrivée de Lectoure à Toulouse. (*a*) Il déchira un mémoire justificatif qu'avait adressé à son malheureux frère la plus tendre des sœurs !... « Je ne veux pas les attendrir » dit deux siècles après à son éloquent avocat le royal client. Le dernier Bourbon *traduisait* le dernier Montmorency. Le mot du second est la pensée du premier....

(*a*) Le 27 octobre 1632.

(1) Art. 17 de la loi du 13 Brumaire an V.

7° Les opinions ainsi recueillies, le président fera ouvrir les portes. Ici, fermées. (1) (art. 30, de la loi du 3 Brumaire an V,)

8° Le président, après avoir rendu à haute voix et fait inscrire au procès-verbal la décision du conseil sur la culpabilité de l'accusé, lira le texte de la loi et appliquera la peine prononcée par le conseil. (art. 35 de la loi du 3 Brumaire an V,)

Enfin.... l'article 25 de la loi du 3 Brumaire an V s'exprime ainsi :

Le président fera apporter et déposer devant lui sur le bureau un exemplaire de la loi. Le procès-verbal *fera mention de cette formalité.*

Preuve de la *stricte observation* de la susdite formalité :

TEXTE DU JUGEMENT OU COMPLÉMENT D'ILLÉGALITÉ

«L'unanimité des voix (quelles voix!!!) l'a déclaré **COUPABLE**, lui a appliqué l'art...... de la loi du..... ainsi conçu...... ET EN CONSÉQUENCE, l'a condamné **A LA PEINE DE MORT.**

Remarquez dans cette minute laissée en blanc... par conséquent omis :

1° La date de la loi.

2° Le numéro de l'article.

3° La place destinée à recevoir le texte.

Ainsi la loi matérielle absente des yeux du tribunal comme *l'autre* de son cœur, Le texte rigoureux mais rationnel,,, s'il n'est équitable, selon notre raison et non notre cœur, le voici :

1° L'impossibilité ou du moins *l'inconvénient* .. si ce n'est le danger de sa garde,

2° Le besoin d'un exemple... comme moyen de terreur,

3° La crainte de l'intervention étrangère. (2)

(1) Je me trompe. Public, et même public *d'élite* : (les gendarmes. Pour auditoire les juges et les bourreaux.... (synonimes !!!) La salle était une vaste pièce destinée au conseil du gouverneur et des hommes d'armes.

(2) Crainte fondée. Gustave IV digne fils du chevaleresque prince qui, lui aussi, périt par un crime.... envoya un aide-de-camp pour intercéder auprès du premier consul. Quand il arriva.... tout était consommé. Bonaparte aurait-il d'ailleurs accordé une sollicitation entachée d'avance (étrangère!) ce qu'il refusa aux prières et aux larmes d'une épouse? «L'univers entier ne pourrait le sauver!» telle est sa réponse à Joséphine. Il disait vrai!... «Les allemands n'ont pas vengé la mort du duc d'Enghien, mais jamais le souvenir de ce forfait ne s'effacera parmi eux!» (manifeste du roi de Prusse. an 1806.) Cette déclaration équivaut de droit sinon de fait à une intervention. La manifestation suivante est la solennelle et double conservation des principes et de sa violation. L'indépendance du territoire allemand a été violée au milieu de la paix d'une manière outrageante pour l'honneur de la nation. (manif. id.)

LETTRE DE LOUIS XVIII A CHARLES IV ADRESSÉE A CE PRINCE l'année (1804) où il envoya la Toison d'or à Bonaparte.

Sire, Monsieur et cher cousin, c'est avec regret que je vous renvois les *insignia* de l'ordre de la Toison d'or que S. M. votre père, de glorieuse mémoire, m'avait

TRADUCTION LOGIQUE DE CE TEXTE FORT CLAIR.

Sa vie nous embarrasse... sa mort nous arrange : Tuons-le ! — et ils *le* tuèrent !!!

La lettre eût été du moins d'accord avec l'esprit, le texte en harmonie avec le jugement.

Indépendamment des innombrables infractions qui l'entachaient d'illégalité... La variété, soyons plus francs, l'incohérence des chefs de condamnation avec les chefs d'accusation, le seul arrêté... et de mise en prévention qui démontre l'incompetence du tribunal, en viciant d'avance la procédure, annule l'arrêt et le rend sans pouvoir.......................mais non sans effet !!!

Droit-Justinien :

Nullus major defectus,,, quàm potestatis.

Droit-Napoléon :

Sic volo, sic jubeo, sit pro ratione voluntas !

Fiat... nox ! (non lux) et... facta est !

ILLÉGALITÉ DE L'EXÉCUTION.

La loi expresse du 15 Brumaire an VI accordait le recours en révision contre tous les jugements militaires ; celle du 27 Ventôse an VIII permettait également de se pourvoir en cassation contre les excès de pouvoir des jugements militaires. Le décret du 17 messidor an XII qui a décidé que les commissions militaires spéciales ne pourraient être attaquées par recours à aucun autre tribunal n'était pas encore en vigueur ; d'ailleurs, dans sa sévérité même, ce décret disait seulement que ces jugements « Seront exécutés dans les 24 HEURES de leur prononciation. (1) Egale transgression des lois qui prescrivent la publicité de l'exécution. Et cette dernière exigence de la loi n'est-elle pas conforme aux vœux, aux besoins de l'humanité... puisqu'elle est la dernière garantie offerte au malheur (à plus forte raison quand il est l'innocence !) contre l'illégalité, la barbarie des supplices... comme la lenteur des formes judiciaires en est une contre les dangers de la précipitation... c'est-à-dire les effets de la passion et les erreurs de la justice ?

(Voyez aussi le code pénal de 1791, article 5 ; le code de Brumaire an IV, article 443, décret du 16 août 1793 qui, en posant une exception, valide la règle, et loin de l'infirmer, confirme le principe. Ce décret que j'invoque en faveur du dernier Condé, fut promulgué jour pour jour, deux mois avant *l'exécution* de la veuve de notre dernier Roi ; exécution dans le genre de celle-ci... mais plus légale encore dans son illégalité même !)

confiés. Il ne peut y avoir rien de commun entre moi et le *grand criminel* que son audace et sa fortune ont placé sur mon trône. . . . .
La Religion peut m'engager à pardonner à un assassin, mais le tyran de mon peuple doit être toujours mon ennemi. etc.

(1) Et avant, et plus haut que ce décret parlait une autre loi... celle de l'humanité ! Elle faisait un devoir de la simple déférence commandée par le haut sentiment des convenances et surtout celui du malheur.... au vœu exprimé par le prince d'obtenir une audience du premier consul.

6

« Ces jugements seront exécutés dans les 24 HEURES... » dit le décret barbare du 17 messidor.

« Ordonne que le présent jugement sera exécuté desuite à la *diligence* du Capitaine-Rapporteur... » (1)

Dit l'arrêt-loi... mais non légal du 21 mars !!!

Mais, toujours conséquents, les juges tinrent sans doute à consacrer par la forme de l'exécution toutes les violations de la loi... comme le jugement lui-même avait consacré celle de tous les principes. Celle-ci à l'amateur du genre le plus exigeant... ne laissera rien à désirer !!!

L'arrêt à peine prononcé, le soldat-président (2) pâle et décomposé dit un mot au geôlier-gouverneur... (3) C'était l'ordre d'exécution !! Il était trois heures du matin. Le gouverneur, un flambeau à la main, précède le prince dont il éclaire la marche à travers les détours d'un escalier sinueux, étroit et rapide. « Voudrait-on me faire périr dans les oubliettes? » s'écrie l'illustre prisonnier. « Soyez tranquille, Monseigneur ! » répond en sanglottant un des officiers de l'escorte : on parvient au fossé... Là, aux pâles clartés des flambeaux ou plutôt des torches funèbres... le héros découvre et contemple d'un front serein, et calme comme son cœur les soldats qui l'attendent, les armes qui vont le frapper, la fosse qui va l'engloutir. Il regarde... et le sinistre appareil n'arrache au dernier duc d'Enghien que ce cri qu'eût poussé le premier : « Grâce au ciel, je mourrai de la mort d'un soldat ! » quelques secondes après... son vœu héroique était exaucé !!! Condamné sur un brouillon... exécuté sur un mot !!!!

Certes brouillon est le mot de l'informe croquis griffonné et signé à la hâte qui reçut quelque temps après sa régularisation. Mais qu'importe à la sévère équité ou même à la simple raison ce complément dérisoire? Que fait à l'injustice l'ombre de la légalité? C'est un soufflet à la raison au lieu d'un outrage à la conscience publique... Voilà tout ! Seuls... les faits parlent et ils diront :

Procès instruit ; accusé, interrogé, jugé, exécuté de nuit... au coin d'un bois, dans une prison sans public, partant sans publicité-fosse creusée avant les débats, (4) lanterne sur le cœur pour guider les soldats... (non les gendarmes...) pierre lancée sur ces nobles restes pour achever l'œuvre homicide :

(1) Dautancourt, sixième signataire.

(2) Hullin.

(3) Harrel, ce vil pourvoyeur de la police qui, non-seulement déserteur mais *proditeur* de la République, avait livré à l'empire naissant (sous la forme du consulat) les têtes de Cerrachi, de Topino-Lebrun et de Demerville. Harrel et Daumesnil.... 1804 et 1814... noms et dates qu'on ne saurait confondre !!! « Je vous rendrai la place... quand vous me rendrez ma jambe ! » répondit la *jambe de bois* aux sommations anglo-russo-prussiennes. Celui-là n'aurait pas plus *gardé* le duc d'Enghien que *rendu* (v ou r) Vincennes...

(4) Pendant le souper du prisonnier.

tout de nuit enfin... et l'aurore n'ayant plus à éclairer qu'une tombe... et à redire aux échos de la forêt jadis sainte et aujourd'hui sacrilège la consommation du sacrifice !!!

Mais cette consommation matérielle, à qui l'attribuer? L'on sait qui chargea les armes... mais qui commanda le feu ? Cherchons... nous trouverons peut-être. Plongeons dans ce fossé qui sous l'œil d'un français s'élargit comme la plaine de Rocroi, seule tombe assez *grande* pour recevoir... la maison de Condé : (ce débris, en tombant devient une maison !) Quel spectacle! Le dernier fils des Condés c'est-à-dire le dernier représentant de la chevalerie, le duc d'Enghien enfin..., debout, le front découvert, la poitrine ouverte comme son cœur que la mort même ne pouvait fermer à la France, se résigne au supplice comme il se dévouait à la gloire. Une ignoble lanterne éclaire pour la dernière fois ce noble front qui brilla si souvent du feu des batailles... et placée sur le cœur héroïque fait pour être le but de nos ennemis et le guide de nos guerriers, en fait... le point de mire des assassins !!! Car les satellites et non les soldats de Bonaparte n'étaient plus ces soldats de la République, braves enfants de la France qui se découvraient devant les vertus du héros dont les meurtriers militaires ne surent que percer le sein! Un jour, pendant un des rares armistices de la campagne d'Allemagne le duc d'Enghien cédant au désir exprimé par ceux qui n'étaient .. et dans lesquels lui-même ne voyait des ennemis que sur le champ de carnage, parut sur la rive opposée à celle occupée par l'armée républicaine, A la vue du prince généreux qu'avaient salué plus d'une fois avec le respectueux enthousiasme de la reconnaissance leurs frères secourus et soignés par ses ordres... ces nobles cœurs s'émurent, ces fronts mâles se découvrirent... La royauté reçut les hommages de la République! Un instant, les deux rives n'en firent qu'une... car elles ne portaient que des français fidèles!

Quelle est sur le bord extérieur du fossé, faisant face à la scène, cette sombre et mystérieuse figure? Voyez les convulsions de la rage l'agiter... entendez sa voix lugubre vibrer dans l'ombre et pousser à deux ou trois reprises un cri terrible qu'on entend... sans l'écouter ! Son horrible empressement semble croître à proportion d'une naturelle et louable hésitation. Enfin, rassemblant toutes ses forces, et pour la dernière fois, il s'écrie:

FEU !!!

A l'instant l'éclair brille, la foudre part... Le monde compte un crime de plus... la France une gloire de moins !!! (1) On n'accusera pas du moins la

(1) Réal eut le 20 mars une conférence de trois quarts d'heure avec Murat, et dit à N... après le départ du gouverneur de Paris. « Le duc d'Enghien doit être conduit ce soir à Vincennes ; il sera jugé et exécuté aussitôt qu'il sera arrivé. » N.... était chef des bureaux de Real, conseiller d'état spécialement chargé de l'instruction et de la suite de toutes les affaires relatives à la sûreté intérieure de la République. Le lendemain, vers 11 heures, Hullin arrive chez Réal. « Eh bien ! c'est fini ; il a été exécuté ce matin. » Ce jour-là, il était sincère.....

lenteur des *formes* judiciaires et exécutoires! Sous ce double rapport le procès-d'Enghien est le modèle du *laconisme* de style... et de fait!!! La victime tombée, les bourreaux se changent en fossoyeurs. Des gendarmes *d'élite* (comme les juges dont je les sépare... car ceux-ci furent l'âme, les autres les machines!) des gendarmes s'approchent du prince, le saisissent... et l'emportent tout habillé pour le jeter et non le déposer dans un trou creusé derrière un mur de deux mètres de hauteur, distant de trois pas du lieu fatal et que l'on comble aussitôt. (1) Le prince portait deux montres. L'une d'elles est remise au sinistre inconnu. (2)

Pour le connaître... sautons du fossé ténébreux de Vincennes dans le brillant palais des Tuileries rendu à ses maîtres et d'où nous allons voir sortir l'expiation comme nous en avons vu sortir le crime. Tous les grands de l'état se pressaient autour du trône où siégeait en cheveux blancs le Nestor français, l'auguste auteur de la Charte.. quand passa à son tour l'illustre diplomate qui l'y a replacé. «Prince Talleyrand, dit le monarque avec un gracieux sourire, vous et les vôtres pourrez venir ici sans crainte de mauvaises rencontres»

La mauvaise rencontre des Tuileries... c'était la figure de Vincennes! Cette consigne rigoureuse n'était qu'une stricte convenance, une tardive justice. Louons donc sans restriction la défaveur royale puisque l'humiliation du vi-

(1) Ce trou servait de dépôt à des décombres Quel décombre, grand Dieu, on lui jetta ce jour-là! Jamais il n'en avait reçu... Puisse-t-il jamais n'en recevoir de semblable!...

(2) L'autre resta sur sa personne ainsi que ses bagues dont l'une portait un brillant. Le duc portait un pantalon gris, des bottes à la hussarde, une cravate blanche et la casquette a galons d'or que nous avons vue dramatiquement figurer pendant les debats et qu'il jeta une seconde et dernière fois à terre à l'instant du supplice. C'est après la lecture de l'arrêt faite par le capitaine-rapporteur Molin et entendu par le prince avec le plus stoïque sang-froid pour ne pas dire l insensibilité de l'abnégation terrestre... que l'illustre condamné adressa la demande, presque la prière d'un confesseur : on connaît la réponse!!! (a)

Quant à l'officier (l'adjudant Pele) qui donna moins qu'il ne reçut l'ordre de faire feu, il est le moins coupable des auteurs de ce lâche attentat.. puisqu'il ne commanda que par commandement. Je ne puis excuser sa présence, mais j'ai dû louer son hésitation ..

Un gendarme affirma, à l'époque de la Restauration, et lorsqu'on s'enquérait de toutes les circonstances de cette horrible affaire, avoir reconnu sur le parapet le duc de Vicence qui le nia tout naturellement. Quant à l autre, jugeons de quoi il put être coupable par ce dont il était, se proclamait capable : « Si le premier consul m'ordonnait de *tuer mon père, je le tuerais.* (b) »

(a) *Tu veux donc mourir comme un capucin!* — L'injure... au vœu d'un mourant!!!

(b) La duchesse d'Abrantès rapporte ces paroles qu'elle prétend avoir été adressées par S..... à son mari... paroles dont le délire fait presque excuser l'atrocité! Un tel dévouement est ou plutôt serait (car on ne doit pas admettre ce qu'on ne peut comprendre!) le nec plus ultrà du séïdisme...

vant fut une réparation et un hommage au mort, le soufflet à l'écusson révolutionnaire... une fleur sur la cendre royale : mais pourquoi faut-il que ce même prince (je n'ose dire le même homme!) ait si non pressé, du moins laissé mettre entre les siennes les mains parricides d'un des fauteurs du 21 janvier? Celui qui disgrâciait, et en le disgrâciant, châtiait le bourreau en second c'est-à-dire l'exécuteur en chef du duc d'Enghien... devait-il choisir ou seulement accepter pour ministre le meurtrier de Louis XVI et du duc d'Enghien? Fouché cumulait !.. il siégeait au conseil-assassin : sa présence... est son vote! Mais croira-t-on jamais, quoiqu'on l'ait non seulement dit mais affirmé... sans le prouver, qu'un des chefs de la noblesse de France, (son avis était un vote, et son vote un arrêt...) ait voté la capture, je veux dire la mort d'un Condé ? Cet homme était... ou serait l'évêque-ministre-prince-chambellan-plénipotentiaire-ambassadeur qui tour-à-tour ministre de la République, dignitaire de l'empire, restaurateur de la royauté, représentant et soutien de la dynastie régnante, fut le serviteur... mais non la dupe de tous les régimes qu'il soutint, étaya... mais abandonna plutôt qu'il ne les trompa ou les trahit, quand il les vit malgré ses conseils non par sa faute... près d'expirer. Talleyrand, car on l'a nommé, est le Sosie politique au festin des rois... ne connaissant et ne faisant reconnaître amphytrion que l'amphytrion où l'on dîne : faisant bon marché de l'autre monde au profit de celui-ci, ne croyant en Dieu que si Dieu est roi ...c'est-à-dire lui prince, consentant à n'être rien... pourvu qu'on le fasse quelque chose, Un tel homme peut bien être... mais fut-il le conseiller et dès-lors le fauteur du 21 mars, le bourreau en premier comme le souffleur-général... le bourreau en second ? On peut soupçonner un courtisan et douter d'un ministre.. on peut tout croire d'un diplomate !

Ce qui est certain, c'est que le citoyen-prince (prince passé,,, et futur), dans sa dépêche du 11 mars au ministre d'état à Carlsruhe, lendemain même des instructions de Berthier à Ordener, dit nettement que l'arrestation successive des *brigands* envoyés en France par le gouvernement *anglais* (1) avait indiqué que des trames s'ourdissaient à Offembourg, qu'on avait appris également que le général Dumouriez (2) et le duc d'Enghien se trouvaient à Etten-

(1) 26 ans plus tard, le prince ex-citoyen mais toujours ministre (Talleyrand ambassadeur était seul tout le gouvernement qu'il soutenait ou plutôt fondait en le représentant...) Le républicain retourné se faisait le *chargé d'affaires* de Louis-Philippe auprès des *brigands* qui renversèrent enfin Bonaparte.

(2) Dumouriez-Condé, quel non-sens! Dumouriez-Orléans, bien. Jemmapes *(a)* suffisait pour unir à jamais ces deux noms et faire au soldat-roi un

(a) Un autre duc de Chartres, aïeul de celui-ci, avait combattu avec la même valeur (qualité bourbonienne) sous un général et dans une journée également célèbres. Accouru dans la mêlée avec une cravate jetée plutôt qu'attachée à son cou, il vit la cour et la ville se parer à l'envi des cravates *à la Steinkerque*. La France adopte avec enthousiasme toutes les modes.. quand c'est la gloire qui les donne.

heim dans un but de conjuration. Il finit par dire que le premier consul (ou le gouvernement français dont Talleyrand eût été le moteur si le premier rouage ne se fût appelé Bonaparte !) voit avec une affliction profonde l'asile accordé par le grand-duc (1) à ses ennemis. L'accusation n'était-elle pas une défense, cette défense une menace, et l'interdiction seule... la violation du droit? Si, au Conseil-d'*Etat* (2), le ministre que j'accuse (car je le soupçonne sans pouvoir le convaincre...) conseilla la capture comme tempestive et opportune, ce qui, en langue gouvernementale, s'appelle nécessaire, dans ce but perfide que le prince prévenu par la presse ne serait pas assez *simple* pour revenir en France, Talleyrand est plus que le complice... il est l'instigateur de Bonaparte. Fouché n'a fait que tuer Louis XVI... Talleyrand a plus que circonvenu, il a traqué..., et en le capturant, a tué le duc d'Enghien. C'est le renard-tigre de la diplomatie !!!

Une seule voix (qui le croirait si l'on ne pouvait, ne devait tout croire des hommes ?) une seule voix s'éleva dans la *convention* au petit-pied en faveur d'un Bourbon... ce fut celle-là même qui, sur les bancs de la mère... avait voté la mort du prince dont un soldat avait pris et lui-même occupait la place. Le remords engendra-t-il la pitié, l'injustice... l'équité? Qu'importe? Enregistrons l'effet sans fouiller la cause, louons-le bien sans nous préoccuper du mal ; ravaler l'un, c'est ramener à l'autre. Ne voyons qu'un fait... le dernier Condé sauvé (toujours l'intention pour le fait !) par le même homme qui perdit Louis XVI.

Cambacérès se prononça contre la violation de territoire, et n'admit l'arrestation qu'en cas de flagrant délit, par conséquent en France où il devait penser, comme Talleyrand, que le duc se garderait bien de venir (et non de revenir) (3). la conduite du consul prouve, sans l'excuser, que le régi-

serviteur de son général... ou plutôt du compagnon d'armes qui devait être son compagnon d'exil et non le complice de sa trahison... car *divorcer* avec la république n'était pas trahir la France. Ce général, loin de conspirer à Ettenheim, dirigeait alors le comité contraire d'Hambourg. Il ne pouvait se réunir aux Français qui pour lui étaient l'étranger, agir pour le parti qu'il n'avait pas servi. Je n'accuse pas, j'explique. Avant l'expédition définitive et la mission de Charlot que la suivante détermina, un officier détaché de Strasbourg ayant trouvé le prince à Ettenheim, se fait nommer les chefs de son état-major. Parmi les noms qui parviennent à son oreille faussée par la prononciation germanique se trouvait celui de Thumery métamorphosé en Dumouriez. Il le place comme tel dans sa dépêche... et sur une consonnance on arrête et juge un Condé comme complice d'Orléans ! (Lisez ou prononcez... Dumouriez).

(1) De Bade.

(2) Si jamais il en fut... puisqu'il était composé des consuls, des ministres, et présidé par le chef des chefs de l'Etat qui, l'année suivante, (Austerlitz !), était le roi des rois.

(3) On n'a pas craint d'insinuer, on a osé garantir que le duc d'Enghien

cide n'était pas né pour être prodigue du sang dont il se montra si généreusement avare : malheureusement cette soif n'était point passée... on venait à d'autres (1).

L'amende honorable et surtout la vieillesse du chef des juges du duc d'Enghien m'auraient inspiré l'indulgence que je témoigne ici pour celui de mon Roi... mais sous le cilice je n'ai vu, je n'ai dû voir... que le poignard ! ce repentir (je l'ai prouvé !) n'était que l'hypocrisie : loin de provoquer mon indulgence en excitant ma pitié, il devait armer et non désarmer ma sévérité ! ma conscience impose et va encore imposer silence à mon cœur. Je ne veux, je ne dois le laisser parler que pour la victime...

Pour achever mon ouvrage et vous convaincre de ma conviction... pénétrez avec moi dans le sanctuaire de la *justice* ou, pour être vrai, dans l'antre de l'iniquité... et jugez le jugement par l'interrogatoire. Autour d'une vaste *table ronde* (2) (L'ancienne ne réunissait que de loyaux chevaliers !) siègent en grand uniforme huit officiers sous la présidence d'un maréchal-de-camp et la vice-présidence clandestine d'un autre général dont l'influence et le caractère révèlent la mission... et la seule présence fait le président véritable, en un mot, l'âme du conseil (3). En face du président,

avait été vu plusieurs fois à Strasbourg... et même à Paris. La vérité, c'est que le prince poussa la prudence jusqu'à ne pas approcher du Rhin, limite des deux états et pour lui fleuve de famille...

(1) Allusion à l'infâme Shée, le préfet-régicide qui, aussi et plus fidèle à lui-même qu'à Bonaparte et aveuglé par sa haine, égara celui qu'il devait éclairer. On voit que Bonaparte avait la main heureuse, et en fait d'impartialité ou de droiture, choisissait aussi bien ses instructeurs que ses juges. Meurtrier du *tyran* Louis XVI, serviteur (lisez esclave) du débonnaire Bonaparte : quel contraste ! Voilà les hommes...

Je ne connais qu'une *chose* plus ignoble qu'un bourreau... c'est un mouchard ... en épaulettes. Ettenheim, comme si toutes les bassesses s'y étaient donné rendez-vous, va nous en offrir un exemple. Un espion-colonel ayant passé le Rhin, égara le prince sur Strasbourg, comme son chef d'emploi (*a*) Bonaparte sur Ettenheim. Il s'était déguisé, sans physique et *moral*, pour mieux tromper par ses serviteurs mêmes le prince loyal que chacun d'eux aurait voulu sauver et que tous ensemble allaient perdre. Donner à la perfidie les apparences de la sincérité, à la malveillance l'air de l'intérêt, de la sollicitude, du dévouement,,, Ah ! c'en est trop. Je le répète, j'aime mieux le bourreau-criminel ou légal, je comprends le meurtre... non l'espionnage, encore moins la délation... surtout quand l'espion et le délateur est un soldat ! mais celui-ci n'est... qu'un gendarme.

(*a*) Shée,

(2) Quel noble souvenir ou plutôt quelle sanglante ironie que ce nom si pur de la chevalerie !

(3) Le même qui commanda le feu... après avoir peut-être, selon l'histoire, probablement, selon nous, soufflé le jugement ! Ce trop fameux personnage, le dos tourné au foyer, s'était immédiatement placé derrière le président (nominal) et pour ainsi dire collé à lui. Pourquoi les deux corps n'auraient-ils pas fait une âme ? La vraisemblance n'est pas la certitude... mais la probabilité.

sur un fauteuil de cuir, celui qu'on accusait de conspirer et qui ne sachant que se battre, n'avait été que le bras d'une armée... non la tête d'un complot. On le savait bien... et c'est pour cela qu'on voulait se défaire de ce bras éprouvé par la guerre... et redoutable même pendant la paix. L'horloge frappait deux heures... et la voix lugubre roulant dans les cours désertes semblait pleurer une grande agonie, et retentissant jusque dans les siècles morts, annoncer aux hôtes royaux de Vincennes qu'un grand crime allait se commettre aux lieux mêmes où s'enseignait la justice... et que l'antique château de Saint-Louis allait se changer en tombe des Condés. Image de la race immortelle qui, toujours prête à s'éteindre, allait enfin et pour jamais s'évanouir... la flamme vacillait dans les lanternes de fer, autre et double image de l'aveuglement volontaire et de l'inexorabilité des juges. C'était, nous le répétons, à l'équité près, le tribunal de l'enfer! Nous avons vu... écoutons!

Le président presse, serre, talonne l'accusé sur le chef qui est la procédure — puisque cette charge est un crime et l'aveu serait une condamnation... mais il n'est de crime que l'accusation! Quant à la condamnation, elle est écrite sur le front impitoyable des juges qui s'y sont résolus... comme l'accusé s'y résigne. Lisez dans ce regard menaçant comme la voix qui l'accompagne... et contraste si bien avec le regard noble et assuré, l'accent digne et calme... presque bienveillant de celui qu'on voudrait mais ne peut intimider, et devrait soutenir et rassurer. Regardez, écoutez... et vous aurez bientôt avec moi deviné le coupable! C'est Hullin qui interroge, c'est un Condé qui répond. Dans ces deux noms est le contraste c'est-à-dire la mesure comme la portée des questions et des réponses! — Vous êtes accusé de conspiration contre les jours du premier consul, qu'avez-vous à dire? — Je vous ai dit non, monsieur. — Pourtant tout le fait croire. — Non, monsieur, reprend le prince en jetant avec irritation et foulant aux pieds la casquette qu'il tient à la main... et devait placer sur sa tête (1). C'était le juge qu'il fallait fouler sous ses pieds, c'était cette face sans pudeur, insolente et provocatrice comme ses paroles qu'il fallait marquer du stygmate de l'infamie. Mais la bassesse, surtout la **LACHETÉ**, ne se punit que par le mépris... et c'était assez pour l'illustre patient de savoir que la France digne de lui comme il s'était montré digne d'elle... et appelée à le juger en dernier ressort, ne verrait que dans le fauteuil du juge la sellette de l'accusé. Désarmé comme son aïeul, mais plus fier et plus digne encore que lui... puisqu'il était humilié (2), le fils du grand Condé se souvint que la *prudence* lui

(1) La casquette sur la tête d'un Condé... devient le casque de Bayard!

(2) Sous la fronde, les ducs de Beaufort et de Nemours s'étant battus pour la préséance au conseil, une discussion non moins *grave* s'élève entre le comte de Rieux et le prince de Tarente. (La Trémouille.) Le grand Condé s'interpose, Rieux fait un geste... que le prince paye d'un soufflet. Le parlement allait sévir... mais le prince arrêta la procédure; il eût mieux fait d'arrêter... le coupable au lieu de le

avait ôté son épée... et que le fer seul lave les affronts du guerrier. Poursuivons si nous en avons le courage comme la volonté! — Prétendez-vous me persuader (1), avec votre naissance sur laquelle vous revenez sans cesse (2), que vous étiez indifférent aux événements, quand ils pouvaient vous être si PROFITABLES? — A ce coup *droit* une seule *riposte*, à cet argument *(ad hominem)* une seule réplique, et je la dicte à mon héros... (dirai-je à mon client?) — Je me nomme Condé! — Ce nom, symbole de gloire et d'honneur, ne repousse-t-il pas la peur comme le crime... c'est-à-dire, en cas de guerre et de conspiration, l'inaction et l'assassinat? ne devrait-il pas être, devant des juges français et militaires une *défense victorieuse*, le plus sûr plaidoyer? Résumé de tous les devoirs du prince et du guerrier, il commandait au duc d'Enghien de rester prince et de survivre aux rois, en un mot, au champ d'honneur comme devant la barre d'infamie, de montrer à la république étonnée la royauté vivante dans l'auguste débris qui en fut le soutien? Hâtons-nous de clôre cette série par cette réponse aussi juste que péremptoire, affirmation négative qui constitue une défense et tient lieu d'un interrogatoire.. aussi pénible pour celui qui raconte que pour celui qu'il touche... moins que son historien. — Avez-vous porté les armes contre la France? — Ce n'est pas contre mon pays que j'ai porté les armes (3).

Non, noble prince, car c'était contre ses ennemis! ceux du trône furent et seront toujours les siens. Tes vertus, voilà tes crimes... ta loyauté, ta seule faute... ta mauvaise fortune, ton seul tort!!!

frapper! Mais il est une qualité supérieure au titre de prince, de roi même (car on peut faire de ceux-là)... c'est celle de gentilhomme, et Condé ne dut, ne devait peut être se rappeler que celle-là.

« Sortez! » dit avec arrogance sans joindre à l'insulte la réparation, un autre Condé à son rival (le duc de Brissac) entrant chez la maîtresse du prince, (Le comte de Charolois.) Le *nôtre* aurait dit : « Sortons! »

L'avocat-général Talon ne parlait de rien moins que de conclure à la mort contre Rieux, vu l'outrage au sang royal qui coulait aussi dans les veines de l'agresseur, circonstance qui explique l'offense sans l'atténuer. Ce comte de Rieux, tout *simplement* prince de la maison de Lorraine, était-il l'allié de l'ami qui se dévoua pour Montmorency? Cette similitude d'inclinations turbulentes ne suppose-t-elle pas une communauté d'origine? L'histoire n'est précise que sur l'agresseur (et si on l'eût permis à tous deux), l'adversaire de Condé. Un Rieux figure encore avec Alphonse Ornano et les secrétaires d'Etat dans le conseil où fut résolue la mort du duc de Guise.

(1) De quel droit, misérable et non *malheureux*, (épithète qu'il s'applique) de quel droit prétends-tu donc persuader à ton tour?

(2) Parce *qu'on* ne s'en souvenait jamais!

(3) Depuis la paix de Lunéville il les avait irrévocablement déposées. Seul désormais....

Que vouliez-vous qu'il fît contre *tous*?
Qu'il mourût. ..

Bonaparte s'est chargé de l'application. Avec lui, la paix était encore la guerre'...

Quel douloureux contraste que cet interrogatoire ! à l'audacieuse et violente insistance du juge,.. qui n'opposerait, avec une respectueuse admiration, la dignité modeste et la magnanime longanimité de l'accusé? Un seul instant l'indignation rallume sur le front de Condé comme sur celui de Montmorency (1) cet éclair qui naguère présageait la foudre à leurs ennemis et aux nôtres. Eclair passager qui bientôt fait place à la sérénité, dernier retour à la fierté du sang qui n'a pu altérer le calme du cœur. Mais de quel terme flétrir le sentiment qui porte à s'indigner de l'indignation qu'il a si justement fait naître... l'insolent qui méprise, en l'oubliant, le rang suprême... l'indigne qui outrage l'infortune toujours sacrée et plus auguste que la grandeur? Des deux parts conséquence logique avec les antécédents, parfait accord des paroles avec les sentiments, des actes avec les hommes. D'un côté, oubli ou plutôt mépris (car cet oubli était un calcul!) de toutes les lois des convenances comme de celles de l'équité; de l'autre conciliation de toutes les bienséances avec la dignité comme naguère de toutes les chances de la politique et des vicissitudes du sort avec l'honneur d'un nom et l'intérêt d'une cause. — Pleine satisfaction à toutes les exigences comme à tous les devoirs sociaux. En face des outrages l'âme du gentilhomme... en face de la mort le cœur du soldat! Par l'une dominant les premiers, par l'autre bravant la seconde. Sous le feu du canon qui égalise comme il éclaircit tous les rangs, le duc d'Enghien était assez *grand* pour élever Hullin jusqu'à lui!... comme le petit-neveu du grand Frédéric (2), le petit-fils du grand Condé pouvait, devait même croiser contre le noble sabre du grenadier-général (3) l'épée du chevalier: désarmé, devant ces mêmes ennemis se faisant ses juges... le soldat redevenait prince et ne devait plus voir dans les *serviteurs* de Bonaparte que les sujets de Louis XVIII. Combattre avec les mêmes armes quand la lutte devenait inégale, la distance infranchissable... c'eût été s'abaisser jusqu'à eux sans les pouvoir élever jusqu'à lui.

(1) Le maréchal, à son entrée au parlement, salua avec une noble courtoisie la centaine de magistrats qui composaient la cour, puis s'assit, tête nue, sur la sellette.... au milieu du parquet. — Votre nom, lui demanda avec douceur (et selon l'usage) le garde-des-sceaux. — Mon nom? répondit avec orgueil Montmorency, vous devez le savoir; vous avez mangé assez longtemps le pain de mon père. Réponse dans laquelle il ne faut voir qu'un dernier tribut à son rang comme la douleur des juges en était un à son caractère.

(2) Le prince Louis de Prusse tué dans la campagne de 1806 par le hussard Guindé. Ce sous-officier aborde le général isolé des autres par son courage. — Rendez-vous, prince, ou vous êtes mort! — Un coup de sabre est la réponse. Le hussard riposte par un coup de pointe et le prince tombe. — Vous êtes mort. — On reconnaît le soldat français. Même déçue, l'on aimerait encore cette jactance héroïque... on l'admire quand elle tient parole. Le sang du grand Frédéric n'était pas sali par le sabre d'un soldat de Napoléon. Celui-ci était de plus compatriote d'Henri IV! Il sentait l'origine...

(3) Le général Hullin commandait les grenadiers à pied de la garde.

« Il est coupable ! » osent s'écrier huit hommes. — « Je suis innocent ! » répond un seul. Le chef de ce tribunal improvisé, de ces juges de contrebande s'appelle Hullin : l'*autre* est le fils des Rois !

Qui balancerait entre le tribunal et l'accusé?

Aux anciens.., aux beaux jours de Rome, un sénateur d'une réputation sans tache se vit en butte, devant le peuple, à l'accusation d'un tribun *jouissant* du mépris public. Ces mots furent sa défense. — Quintus Varius, espagnol de naissance, accuse Marcus Scaurus, prince du Sénat, d'avoir soulevé les alliés. Marcus Scaurus, prince du Sénat, le nie. Au quel des deux, Romains, ajouterez-vous plus de foi? Le peuple n'en voulut pas entendre davantage... et l'affaire n'eut aucune suite. (1)

Le peuple romain... c'est le peuple français. Aurait-il l'esprit moins juste un cœur moins droit? non... car il a fait les parts.

Interrogez ma vie, et voyez qui je suis. (Rac.)

Le forfait du 21 mars n'était pas le coup d'essai du funeste Donjon. Il avait reçu tour-à-tour le ministre Marigny, (2) le Grand-Condé avec ses compagnons ou, selon Mazarin, ses complices... le prince de Conti et le duc de Longueville; enfin, le dernier Stuart qui, après avoir appelé et réuni la Vendée d'outre-mer sous un lambeau apporté de France, comme l'oriflamme d'outre-Rhin, et servi avec autant de dévoûment et plus de succès (3) la même cause que le dernier Condé, se vit comme lui enchaîner et conduire à Vincennes. Il devait en sortir... comme en était sorti avant lui le prince armé contre le trône que défendit son infortuné descendant. Seul, en franchissant le seuil fatal, (4) le duc d'Enghien devait lire au front de la

(1) Tit. Liv. Hist. Rom. Lib. XX.

(2) Pendu le 30 avril 1315. Il avait été condamné par une commission de barons et de chevaliers convoquée au bois de Vincennes! Son crime était un différend avec l'oncle du Roi et non envers le Roi qui déclara pourtant *ôter sa main* de Marigny... comme le Louis XVI Britannique de son Malesherbes!

(3) A Falkirk, son début.

(4) Fatal à tous ses collègues d'infortune.... mais mortel à lui seul. Marigny condamné à Vincennes ne fut exécuté qu'a Montfaucon.

« Montfaucon a apporté tel malheur à ceux qui s'en sont meslez, que le premier qui le fit bastir (qui fut Enguerrant de Marigny) y fut pendu; et depuis, ayant esté refaict par le commandement d'un nommé Pierre Remy (Général de finances sous Charles-le-Bel) luy-même y fut semblablement pendu (sous Philippe de Valois) : et, de nostre temps, maître Jean Moulnier, lieutenant civil de Paris, y ayant fait mettre la main pour le refaire, la fortune courut sur lui; sinon la penderie, comme aux deux autres, pour le moins d'amende honorable à laquelle il fut depuis condamné.

(Voy. Pasquier, Liv. VIII, Chap. 40, p. 742).

Le barbare Charles IX, suivi de toute sa cour, vint voir pendiller au même gibet comme Charles second à Londres ceux de Cromwell ... les restes de sa victime,

Bastille flétrie par Voltaire, (1) l'inscription inspirée au Virgile florentin par le génie du désespoir !!!

Lasciate ogni speranza, ô voi ch'entrate.....

XII. — EXTRAIT du double procès-verbal de l'exhumation qui eut lieu le 20 mars 1816, en vertu d'un ordre royal du Garde-des-Sceaux. Le second, celui de messieurs les médecins et chirurgiens, commissaires du Roi, porte entr'autres signatures, celle du comte Anglès, ministre d'Etat et préfet de police, et du chevalier Jacques, aide-de-camp de S. A. S. Mgr. le duc de Bourbon.

Tête brisée de deux balles, des cheveux dans la terre qui avoisinait les os du crâne. — La mâchoire supérieure entièrement séparée des os de la face garnie de douze dents. La mâchoire inférieure fracturée dans sa partie moyenne, partagée en deux et présentant trois dents, etc. — Le corps à plat sur le ventre, la tête plus basse que les pieds. On découvrit ensuite et enleva successivement les vertèbres cervicales du col avec une chaîne d'or munie de son anneau, que le chevalier Jacques a reconnue pour être celle que le duc portait habituellement. Cette chaîne et les petites clefs de fer qui accompagnent le cachet d'argent, mentionné ci-dessous, nous ont été annoncées d'avance par le chevalier Jacques, le fidèle compagnon d'armes du Prince qui s'est enfermé avec lui à Strasbourg. — 2° Une boucle d'oreilles; l'autre, non retrouvée. — 3° Un cachet d'argent aux armes de Condé, encastré dans une agrégation ferrugineuse fortement oxidée et où nous avons reconnu une petite clef de fer ou d'acier. — 4° Une bourse de maroquin à soufflet, contenant onze pièces d'or et cinq pièces d'argent ou cuivre. — 5° 70 pièces d'or, ducats, florins et autres, faisant vraisemblablement partie de ceux qui lui avaient été remis par le chevalier Jacques au moment de leur séparation, renfermés dans des rouleaux cachetés en cire rouge dont nous avons trouvé quelques fragments. On a recueilli également des débris de vêtements, parmi lesquels se trouvent les deux pieds de botte et des morceaux de la casquette portant encore l'empreinte d'une balle qui les avait traversés. Ces débris, ainsi que

l'illustre Coligny, et répéta le mot de l'ignoble Vitillius. « Un ennemi sent toujours bon. » C'est de Coligny qu'a dit Voltaire.

Son corps percé de coups, privé de sépulture,
Des oiseaux dévorants fut l'indigne pâture !
(*Henr.* ch. 11.)

C'est aussi dans le château de Saint-Louis que mourut Charles IX dans les bras d'une huguenote !!! (30 mai 1574.)

(1) Que vous êtes changé, séjour jadis aimable !
Vincennes.... (*Henr.* Chant VI.)

la terre recueillie autour du corps ont été réunis aux ossemens et placés dans un cercueil de plomb. C'est sous le bras droit et la main allongée parallèlement au corps et des lambeaux de vêtemens qu'on a trouvé des pièces d'or et la bourse de maroquin.

Parmi beaucoup d'ossemens privés de parties molles, mais généralement bien conservés, on a trouvé le bassin dont l'os de la hanche gauche présentait, au dessus de la cavité qui reçoit l'os de la cuisse, une fracture avec une échancrure circulaire.

XIII. — Journal du duc d'Enghien écrit par lui-même....., et remis entre les mains du premier consul Bonaparte.

« Le jeudi, 15 mars, à Ettenheim, ma maison (le château d'Ettenheim, près Bade) cernée par un détachement de dragons et de piqueurs de gendarmerie, total deux cents hommes environ, deux généraux (1), le colonel de dragons, le colonel Charlot de la gendarmerie de Strasbourg (2), à cinq heures (du matin). — A cinq heures et demie, les portes enfoncées, emmené au moulin près la tuilerie. — Mes papiers enlevés et cachetés. — Conduit dans une charrette, entre deux haies de fusiliers, jusqu'au Rhin. — Embarqué pour Rheinau, débarqué et marché à pied jusqu'à Pfofsheim. — Déjeuner à l'auberge. Monté en voiture avec le colonel Charlot, le maréchal-des-logis de la gendarmerie, un gendarme sur le siège et Grunstein. — Arrivé à Strasbourg, chez le colonel Charlot, vers cinq heures et demie: transféré une demi-heure après, dans un fiacre, à la citadelle... »

« Dimanche 18. — On vient m'enlever à une heure et demie du matin; on ne me laisse que le temps de m'habiller, j'embrasse mes malheureux compagnons, mes gens; je pars seul avec deux officiers de gendarmerie et deux gendarmes. Le colonel Charlot m'a annoncé que nous allions chez le général de division qui a reçu des ordres de Paris. Au lieu de cela, je trouve une voiture avec six chevaux de poste sur la place de l'église; on me campe dedans; le lieutenant Pétermann monte à côté de moi; le maréchal-des-logis Blitersdoff sur le siège; deux gendarmes, un dehors, l'autre dedans. »

(1) Ordener et Fririon.

(2) C'est ce mouchard déguisé en colonel; car il s'était dégradé en se faisant le *lieutenant* du misérable choisi lui-même pour *second* par son complice passé et son chef présent. Hâtons-nous de répéter que l'aide-de-camp du général de la brigade de *sûreté* qui avait désigné Charlot pour violer tous les droits des gens, en un mot, envahir un pays neutre, forcer une propriété et enlever le maître ... ne portait que des épaulettes *d'argent* : il en méritait d'or!!! Au reste, le *lieutenant*-colonel Charlot (nom ignoble comme l'homme...) et son digne chef et acolyte, le *sous-préfet* Mihee de la Touche rendirent un service impayable.... mais non impayé. Le second est cet agent en chef de la police de Strasbourg dont les conseils avaient inspiré et fait décider comme indispensable à l'*exécution* des ordres des Tuileries (lisez Vincennes!!!) le guet-à-pens préparatoire d'Ettenheim.

SUPPLÉMENT.

A la citadelle, mes compagnons d'infortune venus de Pfofsheim à Strasbourg, avec des chevaux de paysans, dans une charrette ; arrivés à la citadelle en même temps que moi, descendus chez le commandant ; logés dans son salon pour la nuit, sur des matelas par terre ; des gendarmes à pied dans la pièce d'avant ; deux sentinelles dans la chambre ; une à la porte ; mal dormi.

Vendredi 16. — Prévenu que j'allais changer de logement. Je suis à mes frais pour la nourriture, et probablement le bois et la lumière. Le général Leval, commandant de division, accompagné du général Fririon, l'un de ceux qui m'ont *enlevé*, viennent me voir ; leur abord très-froid. Je suis tranféré dans le pavillon à droite en entrant sur la place en venant de la ville; une garde de douze hommes et un officier est à ma porte. On me sépare de Grunstein (1) auquel on donne un logement seul de l'autre côté de la cour. Cette séparation ajoute encore à mes malheurs. J'ai écrit ce matin à la princesse; j'ai envoyé ma lettre par le commandant au général Leval ; je n'ai point de réponse. Je demandais d'envoyer un de mes gens à Ettenheim ; sans doute, tout me sera refusé. Les précautions sont extrêmes de tous côtés pour que je ne puisse communiquer avec qui que ce soit. Si cette position dure, je crois que le désespoir s'emparera de moi. A quatre heures et demie, on vient visiter mes papiers que le colonel Charlot, accompagné d'un commissaire de sûreté, ouvre en ma présence ; on les lit superficiellement ; on en fait des liasses séparées, et on me laisse entendre qu'ils vont être envoyés à Paris. Il faudra donc languir des semaines, peut-être des mois ! (2) Le chagrin augmente plus je réfléchis à ma cruelle position. Je me couche à onze heures; je me suis couché à onze heures ; je suis excédé et ne puis dormir.

Samedi 17. — Je ne sais rien de ma lettre. Je tremble pour la santé de la princesse ; un mot de ma main la réparerait. Je suis bien malheureux. On vient me faire signer le procès-verbal de l'ouverture de mes papiers. Je demande et obtiens d'y ajouter une note explicative, pour prouver que je n'ai jamais eu d'autres intentions que de servir et faire la guerre. » (3)

(1) Le colonel Grunstein.

(2) Bonaparte n'a pas *cela* à se reprocher !!!

(3) Ces lignes fumantes du sang royal (remises après) durent brûler et auraient dû stygmatiser les mains du meurtrier !.... Mais les paroles suivantes, non moins formelles et de plus caractéristiques, ne sont-elles pas l'inspiration, la pensée-mère et la garantie? Pour nous, la déclaration écrite n'est que le cachet apposé à la déclaration verbale. Il est des hommes dont l'allégation est une preuve, la profession ... un article de foi !....

« Je veux, en cas d'événements, pouvoir affirmer SUR MON HONNEUR QUE JE N'AI JAMAIS ÉTÉ EN FRANCE.

Surnote explicative ou détails nécessaires à l'intelligence dudit journal.

L'on sait déjà dans quel lieu, depuis la paix de Lunéville, un sentiment... (non la raison!) avait fixé notre malheureux prince. Partageant sa *modeste* existence entre le délassement de la chasse, la culture des fleurs (1) et les épanchemens de l'amitié..., l'ex-*soldat* de l'armée de Condé ne détournait un instant ses regards fatigués de la terre étrangère, que pour les jeter ou plutôt les reposer avec son âme sur les côtes bien-aimées de la patrie! Mais nul ressentiment, nulle arrière-pensée, nul dessein hostile... (s'il pouvait en former contre cette France qu'il chérissait, et nous l'osons dire, servait en la combattant!) Un souvenir, peut-être un regret du passé c'est-à-dire une espérance pour l'avenir. . là se bornaient ses *excursions*, ses envahissements, ses conspirations! Personne n'en doutait,. mais on dénatura ses paroles, commenta ses pensées, falsifia ses lettres, en les interprétant; et de faussaire à assassin.... combien y a-t-il?

Le 14 mars 1804, le duc d'Enghien, après une fatigante journée de chasse, (délassement héroïque... car il est encore la guerre!) venait de se mettre au lit : deux de ses gens le réveillent en sursaut... et lui apprennent, sans préambule en effet fort inutile, que des soldats cernent la maison. Ils auraient pu dire une armée, deux cents hommes, et le mot n'eût pas plus mal sonné à l'oreille du héros qui, sautant à terre, saisit un fusil, ouvre la fenêtre et crie : *qui va là?* Il va faire feu... lorsqu'un compagnon d'armes (2) relève l'arme en lui disant avec trop de raison hélas! que toûte résistance est inutile (3) Le Duc se revêt à la hâte d'un pantalon et d'une veste de chasse; mais n'a pas le temps de mettre des bottes; car en cet instant entre ou plutôt se précipite un flot de gendarmes, le pistolet au poing, criant avec la plus insolente brutalité : *Qui de vous est le duc d'Enghien?* Pas de réponse : à une seconde interpellation, le Duc se contente de dire avec modération : — Vous êtes venus pour l'arrêter, vous devez avoir son signalement. (4) — Eh bien! marchez-tous! — répliqua le chef des bandits. En ce moment, un mot sauvait le Prince. « Moi! » devait s'écrier à la première interpellation un homme à qui la qualité de serviteur du Prince et surtout le titre de gentilhomme en

(1) Inclination de famille. C'est aussi par la culture des fleurs que le Grand-Condé charmait les ennuis de Vincennes, comme il devait charmer par celle des lettres les loisirs de Chantilly. La fable nous montre un Dieu architecte (Apollon bâtit Troie) l'histoire Mars.... jardinier.

(2) Schmidt, ancien officier condéen.

(3) Un des gentilshommes du Prince, au premier cri d'alarme, s'élance au clocher (on devine dans quel but...) mais il était envahi. Tout était prévu.

(4) Le voici. taille de 1 mètre, 705 millimètres, cheveux et sourcils châtain-clair; figure ovale, longue, bien faite; yeux gris, tirant sur le brun; bouche moyenne; nez aquilin, menton un peu pointu, bien fait.

imposaient le devoir. Son dévoûment en faisait un Condé c'est-à-dire un héros comme celui qu'il conservait à la France,., et s'il tombait à sa place, le double martyr de la fidélité, mais il se tut... et ce silence, comme le nôtre, doit être son châtiment!!!

On part, et après s'être arrêté dans un moulin et avoir passé le Rhin à Koppel, on arrive à Strasbourg. C'est sur une charrette, entre deux haies de fusiliers, les menottes aux mai s, que les *conquérans* d'Ettenheim avaient conduit leur conquête (lisez leur capture) dans la ville donnée à la France par son ayeul. Les menottes! Ce n'est pas au prisonnier mais à l'escorte qu'il les fallait mettre... comme le boulet d'infamie que l'histoire attache à ses chefs sur le seuil d'Ettenheim, leur faire traîner à Strasbourg et de Strasbourg à Vincennes pour le river sur la pierre à la fois sacrilége....., et expiatoire!

Nous avons dû nous arrêter à Ettenheim et ne faire qu'indiquer d'un seul trait le point de départ et celui d'arrivée, mais le Prince, à son tour, s'arrêtant à Strasbourg (1), conduisons-le à Paris pour ne le quitter qu'à Vincennes... *terme* du voyage et de la captivité! (2)

Le 18, à la pointe du jour, les portes de la prison s'ouvrent avec fracas comme quatre jours plustôt celles de son château. Le duc était couché: il voit entourer ou plutôt cerner son lit de repos par les sbires qui doivent préparer son lit de mort. Il n'aura plus désormais pour valets-de-chambre que ses bourreaux et ses fossoyeurs! Ses fidèles serviteurs se précipitent: pourra-t-il du moins emmener l'homme qui pour lui est moins un serviteur qu'un ami? (3) Non. Emporter des effets? *C'est inutile.* Où s'arrêtera-t-on? Silence. Plus de salut à attendre... *disait* ce silence. Le duc comprit....; mais en perdant l'espoir, garda son courage. Se raidissant contre le sort et relevant avec fierté une de ces nobles têtes que l'on brise mais ne courbe point.... il serra sur son cœur les compagnons d'infortune que l'affection jetait dans ses bras.... mais le respect à ses pieds! ils reçurent avec un désespoir égal à cette affection.., et ses derniers dons et ses derniers adieux! les dons d'un tel maître n'ont de prix que parce qu'ils sont les souvenirs d'un ami!

Une voiture à six chevaux transporte... ou plutôt emporte à sa destination l'illustre captif qui n'aura plus d'autres compagnons que les auteurs de son infortune. Ce convoi de la maison de Condé ressemble à celui de la monarchie dont on ne les peut séparer. Mais en 1804 on allait plus vite qu'en 1830! On arrive... on entrait dans Paris (4) — quand un ordre précis dirige sur Vin-

(1) Là finit son journal.
(2) Ces deux mots sont la vie.
(3) Joseph, son valet-de-chambre.

(4) Le 20 (le 20 mars!) à quatre heures et demie du soir, on touchait à la barrière de Pantin. Là se trouvait un courrier porteur de l'ordre susdit. A cinq heures, *il* etait en *lieu sûr!*

cennes. Le Donjon reçoit le prisonnier; l'on sait s'il *garda* son dépôt.

Invasion subite et imprévue d'un territoire neutre c'est-à-dire plutôt ami qu'ennemi, irruption, siège et *prise* simultanée de sa maison et de sa personne, grossièreté des soldats, rudesse pour ne pas dire dureté des chefs, rapidité inaccoutumée ou plutôt célérité extraordinaire de la course, surtout la privation de nourriture — tout... depuis l'occupation du clocher jusqu'à la clôture de la Barrière, avait deux buts : l'affaiblissement, tranchons le mot qui n'est pas français quand il s'applique à un Condé, le découragement du Prince... et le succès de l'entreprise (1). On n'atteignit... que le second.

Entre Ettenheim et Strasbourg — Triple fait dont une double et bien cruelle fatalité! Parvenu à un moulin voisin de cette résidence, le Prince, grâce au zèle, aidé de l'intelligence et favorisé par les lieux, allait échapper à ses gardiens c'est-à-dire à ses bourreaux.., quand une porte qu'on ne fermait jamais, se trouve barricadée! (2) Au passage du Rhin, nouveaux projets tacitement préparés, Fouché aurait dit ourdis, par un officier de l'escorte... dérangés par des circonstances imprévues. Ainsi, entre le départ et l'arrivée, l'évasion si.... Mais à quoi tient la destinée des hommes et même des empires? A rien... comme toutes les choses de ce monde. (3)

(1) De la conspiration. Celle-là seule hélas! fut une réalité.

(2) En dehors. C'est aussi dans ce moulin que le bourgmestre appelé par la gendarmerie découvrit à ses persécuteurs le Prince qu'il ne pouvait défendre.... mais ne devait pas livrer! Découvrir le cerf à la meute..... n'est-ce pas lui livrer sa proie! Circonstance aussi fatale mais moins navrante que l'autre; car ce n'est pas ici la faute du hasard mais celle des hommes : or, depuis Judas jusqu'à Fouché.. qu'attendre d'eux?

(3) Le duc d'Enghien, comme le duc de Guise, avait reçu, non des avis *officieux*, mais officiels sur le péril de sa résidence.... et comme lui aussi, les méprisa; mais l'un par orgueil et confiance dans sa force, l'autre par grandeur d'âme et conscience de son inhostilité. Entre Henri III et Guise — la différence entre la pusillanimité qui redoute et la présomption qui dédaigne d'agir : entre Bonaparte et Condé — la différence entre l'homme qui croit le mal parce qu'il l'a déja fait... et celui qui ne peut croire le mal parce qu'il n'a fait que le bien ! — Quant aux pièges *Talleyranesques* pour l'attirer en France, seule réponse : peut-être le passereau... mais une telle proie n'était pas faite pour tombe rdans les filets de tels oiseleurs!

XIV. — Extraits des registres déposés aux archives de Toulouse, relatifs à l'affaire du maréchal de Montmorency et au passage du roi Louis XIII et de la reine Anne d'Autriche.

Première pièce du procès-verbal de la prise du Maréchal. (1)

Monsieur Momorancy (2) y fust blesse de neuf ou dix coups lun qui luy gasta la ioue un autre qui luy entra en la bouche et luy cassa la machoire il recceut une mousquettade qui luy perca la gorge part à part et ce fut la blessure la plus dangereuse les autres furent dans les cuises et la iambe Il demeura prisonnier entre les mains de six soldats des gardes et apres porte en la ditte ville de Castelnaudary sur une eschelle avec un ais dessus et quelques manteaus le dit sieur comte Moret mourut apres le dit combat blesse d'une mousquetade au trauers du corps (3) les sieus de la noue de saint Florens de la veue cornete de Sauuebeuf et quatre charetees dautres morts et tues sur le champ le dit comte de Buel et le cheualier de ralé et pris la Roche Dagon blesse et plusieurs autres seigneurs prisoniers la prise de monsieur Momorancy estonna si fort l'armee de Monsieur que la plus part de ceus de Lanuedoc se retirerent et Monsieur avec le reste de l'armee s'en retourna au pais bas etc.

Seconde pièce — Interrogatoire.

Ledit seigneur de Momorancy interroge sur le fait de son emprisonement et de sa preuention respondit en ces mots Je fus pris me battant contre larmee du Roy conduite par le sieur comte de Schombert en quoy je recognois auoir offence sa maiesté et en ay du regret et par arrest president monsieur le Garde-seaux condamne dauoir la teste tranchee à la place Saint-George (4) Le Roy voulut que fut audit hostel de ville ou se transporterent lesdits seigneurs commissaires pour lui prononcer larrest

Troisième pièce. — Exécution.

Il mourut courageusement et chrestienement La teste tranchee soudain la maison de ville fut ouuerte à tous les suisses et les soldats des gardes la quitterent et rendirent les clefs mais non pas ces riches et grands ornements de

(1) Pag. 380 et suiv.

(2) J'ai dû respecter l'*orthographe* et jusqu'à l'absence de ponctuation de l'ignorant archiviste qui estropie jusqu'au nom du maréchal dont la primitive et véritable orthographe est Mont-Morency.

(3) Voy. sur ce prince la note 3.

(4) Lieu de l'exécution de Calas. Voyez sur cette illustre victime de l'erreur judiciaire le beau plaidoyer de Voltaire. Calas périt du supplice de Mandrin (La roue.)

la chambre et du lit que par le commandement du Roy y auoit mis et quil faut payer des deniers de la ville.

Quatrième pièce. — Harangue au Roi

Sacree Maieste nous venons à vostre depart vous faire les mesmes protestations de fidelite parfaite et entiere qua vostre entree. . . . . . . nous voicy a genous à vos pieds pour vous supplier tres humblement de nous conserver en nos exemptions et en nos priuileges que Tholose (1) vostre ville fidele la plus enciene de la France tient par tant de siecles des empereurs des roys et de ses comtes confirmes par les roys vos predeceseurs par serment de vostre maieste solemnelement rendu en nos portes en vostre entree lan mille six cens vint et un

Cinquième pièce. — Réponse du Roi.

Sa maieste leur respondit en ces mots *Je vous ay accorde vos exemptions pour les tailles serues-moy bien.*

Sixième Pièce. — Réponse du Roi au discours d'entrée. (2)

Le roy leur respondit ces mots *Je suis assure de vos bonnes volontes continues de me servir comme vous aues fait* Soudain apres les clefs luy furent baillees et renduees a son depart.

Septième pièce. — Harangue à la Reine.

Madame nous vous saluasmes a vostre venue par vos excellentes beautes vos douceurs et vos graces au Louure (3) par les unions sacrees de vos personnes adorables que nous reste il a vostre depart que de prier la diuine bonte par lintercession de ces grands saints dont les reliques reposent en nostre eglise de saint sernin quil luy plaise daccomplir et nos desirs exaucer vos

(1) Tholose, de Tholosa.

(2) Exactement le même. Mais quelle diférence entre les réponses royales ! Chaque mot de Louis XIII sent Montmorency ou plutôt Richelieu qui le souffle.... même absent. La douleur, presque la révolte de la *fidèle* Toulouse avait ravive. Castelnaudary dans le cœur royal encore ulcéré !...

Je recommande à mon lecteur la harangue à la *Royne* comme un chef-d'œuvre.. de naïveté.

(3) L'archevêché, *Louvre* toulousain. A cette époque toute demeure royale, même accidentelle, prenait de droit ce nom. Le Capitole en était plus digne.

prieres et les nosties continuelles pour un Dauphin qui sait comme layeul le pere clement (1) judicieus et vaillant victorieus juste (2) glorieus beau dous et gratieus

FIN DES EXTRAITS.

J'ai examiné à loisir sur ce même registre un dessin colorié du temps représentant le départ du cortége ou plutôt, catastrophe à part, du convoi royal. La voiture du roi et celle du cardinal (3), longues, étroites et noires... ressemblent à deux corbillards. Le chef des Capitouls, orateur du jour, est revêtu d'une robe rouge et noire que Louis XIII et surtout Richelieu purent prendre, comme le discours, pour une parure de circonstance... La livrée de Montmorency dont Toulouse portait le deuil (dans le cœur et non sur les épaules)!!! Il s'inclina devant le roi, coiffé, selon la mode du temps, de l'ample perruque que devait *amplifier* encore le prince qui lui donna son nom mais ne mérite pas le sien... puisqu'il portait la perruque de Louis XIII sur la tête de Richelieu!!! En face du roi est la reine... mais quelle reine! Je ne crois pas m'aventurer et trancher du *Pâris*, en affirmant hautement que l'éloquent orateur courait risque de perdre sa faconde et ses vœux comme la France de ne jamais posséder le *Grand Roi...* si l'original ressemblait à la copie. L'historien de Montmorency, enchérissant sur le complimenteur officiel, et élevant au dessus de son père le fils du César français (4) délivre un brevet d'héroïsme au roi lui-même si le mari et surtout l'amant (5) (même sous peine de mort et comme dernier recours en grâce!) ont été *coupables* de faire... la *cour* à la royale maritorne (6) qui cache (et pour cause) ses augustes et grotesques attraits dans le réduit obscur et quasi honteux du Capitole.

(1) La clémence de Louis XIII!!!

(2) Passe!

(3) Le carosse de Richelieu (le fait ne serait-il pas une juste épigramme?) qui semble traîner à sa suite le roi qu'il mène à la lisière... touche à la porte dont les colonnes attenant au palais de justice sont encore debout.

(4) Celui-là du moins ne fut... que le mari de toutes les femmes et *non uxor maritorum.*

(5) On dit que *l'austère* ministre fut lui-même, en dehors de la *partie* gouvernementale, le *coadjuteur* de son maître et figure sur la liste galante de ce rival heureux du rival putatif de Louis XIII (Montmorency), de cet Alcibiade anglo-français qui devait mourir d'un baiser.... et non d'un coup de poignard. (Buckhingham.) (*a*) Quelle femme (même une reine) aurait pu *resister* aux séductions du sultan tonsuré et ne pas satisfaire le *bon plaisir* d'un homme bien capable d'inventer et d imposer aussi le despotisme....... du baiser? Richelieu Rochester ou le cardinal-maréchal de Richelieu... ne serait-ce pas le tigre-lion? Heureux Montmorency s'il n'eût existé entre le maréchal et le ministre d'autre rivalité! En France, celle-là donne rarement la mort.....

(*a*) Assassiné quatre ans avant Montmorency (1628) par Felton, être obscur qui ne vengea rien ni personne... et ne commit qu'une atroce extravagance.

(6) Dulcinée du *chevalier* Sancho Pança.

Vingt-sept ans après le départ de Richelieu, ce ministre fut *remplacé* non au cabinet de Paris mais au palais de Toulouse par le jongleur sacré qui n'avait du premier que la morgue héréditaire du pouvoir.., et n'était tout au plus que la caricature de celui dont il se croyait modestement le modèle. Ce Richelieu de théâtre n'avait pas honte, pour masquer sa vieillesse, de mettre à ses joues le rouge que l'autre mettait à ses mains pour retremper son *cœur* et ranimer ses sens comme le Pape qui l'eût choisi pour grand-justicier mais non pour ministre.., car un tel second veut être le premier. Le cardinal-Lucullus traînait à sa suite 345 valets et sans doute autant de cuisiniers : Le cardinal-bourreau ne remorquait sur le fleuve de sang qu'il croyait ainsi remonter.., que les vigoureux jeunes hommes dont la mort était pour lui la vie. Pour ce Lucullus-Tibère le mets le plus agréable était une tête.., d'ennemi, gibier dont la chasse et surtout le fumet sont pour de telles âmes le plus doux des plaisirs, le plus suave des parfums. Bien portant ou valétudinaire, Richelieu ne *goûtait* pour assaisonnement ou pour *remède*... que du sang (1). L'on m'accordera que celui-là, du moins, était approprié au tempérament du malade!!!...

XV. — Addition aux détails sur l'exécution de Montmorency. (2)

L'on sait qu'après le retour de Launai (ce retour était la mort ! le condamné descendit de sa chambre (3) *candidatus, vestu d'un pourpoint en chemissette et caleçon de toile blanche.* Selon une autre mais improbable version, Launay alla prendre les ordres du Roi tandis que le patient, assis en face de l'échafaud, conversait avec les jésuites de matières religieuses. Comme il était peu couvert et que la température commençait à sévir (l'avant-veille de la Toussaint) on lui jeta sur les épaules une casaque de soldat.... sous laquelle dut se réchauffer sans doute le cœur du héros ! Il tenait à la main le crucifix.

(1) L'histoire des *gentils-hommes* ... mais l'historien les casse de *par le roi* qui s'honorait d'être le premier gentilhomme de son royaume et ne peuplait de ses *pairs* que l'armée et non l'antichambre[m] (Henri IV.)

(2) Voyez la note 8.

(3) Cette chambre dont la fenêtre est encore grillée, est située au fond du corridor que traversa le duc pour gagner le grand escalier faisant face à la porte des archives où se trouvent les régistres de son procès. Au bas de cet escalier (*a*) la seconde cour de l'hôtel-de-ville ; celle-ci le conduisit à la chapelle d'où il ne sortit que pour se rendre dans la première ou grande cour là, était l'échafaud. La chambre du condamné a servi plus tard de dépôt à des vieillards infirmes. c'était toujours l'asile de la douleur ...

(*a*) Construit l'année même où trépassa Louis XII. (1515)

Cette dernière circonstance accuse seule la version dont elle démontre l'erreur... puisque le condamné remit ce crucifix à son confesseur au moment où, au mépris de la dispense royale, il tendit, pour les lier, ses bras à l'exécuteur. Les particularités qu'on va lire sont plus *douteuses* encore et ne font, pas plus que cette version, partie des documens authentiques consignés aux procès-verbaux c'est-à-dire acceptés par l'histoire.... mais la curiosité est quelquefois l'excuse de l'invraisemblance.

« Il se fit jeter une corde sur les bras et s'en alla à son échafaud dressé dans la cour de l'hôtel-de-ville, à la hauteur du premier étage, sur lequel était un bloc où on lui fit mettre la tête. En ce pays-là, on se sert d'une doloire qui est entre deux morceaux de bois; et quand on a la tête passée sur le bloc, on lâche la corde, et cela descend et sépare la tête du corps. Comme il eut mis la tête sur le bloc, la blessure qu'il avait reçue au col, lui faisait mal, il remua et dit :—Je ne remue pas par appréhension, mais ma blessure me fait mal(1). — Le père Arnoul était à côté de lui qui ne l'abandonna point. On lâcha la corde de la doloire, la tête fut séparée du corps, l'un tomba d'un côté et l'autre de l'autre. »

Charles 1er ne fit que passer d'une galerie sur l'échafaud; Louis XVI périt par la guillotine; Montmorency rappèlerait tous les deux. . . . . .

Un mot passé sous silence doit être relevé, parce qu'il ne touche pas seulement à l'histoire mais à l'industrie dans la plus triste (plût au ciel la plus stérile...) mais non la moins curieuse sinon intéressante de ses innombrables branches. Ce mot, s'il est un fait, changeant en plagiaire l'inventeur et le père de la guillotine qu'il vieillirait (2) et universaliserait à la fois, accolerait à une tête trois fois royale la noble tête du héros que la fatalité place entre deux trônes funèbres. La mort réunirait le maréchal de France à la reine d'Ecosse, Montmorency à Marie Stuart!...

Puységur auquel nous empruntons les détails qu'on vient de lire, prétend que Montmorency fut exécuté par le mode de la doloire. Pasquier, quarante-trois ans avant la catastrophe qui nous occupe, s'exprime ainsi sur celle du château de Fotheringuay qui va se changer un moment pour nous en hôtel-de-ville de Toulouse.

« Bandée, elle s'agenouille, s'accoudoyant sur un billot, estimant devoir

(1) Montmorency va par ses actes *prouver* ses paroles. Ecoutons le brave Guitaut (déposition du 28 octobre, jour de la confrontation) :

« En le voyant tout couvert de feu, de sang et de fumée, j'ai d'abord eu de la peine à le reconnaître; enfin, quand je l'ai vu rompre six de nos rangs et tuer encore des soldats du septième, j'ai bien jugé que ce ne pouvait être autre que lui; mais je ne l'ai su certainement que lorsque, son cheval étant mort sous lui, il est tombé au milieu de nos compagnons. »

Un tel homme avait trop *chèrement* acheté, pour qu'on osât le lui contester, le droit de dire : je n'ai pas peur!!! (Seule circonstance vraie de cette narration démentie par cela seul qu'elle s'écarte de toutes.)

(2) De deux siècles.

être exécutée avecques une espée à la française ; mais le bourreau, assisté de ses satéllites, luy fit mettre la tête sur ce billot, et la lui coupa avec une *doloire.* »

Marie, comme Montmorency, ne reçut qu'un seul coup (1).. . mais sur les deux rives leurs héritiers d'infortune n'eurent pas le même bonheur !

Le petit fils de Charles 1er reçut cinq coups de la hache dont ce gracieux et intrépide enfant s'était fait un jouet : Chalais une multitude. . . . . . .

Grâce à l'*adresse* et à l'inexpérience du bourreau improvisé par la main duquel il fut littéralement *haché*, il reçut trente-quatre coups d'une doloire (encore une doloire) dont s'était armé un malfaiteur qui consentit à remplacer l'exécuteur, comme l'autre misérable qui pour cent écus en fit l'office près de Cinq-Mars qu'il frappa de cinq coups de hache : De Thou ayant baisé le sang de son ami qui teignait le billot.... reçut, après le premier qui ne l'avait pas abattu, plusieurs coups à la gorge de la main du bourreau qu'il avait embrassé!...

Un hasard singulier m'a fait connaître le nom de l'être ignoble (mais non criminel) qui a le plus légalement du monde assassiné mon héros. Le duc de Montmorency est mort de la main du sieur *Gadoux*.. (l'X est fâcheux); mais je n'ai pu découvrir sa quittance. Aurait-il, comme le bourreau d'outre-tombe (2), fait crédit au gouvernement ?.. J'ai pourtant tenu entre mes mains (3) l'une des quittances du 2 septembre. Elle portait encore, à demi effacée, la trace des doigts sanglants du signataire..... qui déclare avoir reçu cinq francs *pour avoir travaillé pour le peuple !!!*

Les hallebardiers qui massacrèrent le cardinal de Guise, reçurent chacun cent écus, comme l'exécuteur de Cinq-mars : deux siecles plus tard, grâce aux encouragements de Marat et Danton, l'industrie était en progrès:.... mais la main-d'œuvre en baisse.

(1) Une autre ressemblance — c'est que la veuve de François II porta, comme Montmorency le sien...., le deuil en blanc ! Un autre guerrier infidèle aussi à son Roi, mais de plus traître à sa patrie — le trop fameux connétable de Bourbon, par une fanfaronade *à la Murat*, revêtit, comme notre malheureux Maréchal, un habit blanc pour monter à l'assaut de cette Rome qui ne devait être pour lui que le *Capitole*.... de Toulouse !!! (6 mai 1527.) Le noble Falkland, l'un des derniers *fidèles* de Charles Ier, mit aussi ses plus beaux habits pour... mourir à Naseby. (1645)

(2) L'exhumateur des régicides anglais. Voy. l'hist. de Humes, règne de Charles II.

(3) Par la complaisance du savant M. Devismes, mon collègue à l'académie de Saint-Quentin, possesseur d'un des cabinets les plus curieux. Samson, travailleur en chef et compétent en cette matière, affirme que la ville de Paris conserve plusieurs de ces horribles titres dans ses archives. (Voy. mém. de Samson, tom. 2, notes finales.)

LE CAPITOLE ET SES DÉPENDANCES.

—

Ce nom est un titre de gloire national. (1) Un Capitole, un César.... peut dire avec orgueil la France à l'univers. Le Capitole est jumeau de la cité romaine dont il est l'ornement.

C'est de son seuil sacré que s'élança pour entraîner au martyre le premier pasteur de Toulouse... le taureau furieux qui donna son nom à l'église élevée par la piété chrétienne sur le lieu même de la consommation du sacrifice. C'est dans cette église teinte du sang de son premier prince spirituel, et non dans l'église qui a *pris* son nom, que Toulouse devait placer le monument du martyre. J'appelle de ce nom le magnifique tableau représentant le Saint barbarement lié à l'instrument vivant du supplice, et prenant en face de ses bourreaux sa course vers les cieux ! Sa tête est admirable d'inspiration. Ce trésor est un vol, comme le nom une usurpation. Saint-Sernin, c'est le Taur !...

Pour ne pas me brouiller pourtant avec Saint-Sernin, disons que cette Eglise possède des reliques qui font de son trésor le plus précieux de France, et de sa procession annuelle l'une des plus curieuses et les plus belles de l'Europe. Ses galeries en arcades rappèlent celles où se plaçaient dans la cathédale d'Aix-la-Chapelle les preux du grand Empereur qui dota Saint-Sernin c'est-à-dire Toulouse des corps des saints apôtres, entr'autres d'un os du bras du premier Vicaire de Jésus-Christ, etc. Enfin, les cryptes où elle garde ses châsses magnifiques, le plein-cintre de sa coupole et la coupe élégamment régulière de sa nef permettent, hiérarchie à part, de placer Saint-Sernin im-

(1) Ce nom, le superbe Capitole le porte écrit sur son front en langue maternelle.... et son dernier maître qui pourrait s'y voir aujourd'hui dans sa glorieuse image dut, en le lisant, se croire dans cette Rome dont Toulouse est la fille. *(a)* L'inscription qui décore l'ancienne chapelle où pria Montmorency pouvait rappeler encore au Consul-Empereur un souvenir de sa puissance :

Videant Consules
Ne quid detrimenti
Respublica capiat.

(a) En dépit de la jactance *citadine* du Capitoul-harangueur qui se caressait dans sa cité chérie... je crois l'antique *Massilia*, fondée par les Phocéens, et Narbonne elle-même qui doit son nom à son fondateur, le consul Narbo, d'un âge plus *respectable*, en un mot, plus Gauloises que la vieille *Tolose*.

médiatement après Saint-Étienne, métropole de Toulouse, dont le maître-autel et la chaire sont si remarquables. Il est malheureux, puisque j'ai nommé cette église, que l'une des tours dont on fit un bastion pendant le siège de Toulouse par le comte de Montfort, reste inachevée comme celle d'une des églises de Paris dont le portail, à cette tache près, est un chef-d'œuvre, Saint-Sulpice. Une curiosité artitisque de Saint-Sernin d'autant plus remarquable qu'elle est une page d'histoire... c'est l'une des stalles de son chœur. Le sujet de la sculpture qui la décore est une prédication de Luther ; le corps est celui d'un chrétien... la tête est celle d'un animal dont le nom seul est une injure. Cette épigramme de bois m'a paru tout-à-la-fois un grossier et piquant soufflet à la réforme. Quant à la petite église du Taur, deux de ses vitraux—Saint-Sernin revêtu des ornements pontificaux, la crosse à la main, le pied sur son taureau devenu pour lui le chien Saint-Roch, et Saint George armé de pied en cap et terrassant le dragon qu'il va percer de sa lance—ne m'ont pas paru, proportions à part, indignes de ceux qui décorent si splendidement la cathédrale d'Auch. Cette modeste et charmante église, coquette et mystique à la fois, ressemble, avec ses demi-jours vaporeux, à une Madeleine voilée dont on voudrait soulever le voile. C'est une bonbonnière d'or et d'azur désormais consacrée par un souvenir dont on lui doit faire un chiffre en diamants..... Châteaubriand ! l'auteur du *Génie du christianisme* a honoré de sa visite ce musée-miniature de Toulouse. La nef seule est une élégante galerie de tableaux dont le sujet unique et multiple est l'Evangile. Chaque verset... est un tableau.

Franchissons-nous le seuil du Capitole ? nous voici en présence d'Henri-e-Grand sous la statue duquel tout Français graverait ces vers :

Nunc vivum, amplexa est gens tota
Hunc flevit ademptum
Posteritasque pio semper amore colet.

Plus bas, sous un bas-relief, cette inscription digne des Muses latines mariant avec bonheur Mars à Minerve qui, lui pardonnant Vénus-Gabrielle, ne se souvient que d'Apollon,..... et semble placer le Dieu des vers sous la protecton du roi-troubadour : (1)

Hic Themis dat jura civibus,
Apollo flores camœnis,
Minerva palmas artibus !

Plongeons-nous jusqu'au fond de l'édifice? deux canons dont la gueule exhale une gerbe de feu et terminée par des trophées dont la forme rappelle ceux qui

(1) Comme François premier, Henri fit de fort jolis vers. Son sonnet à la belle Corisandre vaut au moins sa romance si fraîche à Gabrielle.

couronnent la magnifique colonnade du Capitole se dressent contre le mur lézardé dont ils semblent la défense et protégent la place où s'élevait le monument dont ils furent les gardiens infidèles (1). Ce monument comme celui qui vient de recevoir à si juste titre les hommages de notre piété filiale, était une statue... mais celle d'un homme qui semblait, pressentant l'avenir, s'ensevelir à dessein au fond de ce Capitole qu'il ensanglanta !... d'un roi qui, mort ou vivant, ne méritait pas de trôner dans la cité généreuse où il n'eût jamais dû paraître. Il avait frappé de la hache... et la hache à son tour le frappa sans pitié. Louis XIII (on l'avait deviné) est tombé sous le vandalisme expiatoire de la liberté au lieu même où le despotisme frappa la victime dont il n'eut que la faiblesse de se reprocher la perte... et n'eut pas le courage de sauver la vie !!! à quelques pas de la mine royale, plus près encore du monument parlant qui depuis deux siecles instruit les générations des excès du pouvoir... s'élève couronnée par l'emblême de l'aristocratie militaire et ceinte du symbole écrit et inéffaçable de nos libertés civiles...... la ruine populaire : cette pierre.... c'est la Bastille !!! (2)

Le roi qui fut à la fois l'esclave d'un ministre et l'oppresseur du peuple... a disparu : Le roi qui gouverna ses ministres et protégea son peuple a reparu sous les auspices de la gloire en même temps que la liberté ! Ils ne sortiront plus du Capitole!...

Napoléon (fait inaperçu... mais si remarquable) Napoléon est le restaurateur d'Henri IV (3) c'est-à-dire du chef de la race qu'il a deux fois rempla-

(1) Ces deux colonnes figurant des canons dont l'extrémité est une culasse et la gueule fait feu... sont placés comme des sentinelles de chaque côté de la niche d'où la révolution fit *descendre* un Louis XIII en pierre peinte. Toulouse, à juste titre, aussi peu éprise de son image qu'elle dut l'être de sa personne... peut cependant la retrouver encore sur la porte qui s'élève à l'extrémité de son pont monumental. Cette statue équestre rappelle assez fidèlement, proportions gardées, celle de la place royale de Paris, mais cette dernière est en marbre.

(2) Elle sert de cadre à une déclaration des droits de l'homme et porte son nom sacré sur son front vénérable! *Renversée* c'est-à-dire placée la tête en bas sous la restauration... La bastille (le tout pour la partie) allait tomber une seconde fois mais par une toute autre cause... quand le préfet de Toulouse la sauva comme le citoyen de Moulins sauva Montmorency. L'amour des arts fut le salut du monument comme de la victime du despotisme ... Le casque qui surmonte la pierre fut trouvé, lors du passage de Mgr. le duc d'Orléans, dans une des cours du Capitole. Grenoble possède également une pierre de la bastille dont Meaux garde les clefs par les mains du fils d'un de ses vainqueurs, le trop célèbre Santerre. Ici le 14 juillet rappelle involontairement le 21 janvier !!!

(3) Depuis la révolution, le bon Henri se perdait oublié dans un des magasins de l'hôtel-de-ville de Toulouse. Bonaparte passant en 1808 dans cette ville, visita le Capitole qu'il caractérisa d'un mot précis comme son coup-d'œil : « C'est beau, mais c'est bas. » Entré dans la cour principale, il demanda ce qu'avait contenu la niche qui lui apparaissait vide? Sire, Henri IV ! — Pourquoi ne l'a-t-on pas rétabli ? — Et il le fut.... ainsi que l'inscription.

cée ; en rétablissant le vainqueur d'Ivri sur le piédestal toulousain, le vainqueur d'Austerlitz s'acquérait (sans le prévoir alors), le droit de se voir replacer lui-même sur la colonne parisienne sous le règne d'un fils du Béarnais ! Mais cette réparation serait-elle stérile? Ce fait est un conseil... il faut le suivre. Citoyens de Toulouse, quel souvenir garde votre cité du gouverneur qu'elle préférait au prince dont il n'était que le représentant... du bienfaiteur désintéressé pour le salut duquel vos pères s'estimaient heureux de sacrifier leurs vies et leurs libertés plus *chères* encore... par tout ce qu'elles avaient dû coûter?

Le fer qui trancha ses jours !!!

J'ai parcouru les rangs de ces *illustres* qui n'ont de vrai que le nom de la salle dont la renommée fait la leur.... et c'est en vain qu'à la tête du bataillon sacré j'ai cherché l'homme vraiment illustre dont l'éclat eût rejailli sur tant d'obscures *célébrités.* Découragé de mes recherches, plus triste encore de mon désappointement, j'ai quitté la salle du *gai savoir* pour la cour aux tristes leçons ! Je n'y ai trouvé... que la place où se dressa, où se dressait en ce moment pour moi l'instrument de mort !!! Rien de changé, rien à changer surtout dans cette cour monumentale; un édifice historique est une médaille de pierre que l'on démonétise en la modernisant. Imitez le restaurateur d'Henri IV et non de Louis XIV dont il a gâté la merveille en la rajeunissant. Au nom des beaux-arts, anathème à la modernomanie... car elle est le sacrilège artistique. Ne changez rien, vous disais-je ; n'ajoutez rien, vous dirai-je encore : L'historien de Montmorency ne mendie pas une statue, il réclame une pierre ! Cette pierre, Toulouse la possède.... mais ingrate ou oublieuse (l'oubli n'est-il pas l'ingratitude ?) elle cache l'urne qui renferma le cœur et ne montre que le glaive qui abattit la tête !!! (1) Contre-sens bi-

(1) Saint-Sernin garda sous une pyramide de marbre noir le cœur de Montmorency jusqu'à la révolution, époque à laquelle ce monument passa de l'église au musée comme ceux de nos rois passèrent de Saint-Denis aux petits-augustins. La famille de Montmorency a sollicité et obtenu la remise du cœur, mais elle a *oublié* de faire rétablir la pyramide. C'est un oubli que Toulouse doit réparer en rendant non à son ancienne mais à sa véritable destination la tombe provisoire du héros généreux dont le cœur lui appartient... puisqu'elle lui donna le sien !...

Quant au mausolée de Moulins (a), il ne doit sa conservation qu'à la courageuse présence d'esprit d'un ami des arts qui arrêta le marteau destructeur en rappelant que ce mausolée renfermait une victime de la royauté. Montmorency arraché à Robespierre par ce même Richelieu qui l'immola !... Quelle étrange destinée ! Le coutelas toulousain fut-il épargné par la révolution

(a) Elevé en 1652, par les soins de la duchesse, Héloïse légitime qui voulut y reposer et y repose encore comme l'autre abbesse... près de son Abailard ! religieuse le 30 septembre 1657, *heureuse* enfin le 5 juin 1666. Elle était alors âgée de 66 ans et supérieure du couvent. Ce mausolée qui, je l'ai déjà dit, se voit encore dans la chapelle actuelle du Lycée, est dû aux ciseaux réunis d'Anguier, Regnaudin, Coustou (célébrité !) et Poissant.

zarre pour ne pas dire cruelle anomalie ! Il est temps qu'un objet d'art se métamorphose en page d'histoire, et sous l'inspiration des lieux qui en doubleront l'effet... parle en sa véritable langue à l'esprit comme au cœur : Il est temps que le symbole du pardon (et non de l'oubli !) serve de contre-poids au symbole de la vengeance... et console l'image vénérée de cet Henri en deuil d'un autre Henri pour lequel il semble dans sa noble tristesse, dans son cruel et contagieux isolement, implorer au moins un tombeau... en un mot l'expiation après le sacrifice. Remplacez par la colonne du musée le billot du Capitole... comblant ainsi cette place vide pour les yeux et non pour les cœurs qu'elle afflige par l'échafaud toujours présent tant que la tombe est absente ! Sa tombe sera sa statue !

Si c'est un piédestal, que Montmorency ne se relève aux yeux de la ville adoptée par son cœur mais qu'il scandalisa par sa *chûte* avant de l'affliger par sa mort.... que pour offrir une leçon en recevant un hommage. Cet échange sera le dernier, non le moindre de ses bienfaits. Du doigt montrant la place où il expia une faute et non un crime (1)... du regard montrant le trône où s'assit un jour Richelieu couronné. (2) Ce geste instruisant nos soldats des dangers de la révolte, leur fera chérir la fidélité. Ce regard rappelant aux citoyens avec les excès du pouvoir les devoirs de l'indépendance.... leur dira que César, s'il doit toujours monter au Capitole, peut aussi comme Romulus être emporté par un orage !

Au pied de cette statue éloquente dans son silence.... une seule figure— l'histoire. Dans l'une de ses mains un livre ouvert dont le premier feuillet étalerait en lettres d'or : *La Rochelle, Veillane* ! Le second, qu'elle s'efforcerait vainement de déchirer.... un seul mot en lettres de deuil apparaissant en face de l'autre... comme un fantôme voilé : *Castelnaudary* !!!

Il sous-entend Toulouse !!!

comme une double relique... en un mot pour le crime d'avoir frappé un innocent ou l'honneur d'avoir tué un aristocrate? (Et quel aristocrate !) . .
. . . .

A l'extrémité de la salle des illustres opposée à la salle du trône est une vaste pièce où j'ai remarqué un tableau représentant une distribution de prix des jeux-floraux sous la présidence de Clémence-Isaure. C'est dans la pièce contigue à celle du *gai-savoir* que se cache dans un simple étui de bois au fond d'un armoire... l'arme hélas ! trop historique dont le rare et beau travail atteste une perfection supérieure à l'époque.

(1) Malte-Brun rapporte que de riches Rajahs ayant acheté un magnifique tigre pour l'offrir à Brama, l'autorité du pays s'opposa à l'accomplissement de ce vœu moins pieux qu'insensé. Ce trait s'adapte parfaitement à notre sujet — et le sacrifice indien est l'exécution toulousaine. Une mesure non moins prudente que celle adoptée par les prêtres payens rassura le prêtre chrétien et ne permit pas qu'en la présence c'est-à-dire avec l'aide du peuple, la victime devînt le sacrificateur !!!

(2) A l'extrémité de la salle des Illustres se trouve la salle ornée du dais royal et du trône sur lequel Bonaparte reçut les autorités.

Dans l'autre main une couronne de laurier... et de cyprès, double image de cette éclatante et funeste destinée. Cette tombe alors deviendra, dans toute l'acception du terme, un véritable monument. (1) Montmorency, placé comme une relique et un talisman sous la garde des soldats français, sera sûr désormais d'atteindre le but... sans dévier de la route. Le héros qui conquit sur le cadavre de trois armées son bâton de maréchal... verra les maréchaux en herbe de la France aiguiser sur la pierre électrique le fer plébéien dont la gloire aujourd'hui fait un noble bâton.

(1) Monumentum et monimentum, racine du premier.

www.ingramcontent.com/pod-product-compliance
Ingram Content Group UK Ltd.
Pitfield, Milton Keynes, MK11 3LW, UK
UKHW022102190726
13855UKWH00002B/592

9 782012 935495